民國文化與文學研究文叢

五 編

李 怡 主編

第 4 冊

中國新文學廣告圖志（上）

彭 林 祥 著

國家圖書館出版品預行編目資料

中國新文學廣告圖志（上）／彭林祥 著 -- 初版 -- 新北市：花木蘭文化出版社，2015〔民 104〕

目 4+264 面：19×26 公分

（民國文化與文學研究文叢 五編：第 4 冊）

ISBN 978-986-404-246-3（精裝）

1. 中國文學 2. 廣告

541.26208   104012142

特邀編委（以姓氏筆畫為序）：

ISBN- 978-986-404-246-3

丁　帆	王德威	宋如珊
岩佐昌暲	奚　密	張中良
張堂錡	張福貴	須文蔚
馮　鐵	劉秀美	

民國文化與文學研究文叢
五　編　第四冊   ISBN：978-986-404-246-3

中國新文學廣告圖志（上）

作　　者　彭林祥
主　　編　李　怡
企　　劃　四川大學現代中國文化與文學研究中心
　　　　　北京師範大學民國歷史文化與文學研究中心
總 編 輯　杜潔祥
副總編輯　楊嘉樂
編　　輯　許郁翎
出　　版　花木蘭文化出版社
社　　長　高小娟
聯絡地址　235 新北市中和區中安街七二號十三樓
　　　　　電話：02-2923-1455／傳真：02-2923-1452
網　　址　http://www.huamulan.tw 信箱 hml810518@gmail.com
印　　刷　普羅文化出版廣告事業
初　　版　2015 年 9 月
全書字數　520144 字
定　　價　五編 24 冊（精裝）新台幣 45,000 元

中國新文學廣告圖志（上）

彭林祥　著

作者簡介

彭林祥，1978 年生，四川廣安人，文學博士，廣西大學文學院副教授，蘇州大學中國語言文學流動站在站博士後，主要從事中國現當代文學史料的整理與研究。已在《人民日報》、《中國社會科學報》、《中國現代文學研究叢刊》、《新文學史料》、《讀書》、《書城》、《中國圖書評論》、《博覽群書》等報刊上發表系列學術論文數十篇。出版著作《中國新文學廣告研究》一部。參與錢理群主編《中國現代文學編年史——以文學廣告為中心》和金宏宇等著《文本周邊——中國現代文學副文本研究》的撰寫，共計 20 餘萬字。現主持或參與國家社科、教育部項目 3 項，博士後面上資助專案一項。

提　　要

　　楊義等撰的《中國新文學圖志》首創了以圖志來再現中國新文學發展歷程的寫史範例。錢理群主編的《中國現代文學編年史——以文學廣告為中心》以編年的方式從廣義的文學廣告切入，建構了一種史料長編式的文學史結構方式。本書在借鑒楊著、錢著的基礎上，打破了專著有嚴密章節的組織形式，而分別以 20、30、40 年代為序，選取文學史上的近 300 部文學作品（除了詩歌、小說、散文、戲劇外，還涉及自傳、日記、書信、漫畫以及文學翻譯作品，同時對部分文學期刊、叢書、作家全集也給予了重點關注），以這些作品的宣傳廣告為切入點，逐一對其創作緣起、創作過程、問世經歷、社會反響、版本變遷等諸方面進行考辨與分析，力圖還原作品生成的基本歷史事實。

　　在寫法上，主要以敘述為主，特別注重典型細節的描述，並兼有文學史的眼光和判斷。即將敘述與思辨結合起來、史料與史識結合起來，熔知識性、趣味性、思想性於一爐，有情、有理，有味。同時，對每一種新文學作品，還精心選擇了圖書（期刊）的初版書影、廣告等，使得文字和圖構成兩個獨立又互動的系統，力圖實現「以史帶圖，由圖出史，圖史互動，圖文並茂」的文學史敘述，擺脫以往令人生畏的「文學史面孔」，拉近當代讀者與新文學歷史的距離。儘管每篇字數三、四千字，與文學史的整體性宏觀性截然有別，但各篇從小處落墨，卻大處著眼，力圖以點帶面，縱橫相交，描繪一幅豐富、具有個體生命活力的文學生命史。

中國博士後基金第 55 批面上資助項目階段性成果；

國家社科基金項目（項目編號：15BZW125）階段性成果

民國文學：闡釋優先，史著緩行
——第五輯引言

李　怡

　　中國學界提出「民國文學」的概念已經超過十五年了，〔註1〕在新一波的文學史寫作的潮流之中，人們對民國文學的研究也出現了一種期待，就是希望盡快見到一部《民國文學史》，似乎只有完整的文學通史才足以證明「民國文學」研究的合理性，或者說在當前林林總總的文學史寫作意見裏，證明自己作爲新的學術範式的存在。在我看來，受各種主客觀條件的限制，目前最需要開展的工作還不是撰寫一部體大慮深的文學史著，而是努力從不同的角度深入勘探、考察，對這一段歷史提出新的解釋。

一

　　眾所周知，中國文化具有悠久漫長的「治史」傳統。在一個宗教裁決權並沒有獲得普遍認可的國度，人們傾向於相信，通過歷史框架的確立可以達到某種裁決與審判的高度，所謂「名刊史冊，自古攸難，事列春秋，哲人所重。」〔註2〕中國最早的史官除了司職記事，還負責主持祭祀，占卜吉凶，溝通神靈。史不僅可以成爲「資治通鑒」，甚至還具有某種道德的高度，所謂「孔子成《春秋》，亂臣賊子懼」，〔註3〕史家如司馬遷等也是以「究天人之際，通古今之變」自我期許。

〔註1〕　中國大陸最早的「民國文學」設想出現在 1997 年（陳福康），最早的理論倡導出現在 2000 年代早期（張福貴）。

〔註2〕　劉知幾撰，浦起龍釋：《史通通釋・人物》第 240 頁，上海：上海古籍出版社 1978 年版。

〔註3〕　《孟子・滕文公章句下》，見楊伯峻《孟子譯注》上冊 155 頁，中華書局 1960 年版。

文學史的出現原本是現代的事物，它顯然不同於古代的史官治史，這種來自西方的學術方式更屬於學院派知識份子的個體行為。但是，歷史的因襲依然存在，尤其是在一些世代交替的時節，無論是政治家還是知識份子本身，都自覺不自覺地認定「著史」可以樹立某種新的「標準」，完成對過往事物的「清算」。於是，如下一些史著的意義是可以被我們津津樂道的：

奠定中國現代文學學科的基礎是王瑤先生的《中國新文學史稿》。集中代表了撥亂反正過渡時期的文學史觀的是唐弢、嚴家炎先生主編的《中國現代文學史》。

體現了新時期的現代文學視野、集中展示研究新成果的是錢理群、陳平原、溫儒敏等人的《中國現代文學三十年》。

生動體現著「重寫文學史」意義的是陳思和的《中國當代文學史》。

展示 1990 年代以降學術研究的「歷史化」傾向的是洪子誠的《中國當代文學史》。

揭示「文學周邊」豐富景觀的是吳福輝獨撰的插圖本《中國現代文學史》。

錢理群主編的最新三卷本《中國現代文學編年史》展示了以「廣告為中心」的文學生產、流通、接受及其他社會文化環節，讓文學敘述的圖景再一次豐富而生動。

今天，隨著「民國文學」研究的呼聲漸起，在一系列命名和概念的討論之後，應該展示更多的文學史研究實績，只有充分的實績才能說明「民國社會歷史框架」的確具有特殊的文學視野價值，如何集中展示這些實績呢？目前容易想到的似乎就是編寫一部紮實厚重的《民國文學史》。

但是，在我看來，文學史編寫的工作固然重要卻又不可操之過急。因為，今天所倡導的「民國文學」，並不僅僅是一個名稱的改變（以「民國」替代「現代」），更重要的是一些研究視角和方法的調整。這些重要的改變至少包括：

正視民國歷史的特殊性，而不是簡單流於「半封建半殖民地」等等的簡略判斷。據史學界的知識考古，「半封建」一詞曾經出現在馬克思、恩格斯筆下，列寧第一次分別以「半封建」「半殖民地」指稱中國，以後共產國際以此描述中國現實，「半殖民地」一說並先後為中國國民黨人與中國共產黨人所接受，又經過蘇聯內部的理論爭鳴及共產國際的理論演繹，「半

封建半殖民地」的並稱出現在 1926 年以後，[註4] 又經過 1930 年代初的「中國社會性質問題論戰」，逐步成為中共領導的馬克思主義史學的基本概括。到延安時期，毛澤東最為完整清晰地論述了這一學說，從此形成了對中國知識份子歷史認知的主導性影響，直到今天應該說都有其獨到的深刻的一面。但是作為一種總體的社會性質的認定，是不是就完全揭示了民國歷史的特點呢？就不需要我們具體的歷史問題的研究了呢？當然不是。例如對「封建」一詞的定義在史學界一直爭議不已，民國時代的經濟已經明顯走上了資本主義的發展道路，忽略這一現實就無法解釋中國近現代工商業文化對於文學市場的重要作用，辛亥革命之後的中國儘管軍閥混戰，也難掩其專制獨裁的性質，但是卻也不是「帝國主義買辦與走狗」這樣的情感宣泄就能「一言以蔽之」的。對於民國史，國外史學界同樣多有研究，有自己的性質認定，這也需要我們加以研讀和借鑒。之所以強調這一點，乃是因為在此之前的《中國現代文學史》，幾乎都是以主流史學界的社會性質概括作為文學發展的前提，從舊民主主義革命到新民主主義革命就是中國現代文學發生發展的基礎，文學的偉大和深刻就在於如何更加深刻地反映了這一歷史過程，1980 年代以後，為了急於從這些政治判斷中脫身，我們的文學史又試圖在「回到文學自身」的訴求中另闢蹊徑，所謂「審美的文學史」成為了口號，但是關於中國現代文學在民國時代的諸多歷史基礎的辨析卻被擱置了起來，今天，如果不能正視民國歷史的特殊性，也就不能在文學的歷史前提方面有真正的突破。

發掘民國社會的若干細節，揭示中國現代文學生存發展的具體語境。無論是政治、經濟、社會文化等方面，民國社會的種種特徵都直接影響了現代中國文學的生產、傳播和接受，決定著文學的根本生存環境。關於這方面的研究，最近幾年已經在「文化研究」的推動下頗有收穫，不過，鑒於文化研究在來源上的異質性，實際上我們的考察也還較多地襲用外來的文化

[註4] 一般認為，1926 年上半年，蔡和森在莫斯科中共旅俄支部會上作《中國共產黨的發展（提綱）》，已經提到「半殖民地和半封建的中國」和「半封建半殖民地的國家」（《聯共（布）、共產國際與中國國民革命運動（1926～1927）》，下冊第 408 頁，北京圖書館出版社，1998 年），另據李洪岩考證，最早的「半殖民地半封建」字樣，則是 1926 年 9 月 23 日莫斯科中山大學國際評論社編譯出版的中文周刊《國際評論》創刊號上的發刊詞，見《半殖民地半封建理論的來龍去脈》（《中國社會科學院近代史研究所青年學術論壇 2003 年卷》，社會科學文獻出版社，2005 年）。

理論，沒有更充分地回到民國自己的歷史環境。例如性別研究、後殖民批判、大眾文化理論等等的運用，迄今仍有生吞活剝之嫌。要真正揭示這些歷史細節，就還需要完成大量紮實的工作，例如民國經濟在各階段的發展與營運情況，各階層的經濟收入及其演變，社會分化與社會矛盾的基本情形，經濟與政治權利的區域差異問題，法制的發展及對私人權利（包括著作、言論權利）的保護與限制，軍閥政治對輿論及思想的控制方式，國民黨政權對輿論及思想的控制方式，國民政府時期的「黨政關係」及其內在的間隙，國民黨內部各派系的矛盾及其對思想控制的影響，民國各時期書報檢查制度的制定與實施情況，民國時期出版人、新聞人、著作人各自對抗言論控制的方式及效果，主流倫理的演變及民間道德文化的基本特點，文學出版機構的經營情況與文學傳播情況，民國時期作家結社及其他社會交往的細節等等，所有這些龐雜的內容倉促之間，也很難為「文學史」所容納，在一個相當長的時間裏都將成為文學研究的具體話題。

解剖民國精神的獨特性、民國文本的獨特性，凸顯而不是模糊這一段文學歷史的的形態。文學史究竟是什麼史？這個問題討論過很多年，至今也可能存在不同的意見，在我看來，儘管我們今天一再強調歷史研究與文化研究的重要性，但是所有這些討論最終還都應該落實到對於文學作品的解釋中來，否則文學學科的獨立性就不復存在了。最近幾年，民國文學研究的倡導與質疑並存，但更多的時候還都停留在口號的辨析和概念的爭論當中，就文學研究本身而論，這樣並不是對學術發展的真正推進。如果民國文學研究的提倡不能以大量的具體文學作品的闡釋為基礎，或者說民國文學的理念不能落實為一系列新的文學闡釋的出現，那麼這一文學史框架的價值就是相當可疑的；如果我們尚不能對若干文學作品的獨特性提出新的認識，那麼又何以能夠撰寫一部全新的《民國文學史》呢？

以上幾個方面的工作都是一部新的文學史寫作的必須的前提。我們的文學史的新著，從大的歷史框架的設立與理解到局部事件的認定和把握，乃至作為歷史事件呈現的文本的闡釋都與應該此前我們熟悉的一套方式——革命史話語、現代性話語——有所不同，如果只是抓住名稱大做文章，幾乎可以肯定的是，其結果必然很快陷入到業已成熟的那一套知識和語言中去，所謂「民國文學史」也就名不副實了。早在 1994 年，人民出版社就出版過《中國民國文學史》，這個奇特的書名——不是「中華民國文學史」而是「中國民國

文學史」——顯然反映出了當時的某種政治禁忌，平心而論，在 10 年前，能夠涉及「民國」二字，已屬不易，對於其中所承受的禁忌，我們深表理解；但是也的確因為這一禁忌的存在，所謂「民國」的諸多歷史細節都未能成為文學史觀察和分析的對象，所以最終的成果還是普遍性的「現代化」歷史框架，「中國民國文學史」的主體還是不折不扣的「現代文學三十年」，對歷史性質、文學意義的描述都依然如故，對作家的認定、作品的解釋一如既往，只不過增加了一點補充：民國建立到五四新文化運動發生的幾年。這樣的文學史著，自然還不是我們理想中的「民國文學史」。

二

當然，能夠標舉「民國」概念的文學史論已經出現了，這就是臺灣學者尹雪曼主編的《中華民國文藝史》及周錦主編的《中國現代文學研究叢刊》系列叢書，也包括最近兩岸學者的最新努力。

尹雪曼（1918～2008），本名尹光榮，河南汲縣（今衛輝市）人。抗戰時期西北聯合大學畢業，美國密西里大學新聞學院文學碩士。曾主編重慶《新蜀夜報》副刊，在上海、天津、西安等地擔任報社記者，1949 年去臺灣。曾任臺灣中國作家藝術家聯盟會長，《中華文藝》月刊社社長，在成功大學、中國文化大學等校任教。自 1934 年起，創作發表了小說、散文及文學評論多種。是很有代表性的遷臺作家。周錦（1928～1992），江蘇東臺人，1949年赴臺，曾經就讀於臺灣師範大學、淡江大學等，後創辦燕智出版社，擔任臺北中國現代文學研究中心主任。兩人的最大貢獻便是撰寫、主編或者參與編撰了一系列的中國現代文學研究論著，在新文學記憶幾近中斷的臺灣，第一次系統地總結了五四以來的中國文學發展歷史，尹雪曼撰寫有《現代文學與新存在主義》、《五四時代的小說作家和作品》、《鼎盛時期的新小說》、《抗戰時期的現代小說》、《中國新文學史論》、《現代文學的桃花源》，總纂了《中華民國文藝史》。〔註 5〕其中，《中華民國文藝史》大約是第一部以「民國」命名的大規模的系統化的文學史著作，民國歷史第一次成為文學史「正視」的對象；周錦著有《中國新文學史》、《朱自清作品評述》、《朱自清研究》、《〈圍城〉研究》、《論呼蘭河傳》、《中國新文學大事記》、《中國現代小說編目》、《中國現代文學作家本名筆名索引》、《中國現代文學作品書名大辭典》、《中國現

〔註 5〕《中華民國文藝史》由臺北正中書局 1975 年初版。

代文學鄉土語彙大辭典》等，此外還主編了《中國現代文學研究叢刊》三輯共 30 本，於 1980 年由成文出版社有限公司印行出版。《中國現代文學研究叢刊》的史論也具有比較鮮明的「民國意識」。《中國現代文學研究叢刊編印緣起》這樣表達了他的「民國意識」：

> 中國新文學運動，是隨著中華民國的誕生而來。儘管後來有各種文藝思潮的激蕩以及少數作家思想的變遷，但中國現代文學卻都是在國民政府的呵護下成長茁壯的……〔註6〕

這樣的表述，固然洋溢著大陸文學史少有的「民國意識」，不過，認真品讀，卻又明顯充滿了對國民黨政權形態的皈依和維護，這種主動向黨派意識傾斜，視「民國」為「黨國」的立場並不是我們所追求的學術客觀，也不利於真正的「民國」的發現，因為，眾所周知的事實是，疲於內政外交的「國民政府」似乎在「呵護」民國文學方面並無傑出的築造之功，嚴苛的書報檢查制度與思想輿論控制也絕不是現代文學「成長茁壯」的理由。民國文學的真實境遇難以在這樣的意識形態偏好中得以呈現。

同樣基於這樣的偏好，民國文學的優劣也難以在文學史的書寫中獲得准確的評判，例如尹雪曼《中華民國文藝史·導論》作出了這樣概括：「中華民國的文藝發展，雖然波瀾壯闊，變幻無常；但始終有民族主義和人文主義作主流；因而，才有今日輝煌的成就。」「至於所謂『三十年代』文藝，則不過是中華民國文藝發展史中的一個小小的浪花。當時間的巨輪向前邁進，千百年後，再看這股小小的浪花，只覺得它是一滴泡沫而已。其不值得重視，是很顯然的。」〔註7〕

民國時期的現代文學是不是以「民族主義」為主流，這個問題本身就值得討論，至少肯定不會以國民政府支持下的「民族主義文藝運動」為主導，這是顯而易見的；至於所謂的「三十年代文藝」當指 1930 年代的左翼文學，事實上，無論就左翼文學所彰顯的反叛精神還是就當時的社會影響而言，這一類文學選擇都不可能是「一個小小的浪花」、「是一滴泡沫而已」，漠視和掩蓋左翼文學的存在，也就很難講述完整的民國文學了。

由此看來，20 世紀下半葉的冷戰不僅影響了大陸中國的學術視野，同樣扭曲了海峽對岸的學術認知。受制於此的文學史家，雖然不忘「民國」，但他

〔註6〕周錦：《中國新文學簡史》1 頁，臺北成文出版社 1980 年。
〔註7〕尹雪曼總纂：《中華民國文藝史》1 頁，臺北正中書局 1975 年。

們自覺不自覺地要維護的中華民國依然是以國民黨統治爲唯一合法性的「黨國」，民國社會歷史的眞正的豐富與複雜並不是「黨國」意識關心的對象。以民國歷史的豐富性爲基礎構建現代中國的文學敘述，始終是一個難題，對大陸如此，對臺灣也是如此。

當然，考慮到臺灣歷史與文學的種種情形，《民國文學史》的寫作可能還會再添一個難度：如何描述海峽對岸當今的文學狀況，是排除於我們的「民國文學史」還是繼續延伸囊括，〔註8〕排除於現實不符，從「民國」敘述轉向「臺灣」敘述，恐怕也正是「獨派」的願望，相反，努力將「臺灣」敘述納入「民國」敘述才能體現中華統一的「政治正確」；不過，納入卻也同樣問題重重，「民國」與「人民共和國」並行，不僅有悖於「一個中國」的基本政治理念，就是在當下的臺灣也糾纏不清。我們知道，在今日，繼續奉「民國」之名的臺灣目前正大張旗鼓地推進「臺灣文學」甚至「臺語文學」，所謂「民國文學」至少也不再是他們天然認同的一個概念，學術考察如何才能反映出研究對象本身的思想追求，這個問題也必須面對。也就是說，在今日臺灣，「民國」之說反倒曖昧而混沌。

2011 年，臺灣學者陳芳明、林惺嶽等著的《中華民國發展史・文學與藝術》出版，較之於此前冷戰時期的文學史，這一著作終於跳出了「黨國」意識的束縛，體現出了開闊的學術視野，〔註9〕但是由於歷史的阻隔，關於民國文學的豐富細節都未能在這一史著中獲得挖掘，我們看到的章節就是：百年來文學批評的開展與轉折，百年女性文學，百年現代詩發展與自我身份的探求，故事萬花筒——百年小說圖志，美學與時代的交鋒——中華民國散文史的視野，百年翻譯文學史，從啓蒙救亡開始：中華民國現代戲劇百年發展史等等。從根本上說，《中華民國發展史・文學與藝術》由多位學者合作，各自綜述一個獨立的文學藝術領域，在整體上更像是一部各種文學藝術現象的概觀彙集，而不是完整的連續的歷史敘述。

也是在 2011 年，大陸學者湯溢澤、廖廣莉出版了《民國文學史研究》

〔註8〕 丁帆先生試圖繼續延伸民國文學的概念，他區分了政治意義的「民國」和作爲文化遺產的「民國」，試圖以此作爲破解難題的基礎，不過這一延伸也不得不面對與臺灣作家及臺灣學者對話、溝通的問題（見《關於建構民國文學史過程中難以迴避的幾個問題》，《當代作家評論》2012 年 5 期）。

〔註9〕 陳芳明、林惺嶽等著：《中華民國發展史・文學與藝術》，臺灣政治大學、聯經出版公司 2011 年。

（1912-1949）。〔註10〕湯先生是中國大陸較早呼籲「民國文學史」研究的學者，在這一部近40萬字的著作中，他較好地體現了先前的文學史設想：回歸政治形態命名的歷史記事，上溯民國建立的文學發端意義，恢復民國時期文學發展的多元生態。可以說這都觸及到了「民國文學史」的若干關鍵性環節，《民國文學史研究》由「史觀建設」與「編史嘗試」兩大部分組成，前者討論了民國文學史寫作的必要性，後者草擬了「民國文學史綱」，嚴格說來，「史綱」更像是民國時期文學的「大事記」，似乎是湯先生進一步研究的材料準備，尚不能全面體現他的「民國文學史」面貌。

海峽兩岸的學者都開始彙集到「民國文學」的概念下追述歷史，這令人鼓舞，但目前的成果也再次說明，書寫一部完整的《民國文學史》，無論是史觀還是史料，都還有相當的欠缺，時機尚未成熟，同志仍需努力。

三

民國文學史，在沒有解決自己的史觀與史料的時候，實在不必匆忙上陣。在我看來，民國文學研究在今天的主要任務還是對民國社會歷史中影響文學的因素展開詳盡的梳理和分析，對現代文學歷史演變中的一些關鍵環節與民國社會各方面的關係加以解剖，如民國建立與新文學出現的關係、民國社群的出現與現代文學流派的形成、民國政黨文化影響下的思想控制與文學控制、民國戰爭狀態下的區域分割與文學資源再分配等等，至於文學自身力量也不能解決的文學史寫作難題當然更可以暫時擱置（如當代臺灣文學進入民國文學史的問題）。只要我們並不急於完成一部完整系統的民國文學史，就完全可以將更多的精力放在民國文學一個一個的具體問題之上，可供我們研究範圍也完全可以集中於民國建立至人民共和國建立這一段，我想，海峽兩岸的學者都可以認定這就是「民國歷史」的「典型」時期，這同樣可以為我們的雙邊交流營造共同的基礎。在民國文學史誕生之前，我們應該著力於歷史更多更豐富的細節，對細節的了悟有助於我們歷史智慧的增長，而歷史智慧則可以幫助我們最終解決這樣或那樣的歷史書寫的難題。

那麼，在一部成熟的《民國文學史》誕生之前，還有哪些課題需要我們清理和辨析呢？

〔註10〕湯溢澤、廖廣莉：《民國文學史研究》（1912～1949），吉林大學出版社 2011年。

我覺得在下列幾個方面，還有必要進一步研討。

一是「民國文學」研究究竟能夠做什麼。隨著近幾年來學界的倡導，對於「民國文學」研究的優勢大約已經獲得了基本的認識，但是也有學者提出了自己的疑慮：研討民國文學，對於那些反抗民國政府的文學該如何敘述？例如左翼文學、延安文學。或者說，民國文學是不是就是國統區追求民主、自由這類「普世價值」的文學，「民國機制」是不是與「延安道路」分道揚鑣？在我看來，「民國文學」就是一種近現代中國進入「民國時期」以後所有文學現象的總稱，既包括國統區的文學，也包括解放區的文學，因為「民國」不等於「黨國」，也代表了某種「革命者」共同的「新中國」的夢想，左翼文化、解放區反抗的是一黨專制的「黨國」，而不是民主自由均富的「新中國」，尤其在抗戰時期，當解放區轉型為民國的特區之後，更是恰到好處地利用了民國的憲政理想為自己開闢生存空間，為自己贏得道義與精神上的優勢，只有在作為「新中國」的「民國」場域中，左翼文學與延安文學才體現出了自己空前的力量，「延安道路」才得以實現。「民國文學」也不是歌頌民國的文學，相反，反思、批判才是民國時期知識份子的主流價值取向，所以，我們可以發現，「民國批判」往往是民國文學中引人矚目的主題，左翼文學精神恰恰是民國時代一道奪目的風景，儘管它的文學成就需要實事求是地估價。在這個意義上，民國文學史的研究肯定是中國近現代史學的組成部分，而不是大眾時尚潮流（如所謂「民國熱」）的結果。

民國文學研究更深入的理論問題還在於，這樣一種新的文學史研究範式的出現究竟有什麼深刻的學術意義？對整個文學史研究的進行有何啟發？我認為，相對於過去強調「現代性」時間意義的「中國現代文學史」而言，「民國文學史」更側重提醒我們一種「空間」的獨特性，也就是說，從過去的關注世界性共同歷史進程的「時間的文學史」轉向挖掘不同地域與空間獨特涵義的「空間的文學史」，以空間中人的獨特體驗補充時間流變中的人類共同追求，這就賦予了所謂「民族性」問題、「本土性」問題與「中國性」問題更切實的內涵，從此出發，中國文學研究的新範式也許可以誕生？

二是「民國文學」研究當以大量的具體文學現象的剖析為基礎。這一方面是繼續考察各類民國文化現象對於文學發展的重要影響，包括經濟、政治、法律、教育、宗教之於文學發展的動力與阻力，也包括各區域文化現象對於文學生長的有形無形的影響，包括民國時期一些重要的歷史事件對於文學的

特殊作用，例如國民革命。過去我們梳理中國現代的「革命文學」，一般都從 1927 年大革命失敗之後的無產階級文學倡導開始，其實「革命」是晚清以來就一直影響思想與現實的重要理念，中國現代文學的「革命意識」受到了多重社會事件的推動，從晚清種族革命到國民革命再到無產階級革命等等都在各自增添新的內容，仔細追溯起來，「革命文學」一說早在國民革命之中就產生了，國民革命也裏挾了一大批的中國現代作家，為他們打上了深刻的「革命」意識，不清理這一民國的重要現象，就無法辨析文學發展的內在脈絡。大量現代文學現象（特別是文學作品）的再發現、再闡釋是民國新視野得以確立的根據。如果我們無法借助新的視野發現文學文本的新價值，或者新的文學細節，就無法證明「民國視野」的確是過去的「現代文學視野」能夠代替的。所幸的是，最近幾年，一些年輕的學者已經在「民國機制」的視野下，發掘了中國現代文學的新的內涵。這裡僅以《文學評論》雜誌為例：顏同林從「法外權勢的失落與村落秩序的重建」這一角度提出對趙樹理小說的嶄新認識〔註11〕，周維東結合延安文化，剖析了解放區文學「窮人樂」主題的意味〔註12〕，李哲發現了茅盾小說中沉澱的民國經濟體驗〔註13〕，鄔冬梅結合 1930 年代的民國經濟危機重新解讀了左翼文學〔註14〕，羅維斯發現了民國士紳文化對茅盾小說的影響〔註15〕，張武軍透過「民國結社機制」挖掘了從南社到新青年同仁的作家群體聚散規律，賦予社團流派研究全新的方向〔註16〕。在重新研討新文學發生過程的時候，李哲發現了北京大學教育「分科」的特殊意義〔註17〕，王永祥則解剖了民國初年的國家文化所形成的語境與氛圍〔註18〕。這樣的研究都在很大程度上突破了過去的「現代文學」研究視域，通過自覺引入民國歷史視角而推動了文學史研究的發展。

〔註11〕顏同林：《法外權勢的失落與村落秩序的重建——以趙樹理四十年代小說為例》，《文學評論》2012 年 6 期。
〔註12〕周維東：《解放區的天是明朗的天——延安時期的移民運動與「窮人樂」敘事》，《文學評論》2013 年 4 期。
〔註13〕李哲：《經濟·文學·歷史——〈春蠶〉文本的三個維度》，《文學評論》2012 年 3 期。
〔註14〕鄔冬梅：《民國經濟危機與 30 年代經濟題材小說》，《文學評論》2012 年 3 期。
〔註15〕羅維斯：《「紳」的嬗變——《動搖》的一種解讀》，《文學評論》2014 年 2 期。
〔註16〕張武軍：《民國結社機制與文學的演進》，《文學評論》2014 年 1 期。
〔註17〕李哲：《分科視域中的北京大學與「新文化運動」》，《文學評論》2013 年 3 期。
〔註18〕王永祥：《〈新青年〉前期國家文化的建構與新文學的發生》，《文學評論》2013 年 5 期。

　　當然，類似的文本再解釋、歷史再發現工作還遠遠不夠，我們期待更多的研究者加入。

　　三是對於從歷史文化的角度闡釋現代文學的這一思路本身也要不斷反思和調整。在相當多的情況下，民國文學研究與現代文學研究都擁有相似的研究對象，相近的研究方法，不過，相對而言，「民國」一詞突出的國家歷史的具體情態，「現代」一詞連接的則是世界歷史的共同進程。所以，所謂的民國文學研究理所當然就更加突出民國歷史文化的視角，更自覺地從歷史文化的角度來分析解剖文學的現象，倡導文學與歷史的對話。鑒於民國歷史至今仍然存在諸多的晦暗不明之處，對於歷史的澄清和發現往往就意味著主體精神的某種解放，所以澄清外在歷史真相總是能夠讓我們比較方便地進入到人的內在精神世界之中，因而作為精神現象組成部分的文學也就得到了全新的認識。最近幾年，中國現代文學研究中較有收穫的一部分就是善於從民國史研究中汲取養分，詩史互證，為學術另闢蹊徑，文學研究主動與歷史研究對話，歷史研究的啟發能夠激活文學研究的靈感，「民國文學」的概念賦予「現代文學」研究以新機。雖然如此，我們也應該不斷反思和調整，因為，隨著歷史研究、文化研究在文學考察中的廣泛運用，新的問題也已經出現，那就是，我們的文學闡述因此而不時滑入到了純粹的歷史學、社會學之中，「忘情」的歷史考察有時竟令我們在遠離文學的他鄉流連忘返，遺忘了文學學科的根本其實還是文學作品的解釋。捨棄了這一根本，模糊了學科的界限，我們其實就面臨著巨大的自我挑戰：面向文學的聽眾談歷史是容易的，就像面對歷史的聽眾談文學一樣；但是，如果真的成了面對歷史的聽眾談歷史，那麼無疑就是學科的冒險！對此，每一位文學學科出身的學人都應該反覆提醒自己：我準備好了嗎？

　　在這個意義上，我們應該始終牢記，從歷史文化的角度研究文學，最終也需要回到「大文學本身」，民國文學研究對民國時期文學現象的研究，而不是以文學為材料的民國研究。將來我們可能要完成的也不是信馬由繮的《民國史》而是不折不扣的《民國文學史》。

　　沒有對這些研究前提、研究方法的反思，就不會有紮實的研究，當然最終的文學史是什麼樣子，也就難以預期了。闡釋優先，史著緩行，民國文學史的寫作，當穩步推進。

目次

上　冊

民國文學：闡釋優先，史著緩行——第五輯引言
　　李怡

凡　例

引論　中國新文學的廣告 ………………………………………… 1

上　編　二十年代

新文學的嘗試：《嘗試集》 …………………………………… 23

確立新詩起點的《女神》 ……………………………………… 31

舊劇的一次現代化嘗試 ………………………………………… 39

新文學的第一個詩歌刊物《詩》 ……………………………… 47

周作人的散文集《自己的園地》 ……………………………… 53

別出心裁的同人刊物 …………………………………………… 61

評價迥異的小說《玉君》 ……………………………………… 67

開無產階級詩歌濫觴的詩集 …………………………………… 75

徐志摩詩集四種 ………………………………………………… 81

「小夥計」們的文學刊物夢 …………………………………… 89

日記文學及其《蘭生弟日記》 ………………………………… 99

《吶喊》之後又《彷徨》 ……………………………………… 107

沈從文的處女集《鴨子》 ……………………………………… 115

劉大白的新詩集 ………………………………………………… 121

梁實秋早期散文集《罵人的藝術》 …………………………… 129

陳西瀅轉譯的《少年歌德之創造》 …………………………… 135

新格律詩的範本：《死水》 …………………………………… 141

淩叔華問鼎文壇的小說集《花之寺》 ………………………… 147

廢名小說集《桃園》的問世 …………………………………… 153

柳氏父子編《曼殊全集》 ……………………………………… 159

蘇雪林的結婚紀念冊《綠天》 ………………………………… 165

于賡虞的散文詩創作 …………………………………………… 171

老舍闖入文壇的兩部小說 ……………………………………… 179

魯迅和郁達夫合編《奔流》 …………………………………… 187

徐、陸合寫的戲劇《卞昆岡》 ………………………………… 193

讓陳銓享譽文壇的長篇小說《天問》 …………199

奠定朱自清散文名家的散文集《背影》 …………205

胡、沈、丁合作辦刊的嘗試 …………209

張若谷編《女作家號》 …………217

讓謝冰瑩一舉成名的《從軍日記》 …………225

葉聖陶的唯一長篇《倪煥之》 …………233

詩人王獨清的歷史劇《貂蟬》 …………239

劃過新文學文壇的流星：《小小十年》 …………245

雷馬克及其《西線無戰事》 …………253

中 冊

中 編 三十年代

郭箴一和她的《少女之春》 …………265

新月詩派的總結：《新月詩選》 …………269

冰心女士的第一本譯作《先知》 …………275

林微音的小說集《舞》及其他 …………281

白薇女士的《打出幽靈塔》 …………285

被盜印逼出來的《冰心全集》 …………291

《創造十年》的寫作與反響 …………299

從《她是一個弱女子》到《饒了她》 …………305

納入左翼文學的《南北極》 …………311

1933 年的《子夜》 …………319

新文學第一暢銷書《家》 …………329

新文學作品珍璧：《良友文學叢書》 …………337

新詩草創的見證：《初期白話詩稿》 …………349

現代情書中的聖品：《兩地書》 …………355

葉靈鳳早期散文的代表作 …………361

作為「話題」的長篇雜文《文壇登龍術》 …………367

魯迅的雜文與雜文的經典化 …………375

代表戴望舒詩歌成就的《望舒草》 …………381

胡適力倡自傳的成果《四十自述》 ……………………387

魯迅的時政雜感集《偽自由書》 ………………393

賽珍珠《大地》的譯介及接受 ………………401

章衣萍最為得意的散文集《隨筆三種》 …………407

致力於小品文提倡的《人間世》 ………………413

生活書店發行《創作文庫》 …………………521

邵洵美主編《自傳叢書》始末 …………………429

三十年代散文的總結：《現代十六家小品》 ………435

《中國新文學大系》的多樣宣傳 …………………441

幾經周折的《開明文學新刊》 …………………449

《雷雨》的問世及論爭 …………………455

李健吾劇作三種 …………………463

良友圖書公司的「良友文學獎金」 …………………471

洪深的《農村三部曲》 …………………479

李劼人的「大河小說」三部曲 …………………487

林徽因與《大公報文藝創作叢刊小說選》 …………495

《中國的一日》的策劃和編選 …………………501

轟動一時的劇作：《賽金花》 …………………507

《日出》問世後的臧否之聲 …………………515

三人分工譯《屠格涅夫選集》 …………………523

趙家璧策劃的《二十人所選短篇佳作選》 …………531

左翼作家集體關注兒童的產物：《少年的書》 ………537

抗戰初期的《烽火小叢書》 …………………543

1938 年版《魯迅全集》初版與再版 ……………549

出版家的自傳：《在出版界二十年》 …………………555

《西行漫畫》問世及作者 …………………561

夭折的《瞿秋白全集》 …………………565

老舍的扛鼎之作《駱駝祥子》 …………………571

被腰斬的《記丁玲女士》 …………………577

不為人知的齊同及其《新生代》 …………………583

下　冊
下　編　四十年代

桂林文化城裏的《野草》………………………………593
《京華煙雲》的寫作與翻譯………………………………601
歷史劇的典範之作《屈原》………………………………607
寫於桂林的《霜葉紅似二月花》…………………………613
吳組緗的第一部長篇小說《鴨嘴澇》……………………619
傑出的四川方言長篇小說《淘金記》……………………625
趙樹理的成名作：《小二黑結婚》………………………631
頗為自謙的《灌木集》……………………………………637
《傳奇》的問世及增訂……………………………………643
巴金的《人間三部曲》……………………………………651
臧克家《十年詩選》的編選與出版………………………657
吳祖光最滿意的《風雪夜歸人》…………………………663
茅盾的首次戲劇嘗試………………………………………669
《芳草天涯》的問世及反響………………………………675
《財主底兒女們》的創作與出版…………………………681
老舍的長篇巨著《四世同堂》……………………………685
鮮為人知的《青年文選》…………………………………691
錢鍾書的唯一長篇小說《圍城》…………………………697
回擊批評的《雪垠創作集》………………………………701
臧克家和曹辛之合編《創造詩叢》………………………709
女作家主編的女作家集《無題集》………………………717
周立波的土改小說《暴風驟雨》…………………………723
不設主編的叢書：《森林詩叢》…………………………729
為丁玲帶來國際聲譽的長篇小說…………………………735
沈從文未竟的長篇小說《長河》…………………………741
朱自清主持編選《聞一多全集》…………………………747
語言學家的小品集《龍蟲並雕齋瑣語》…………………753
構建人民文藝的經典：《中國人民文藝叢書》…………761
新語境下的新文學規範與總結……………………………769
後　記………………………………………………………775

凡　例

1、本書以「圖志」爲寫作體例，就是企圖以一種新的形式來勾勒中國新文學的發展歷史。

2、本書以新文學史上著名的作家作品爲對象，對其創作緣起（過程）、發表及出版經歷、版本變遷、傳播及接受情況以及其文學史地位等方面展開述評。

3、本書以出版廣告爲敘述的切入點，圍繞廣告中的作品展開敘述，試圖對作品生成給以史的勾勒。

4、在敘述的文字中，適當配以出版廣告（共 200 餘則）、作品封面（共 200 餘幀）等作爲插圖，使文圖相得益彰，力圖還原歷史現場。需要特別說明的是，書中所錄作品的封面主要來自陳建功主編的《新文學初版本圖典》（文化藝術出版社 2011 年版）、獨秀知識搜索、CADAL 數字圖書館。

5、全書以時間爲序，分爲上中下三編，共 111 條，涉及新文學作品 300 餘部，包括詩歌、小說、散文、戲劇、自傳、日記、書信、翻譯以及期刊等幾乎囊括新文學作品的各類文體。

6、本書以《嘗試集》爲開篇，《新文學選集》爲末篇，使之合「新文學」的範圍。

引論　中國新文學的廣告

　　近代以來，現代印刷技術的引進，現代化的圖書出版業形成，圖書廣告在繼承古代書業廣告的基礎上，取得了長足的發展。新文學革命之後，現代文學的出現推動了現代文學出版業的興旺，而作爲傳遞出版信息的現代文學廣告也次第出現並異彩紛呈，成爲各種書刊報紙上一道亮麗的風景，它們見證了現代文學的生成、發展和傳播接受。現代文學廣告在現代作家、編輯等人手中不但成爲文學圖書銷售的一種重要手段，而且在廣告的撰寫、設計製作以及發佈等方面取得了前所未有的成績。文學廣告已成爲現代文學的一個文學性極強的副產品，其廣告詞早已超越一般商品廣告的範疇，進入了一種新型廣告文學的殿堂，成爲了現代文學的一種延伸。

一、中國新文學廣告的產生

　　民國以來，現代出版業獲得了迅猛發展，各種大中小書店如雨後春筍般湧現，書店的眾多勢必導致出版市場競爭的激烈，出版行業間鬥選題、鬥書價、爭作者、爭讀者，日益白熱化。與解放後成立的出版社運營方式不同的是，民國書店或書局的出版和銷售不分家。出版機構不但要主持圖書的選題策劃、印刷出版，還要負責圖書的銷售。各出版社爲了爭取到讀者的注意力、搶佔讀者市場，不惜運用不同的廣告手段和促銷辦法，擴大銷量。像商務印書館、中華書局等大書店還專門設置了廣告部。一些中小書店，如泰東、亞東、開明、北新、群益、文化生活出版社等也把爲圖書做廣告放在一個十分重要的地位。從某種程度上講，書店刊登圖書廣告可看作是「出版社刻意製造文化影響力的一種手段和策略——出版社如何將出版物的內容和影響力，

透過文字、圖象和符號推廣，達到預期的目的。」〔註1〕

　　民國期間的出版社，無論是商務印書館等大書店，還是亞東、北新、新月、現代、良友圖書公司、文化生活社等小書店，無論是股份制還是獨資，絕大部分都是屬於私營出版社，它們的生存與否是需要通過出版市場來檢驗。此外，大多數出版社不但有自己的編輯部、印刷所，還有自己的門市部。圖書的策劃、編輯、印刷出版、銷售都是出版社的業務。而銷售顯得尤爲重要，因爲這與出版社實現贏利、繼續生存等休戚相關。正因爲這樣的出版機制和市場化導向，使得民國的出版社成爲了市場中獨立的經濟主體。可以這樣說，民國的文學生產方式與體制催生了大量文學廣告，使得新文學因文學廣告的存在而獨具一種現代性品格。

　　新文學自產生伊始，就伴隨著作品如何問世、如何出版、如何到達讀者手中、如何引導讀者閱讀等問題，新文學正是在這廣而告之的吆喝聲中拉開了帷幕，文學廣告也隨之產生。文學廣告指的是爲了宣傳、促銷作家作品（包括文學期刊）而利用各種媒介製作發行的文字廣告、目錄、宣傳單、招貼畫、樣本、樣張、徵稿啓示等文本。要想在出版社林立，書業競爭激烈的出版市場中立於不敗之地，而在各種媒體上刊登廣告是出版社重要營銷手段。一位著名編輯就曾說：「說到廣告，像『文生社』這樣一個民間創業的文藝小出版社，不經常利用各種宣傳手段介紹自己的出版物，怎能讓廣大讀者知道並取得他們的信任？不如此又何以面向大眾，爲新文化爭奪陣地，爲文化建設與積累做出貢獻，以達到產生社會效益的目的？」〔註2〕張靜廬在談及雜誌發行經驗時，也重點提到了要大作廣告，「廣告一定要登在有廣大銷路或與這刊物的性質有相互關聯的，多登幾行或多登幾家。」〔註3〕爲了擴大書局的影響，盡快促銷已出或將出的文學作品，書店老闆（或編輯）不放過任何機會做廣告。

　　新文學廣告把出版社與讀者聯繫了起來，讀者通過廣告適時瞭解到近期的出版物，增加了選購圖書的可能性。爲了宣傳所出的出版物，除了出版社專門負責銷售的人員的參與外，具有高文化素養、文字水平的作家（他們往

〔註1〕李家駒《商務印書館與近代知識文化的傳播》，第 278 頁，商務印書館 2005年版。

〔註2〕紀申《關於作家寫廣告》，范用編《愛看書的廣告》，第 181 頁，生活・讀書・新知三聯書店 2004 年版。

〔註3〕張靜廬《在出版界二十年》，第 147 頁，江蘇教育出版社 2005 年版。

往是多面手，既是作家，又是編輯，還是出版人，如魯迅、茅盾、葉聖陶、郭沫若、巴金、施蟄存、胡風、黎烈文等）也參與到廣告實踐中來。「作家親自動筆爲圖書寫廣告，是五四新文學開端之時便形成的好傳統。」〔註4〕作家作廣告不僅僅爲了書刊的促銷，還有爲新文學爭取廣大讀者、搶佔文學陣地的目的。「作家寫廣告，這在 30 年代，看來是不算稀奇的事兒吧。那時新文學方興未艾，作家與出版社工作者總忘不了爲這一偉大的事業，竭盡全力，爭取陣地向廣大讀者介紹新文化、新作品」。〔註5〕從大量作家的廣告實踐來看，作家們撰寫的廣告不但能顯示出作爲文學家的鑒賞力和作爲編輯家的獨特眼光，也能體現出精明的商業才情。可以這樣說，正因爲作家（編輯）的大量介入，才使新文學廣告極具研究價值。

在某種意義上講，新文學是伴隨著現代圖書廣告的產生而產生的。圖書的廣告實際上成爲了聯繫文學作品與讀者的橋梁，而要使普通讀者隨時隨地能接觸到文學廣告，其刊載的載體勢必多樣。具體而言，主要有如下幾種。

一是報紙。民國期間的《申報》、《民國日報》、《大公報》、《新聞報》、《新華日報》、《解放日報》等這些報紙無一例外地專門闢出版面來刊登大量的圖書的廣告。從傳播角度看，報紙的主要優勢在於傳播範圍廣、時效性強、受眾面大，這樣的媒介對於出版社來講自然是上佳之選。許多出版社如商務、中華、北新、亞東等書局的新書出版廣告，《創造》、《現代》等雜誌的創刊廣告都是最先在《時事新報》、《申報》等報紙上登載。但是，報紙刊載廣告的版面畢竟有限，所以報紙上的文學廣告更多的是一些只有書名和作者名的目錄式廣告，只有一些重要作家或重點圖書才有可能開闢較大的版面來刊登廣告。

二是期刊。絕大多數新文學書局都辦有自己的期刊，如北新書局的《北新》、《語絲》，現代書局的《現代》，新月書店的《新月》，文化生活出版社的《文叢》，開明書店的《中學生》，生活書店的《文學》、《光明》等。這些期刊上都刊載了大量的書刊廣告。從傳播角度看，期刊的主要優勢在於閱讀率高，保存期長，針對性強，傳播速度快。施蟄存曾說：「出版一種期刊，對於

〔註4〕李輝《施蟄存寫廣告（摘錄）》，范用編《愛看書的廣告》，第174頁，生活·讀書·新知三聯書店 2004 年版。
〔註5〕紀申《關於作家寫廣告》，范用編《愛看書的廣告》，第180頁，生活·讀書·新知三聯書店 2004 年版。

中小型書店來說，是很有利的，如果每月出版一冊內容較好的刊物，在上海市，可以吸引許多讀者每月光顧一次，買刊物之外，順便再買幾種單行本書回去。對於外地讀者，一期刊物就是一冊本店出版書籍廣告。」〔註6〕期刊成為了書局對外宣傳的窗口和展示自己所出圖書的舞臺。

三是圖書。儘管有報紙、期刊刊載圖書廣告，但許多書局還是在出版的單行本和叢書上刊載本局或他局的圖書廣告，這些廣告所佔的版面大多單獨成頁，有的還不止一頁。商務印書館、中華書局、北新書局、泰東書局、文生社、良友圖書公司、神州國光社等書局在出版部分圖書時就刊載了圖書廣告。從傳播學上看，圖書作為廣告的載體，它的優勢主要在於針對性強，讀者的階層和對象明確且相對穩定，廣告持續時間長。

四是圖書書目。民國期間，如商務印書館、中華書局、新月書店、光華書店、神州國光社等書局都曾以書的形式印行過一年一度的圖書書目。如《新月書店書目》（1929年），《中華書局圖書目錄》（附文明書局圖書目錄，1940年1月編印）、《最新圖書目錄》（1933年，上海光華書局印行）、《圖書目錄》（上海神州國光社，時間不詳）、《生活書店圖書目錄》（1937年2月）等。這些書目把書店最近一個時期出版的各種圖書以廣告的形式逐一加以介紹，可謂是一本圖書廣告集。此外，還有一種特殊的樣本廣告，也是以書的形式印行分贈給讀者。如良友圖書公司編印的《中國新文學大系樣本》、《中國版畫史樣本》、《世界短篇小說大系樣本》等，這些樣本主要針對某一套圖書進行宣傳介紹。

還有專門刊載圖書廣告的期刊，如商務印書館的《出版周刊》，創造社出版部發行的《A11》和《幻洲》，生活書店出版的《讀書與出版》，開明書店的《開明》等，這些小刊物主要刊登書店的啟事、消息和廣告。同時，書店為了促銷圖書的需要，還印行過宣傳招貼畫、寄發期刊訂戶的封袋等，這些都可以充當新文學廣告的載體，應該說圖書業的從業者充分利用了可利用的載體刊載書刊廣告，使新文學作品和期刊的廣告信息通過多種渠道傳達至讀者。

與報紙相比，期刊、圖書作為廣告的載體具有時效性差、受眾範圍小等劣勢，但又有刊載版面大、針對性強、持續時間長等優勢。所以，在書刊上所登的廣告在編排上比在報紙上隨意、靈活。為了發揮其優勢，新文學書刊

〔註6〕施蟄存《我和現代書局》，《沙上的腳迹》，第60頁，遼寧教育出版社1995年版。

上的廣告主要體現在廣告文本的編排上。具體而言，就是它更多是以系列面貌出現，最常見的主要有出版社系列、叢書系列、作家系列、同一類型系列等四種廣告系列類型。

民國時期的出版社，在長期的經營中形成了自己的特色，如商務、北新、開明等都各有自己的店格，它們所出的圖書無論是版式設計、封面裝禎、用紙開本以及字體大小都有明顯的區別。讀者在長期的購買、閱讀過程中會逐漸產生對某一書店的好感，從而喜歡閱讀其書店出版的大多數圖書。出版社系列的廣告正是利用讀者這樣的消費心理，主要發佈自己出版社的廣告，基本不發其他出版社的圖書廣告。從大量的廣告文本看，無論是置於書前還是書後的廣告，所宣傳的圖書與刊載這些廣告的書刊大多是同一家出版社。這種主要發佈自己出版社圖書廣告的做法不但能最大限度地傳達出出版社近期的出版動態，也讓讀者瞭解到該社近期出版了那些圖書，使讀者與出版社建立起更穩定、更密切的聯繫。

書局或出版社為了形成規模效應，產生廣泛的社會影響，許多圖書都以「叢書」系列出版。著名的如文學研究會叢書、創造社叢書、良友文學叢書、文化生活叢刊、文學專刊等，一套叢書儘管是由多本書組成，但又是一個整體。所以，出版社在刊登圖書廣告時也常常以叢書、叢刊等醒目標題提示讀者，並逐一列出已出或待出的該叢書其他著作。如在《未厭集》、《將來之花園》、《趙子曰》等書後就刊登了商務印書館出版的《文學研究會叢書》和《文學研究會通俗戲劇叢書》中一些圖書的廣告。良友圖書印刷公司 1936 年 12 月初版的《春花》（王統照著），在書後逐一列出了《良友文學叢書》33 種。這種為同一「叢書」或「文叢」名目刊登的廣告形成了圖書的規模性宣傳，也為讀者提供了一個相對完整的叢書出版信息，具有很強的系統性和針對性，更容易引起讀者的注意和購買欲望。

作家系列廣告主要是指出版社在書刊上刊登某位作家近期出版的一系列著作。這與叢書系列廣告有些相似，但卻是以著者為核心的圖書宣傳手段。出版社為了重點推介某位作家，在圖書上刊載廣告時，就是以該作家為宣傳對象，加以全方位介紹。從讀者角度看，他們在閱讀生涯中很容易偏愛某作家及其作品，而在書、刊廣告上刊載作家系列廣告可謂投讀者之所好。如在《長夜》（姚雪垠著，懷正文化社 1947 年版）書後刊載的《雪垠創作集》的廣告，逐一列出了《差半車麥稭》、《長夜》和《牛全德與紅蘿蔔》的廣告。

在《微神集》（晨光出版公司 1952 年版）書後刊登的晨光爲「人民藝術家老舍」在解放後出版的八部作品的廣告。等等。在期刊如《新月》、《文學》、《中國作家》等上也有對徐志摩、沈從文、吳祖光的作品的集中推介的廣告。

此外，在新文學書刊上還喜歡刊載同一類型（體裁）的廣告。如在《蕙的風》（1922 年版）上刊登的是康白情的《草兒》和俞平伯的《冬夜》兩部詩集的廣告。在《晚明二十家小品》（1935 年初版）上則刊登了《晚明二十家小品》和《現代十六家小品》兩部小品文作品廣告。也有按同一題材作品刊發廣告，如在《街頭劇選（一）》（上海金湯書店 1938 年初版）上刊載了兩部抗戰長篇小說的圖書廣告，一是含沙創作的《抗戰》，另一部是楊昌溪的《中國軍人偉大》。還有按作家性別來集中刊登廣告，如在《靈海潮汐》（盧隱著，開明書店 1940 年版）的版權頁後的圖書廣告是以「三位女性作家的創作」爲題，分別刊登了冰心的《往事》、丁玲的《在黑暗中》和《韋護》以及盧隱的《靈海潮汐》的廣告。翻譯作品也可歸爲一類，集中刊發廣告，如在《戰果》（歐陽山著，學藝出版社 1942 年初版）上刊登的是八部翻譯作品的廣告。新文學期刊上刊登廣告時常採用這樣的編排方式，可從《語絲》、《新月》、《文藝陣地》等刊物上找到大量的事例，它使讀者能最大限度地從這些同一類型的廣告中選擇自己所喜歡的圖書。

然而，新文學廣告並沒有成爲書刊出版中一個必不可少的組成部分。在書刊上刊登廣告更多的是一種隨意的行爲，多因版面的剩餘而隨寫隨刊，偶然性大。往往空出的版面有限，刊登一部或兩部作品的廣告，有的廣告也僅僅是一個目錄式廣告，不能體現出一些編排特色，而且大多廣告都不是單獨成頁，版面的有限導致廣告設計製作以及廣告詞等方面無從開展。總之，新文學廣告廣泛流佈在各種報紙以及文學書刊上，給人一種散亂、無序之感，是散落的珠玉。

二、新文學廣告的多重價值

新文學三十餘年間，具體在報紙、書刊上刊載了多少文學廣告實在無法統計，但從現有可以查閱到的新文學期刊、圖書看，這些廣告的數量就頗爲驚人。如，有人曾對《現代》（六卷共 34 期）上的文學廣告數量進行統計，共有約 530 則文學廣告。〔註7〕新文學廣告由於有魯迅、巴金、葉聖陶等一大

〔註7〕張永勝《雞尾酒時代的記錄者——〈現代〉雜誌》，第 123 頁，上海人民出版

批作家、編輯參與文學廣告詞的撰寫編排，以及其廣告文本蘊含的歷史信息，它成爲新文學活動的有機組成部分，値得從多方面去進行研究。

（1）新文學傳播的載體

廣告的本質是信息傳播，文學廣告本身就是現代文學傳播的一種方式，它傳遞著現代文學作品或期刊的出版、發行的信息，它宣傳現代作家的生平、思想和創作，是擴人現代文學影響的重要傳播媒介和文體。一些文學期刊往往會刊登大量廣告傳播現代文學。如，《語絲》爲 48 位作家的 91 部作品作廣告，《文學》爲 70 多位作家的 133 部作品作廣告。許多讀者也正是通過廣告來接受現代文學的。如馮至就說過：「回想 1920 年的春天，我在中學讀書，在報紙上讀到《嘗試集》出版的消息，不等到北京來書，便迫不急待地給上海亞東圖書館寄去幾角錢訂購。書寄到後，如獲至寶，其中有些詩我很快就能背誦。」〔註8〕無獨有偶，施蟄存也是通過廣告而購讀《女神》的。他在《我的創作生活之歷程》中詳細交代了自己購讀《女神》的經過：「《女神》出版的時候，我方在病榻上，在廣告登出的第一天，我就寫信給泰東書局去函購，焦灼地等了一個多禮拜才寄到。」〔註9〕趙景深在《瑣憶集》裏提到了自己常通過廣告瞭解新近的出版動向：「拿起報來，先看第一張的書店廣告，看有沒有關於文學的新書出版。」〔註 10〕這些都說明，讀者在接觸到報紙、期刊和圖書等刊載廣告的載體時接觸到了圖書廣告，是在廣告的介紹、勸說下購讀圖書的，廣告在傳播現代文學時的重要性由此可見。

文學廣告在傳播現代文學時，往往體現出幾個重要特點。首先是爲現代文學培養讀者。現代文學在發展過程中，始終面臨著與舊文學、通俗文學爭奪讀者的態勢。新陣營的編輯或作家在寫文學廣告時，就必須爲現代文學造勢並培養大眾新的文學審美趣味。羅貝爾·埃斯卡皮爾認爲：「讀者是消費者，他跟其他各種消費者一樣，與其說進行判斷，到不如說受著趣味的擺佈；即使事後有能力由果溯因地對自己的趣味加以理性的、頭頭是道的說明。」〔註 11〕要引起讀者注意，主要還是需要在廣告的文本裏下工夫，在廣告詞中盡力展現出作

社 2003 年版。

〔註 8〕馮至《馮至全集》第 5 卷，第 100 頁，河北教育出版社 1999 年版。

〔註 9〕施蟄存《施蟄存七十年文選》，第 53 頁，上海文藝出版社 1996 年版。

〔註 10〕趙景深《瑣憶集》，第 84 頁，上海北新書局 1936 年 1 月初版。

〔註 11〕（法）羅貝爾·埃斯卡皮爾《文學社會學》，第 86 頁，浙江人民出版社 1987 年版。

品的文學性、通俗性和趣味性，以調動讀者的閱讀興趣，從而為新文學爭取到大量的讀者。

第二，新文學廣告還體現出明顯的定位意識。定位意識的核心是一種針對性意識，也就是針對性地滿足某部分受眾的需要，以使擁有這部分市場份額的經營思想。由於出版社經營方向不同，在它所屬或所出的書刊上刊載的廣告也帶有一定的針對性。這樣就會在文學廣告、書局或出版社及特定讀者群之間形成了一個相對穩定的「文學場」，這更使新文學的生產與傳播得以穩定、持久地進行。如上海亞東圖書館的圖書廣告著力於中國古典文學標點本和新詩的宣傳，而新月書店的廣告也具有中產階級的紳士趣味。

此外，新文學廣告幾乎全程參與了對作家、作品的傳播。一般來講，文學廣告中有出版預告、出版廣告、重版廣告，廣告刊登的時間周期與現代文學作品的市場周期幾乎相同。如《夢家詩集》出版時，在《新月》上就刊出預告、出版廣告、再版廣告三種。《魯迅全集》從 1938 年至 1948 年共發行四版，每一版在報刊上刊載有預告、出版廣告。可見，新文學的發生、發展始終與文學廣告相伴隨，它們的存在可為考察新文學作品的出版時間、傳播策略、傳播效果等提供依據。

總之，在新文學生產和傳播的過程中，書刊上的廣告發揮出了重要作用，它是書局能正常運轉的「潤滑劑」，也是保證文學生產信息能快速傳達到讀者的「綠色通道」，大大地促進了新文學的傳播和生產。

（2）史料文獻的寶庫

從新文學廣告的製作來看，大都是由當時洞悉文壇現狀，並具有文學才情和商業意識的作家或編輯撰寫。為了突出賣點，身處文學現場的作家或編輯會及時傳達一些準確性頗高的信息，這樣的宣傳文本可作為研究新文學作家生存狀況、作品的創作和接受情況及當時出版界、期刊界現狀的原始文獻。它完全可以作為新文學的一種史料文獻而存在。

以《文學》雜誌所作的廣告為例。1933 年 7 月 1 日，《文學》正式與讀者見面，但在創刊前後的三四個月時間裏，不斷地刊出預告和出版、再版廣告。這些廣告文字中包含了許多有價值的內容：明確了它的所屬，它的辦刊初衷，它的運作組織機構，本刊編輯委員及特約撰稿員、刊物的欄目以及它的傾向和以及出版後在文壇產生的巨大反響等。這些廣告文字的不斷刊載，實際上也參與了《文學》月刊的傳播，擴大了它的影響。同時，這些廣告中也留下

了《文學》誕生、發展的大量信息，具有重要的史料價值。

　　新文學廣告也提供了大量的文壇內幕、文壇掌故。如作家的生存狀況，作家與作家、編輯的關係，出書的艱難過程等等。讀這些廣告，我們猶如置身於民國時期的文壇，獲得某種歷史現場感。如魯迅、高長虹、韋素園寫的廣告就是研究他們之間關係的很好的證據，正是這些廣告惹出了一大串文學事件。又如劉半農校點的《西遊補》（《語絲》第 5 卷 30 期）的出版廣告，用極富機趣的文字傳達出版信息的同時也道出一則文壇掌故。這類文學廣告對作家、出版家等各種情況的介紹，加深了我們對當時文壇現狀的認識和新文學發展歷史的瞭解。

　　上面的事例主要說明了廣告詞中蘊涵大量的文學史料信息，而一些系列廣告也有文獻價值。如前所述，現代文學圖書中大多是以叢書的形式出版，但由於年代久遠，研究者在追索叢書目錄時，目錄式的廣告就發揮了作用。如孫福熙的《大西洋之濱》的版權頁上就刊有北新書局的「文藝小叢書」書目八種。在許欽文的《故鄉》（北新書局 1926 年初版）書後也列出了《烏合叢書》（前五種）和《未名叢書》（前五種）的書目，等等，這些叢書系列廣告為現代文學叢書的整理和編撰提供了直接的依據。作家系列的廣告中也能有一些有價值的信息，特別是關於一些不甚知名的作家的創作及出版情況，這些廣告中的書目信息就非常值得參考。如在《魔鬼的舞蹈》（北新書局 1928 年初版）書後也列出了于賡虞的八部著譯書目，並標出了每一本書的出版進展、書局、定價等。

（3）輯佚的園地

　　新文學史上許多著名的作家如魯迅、巴金、葉聖陶、徐志摩、黎烈文等又都是著名的編輯家。在編輯生涯中，為了推薦文壇新人，推動作品的銷售等，他們親自參與了廣告的製作，撰寫了大量的文學廣告。這些廣告文字理當成為他們文學創作中重要的組成部分。但遺憾的是，後人在編輯這些作家的全集或文集時，這些廣告文字很少收入，成了不受重視的佚文。以魯迅為例，魯迅在一生的文學生涯中撰寫了大量的文學廣告，但現在《魯迅全集》（2005 年版）中收錄的能確定為魯迅所寫的文學廣告僅四十餘則。可以肯定，在長達三十餘年的文學生涯中（其中他編輯的文學刊物數十種），魯迅為自己、為他人寫的文學廣告遠遠不止這個數。

　　與《魯迅全集》中的廣告數量相比，《茅盾全集》、《老舍全集》、《巴金全

集》、《郁達夫文集》等中所收作家的廣告文字就更少了，而這些作家在文學
生涯中，也寫了大量的文學廣告。作為新文學史上著名的編輯家，他們的廣
告文字不僅是對其編輯身份的最好證明，也是大大豐富作家們文學活動的原
始文獻，而這方面的文字材料卻往往被忽視。如李頻的《編輯家茅盾評傳》（河
南大學出版社 1995 年版）分三編十三章對茅盾的編輯生涯進行了系統、深入
的論述，但對茅盾編輯生涯中的文學廣告寫作基本沒有提及，實在是個缺憾。
又如三十年代編撰的《中國新文學大系》，為了推廣宣傳，主編趙家璧邀請了
參加編選工作的十位作家為它寫了《編選感想》（加上蔡元培先生，共 11 位），
全部影印了作家的手迹，這些手迹印在大系樣本和單張宣傳廣告上。可是，
事隔 40 多年才被作為重要的佚文發現，至今還有部分作家的《編選感想》沒
有收入他們的作品集中。所以，許多作家所撰寫的眾多文學廣告並未得到考
證和輯錄。

　　當然，不可否認，要全面對新文學廣告進行考證和輯錄是一項艱巨的工
程。正如樊駿先生所說：「……有關文學作品的廣告等，也都理應在文學史料
中佔有一席位置，它們散佈的範圍很廣，有用的內容又大多相當零碎，宛如
在大海中撈針，不易搜羅，更容易為人們所忽視。」〔註 12〕要仔細辨別每則
廣告由誰所寫更是難上加難，許多作家和編輯早已作古，而且他們對文學廣
告的創作僅僅是作為「副業」來看待的，很多是現寫現刊，沒留下文字的記
載。更為殘酷的是這些廣告文字正隨著老期刊雜誌的銷蝕腐爛而逐漸消失（我
們一般的研究者只能讀到一些影印期刊，而這些影印期刊中許多廣告頁就沒
有被影印）。因此，收集、整理、辨認、輯錄作家的文學廣告是一項緊迫的任
務，文學廣告是現代文學輯佚的重要園地之一。

（4）版本研究的信息

　　阿英先生早在 20 世紀 30 年代中期就談到新文學書刊版本的學術價值，
他指出：「注意版本，是不僅在舊書方面，新文學的研究者，同樣的是不應該
忽略的。無論研究新舊學問，中外學問，對於版本，是應該加以注意的……」
〔註 13〕要研究新文學作品的版本，最基本的工作是弄清版本的源流及變遷，
而文學廣告恰恰可以提供許多版本方面的信息。

　　版權頁是研究版本的重要依據，我們可根據版權頁，很方便地識別出一

〔註 12〕樊駿《這是一項宏大的系統工程》（上），《新文學史料》1989 年第 1 期。
〔註 13〕阿英《阿英文集》，第 241 頁，生活・讀書・新知三聯書店 1981 年版。

本書的版本。版權頁上，往往有書名、著者（譯者／編者）、出版發行的書局及出版年代和印數、版次等。版權頁上，還要印上該書的定價。而文學廣告一般也包含有版權頁上的大部分信息，可以作爲版權頁的替代物（尤其是在版權頁被損毀掉時）。

對於新文學作品，在對它進行研究前必須搞清此書出版的時間，這也是文學研究者的必備常識、版本研究的首要內容，因爲這涉及該書是否爲初版本。而初版本與再版本之間經常有內容上的變化。文學研究中出現的「版本互串」和「版本籠統所指」就是忽視了書的出版時間，把初版本與再版本當一回事。而文學廣告爲了宣傳書店最近出版的新書，很注重時效性。幾乎在書出版的同時，報刊上就有了此書的廣告了，有些還提前做出版預告。這些廣告對我們瞭解書的出版時間，從而確定書的版本源流，自然是非常直接的材料。

此外，文學廣告上有許多關於書籍的裝幀信息，如對書封面、插圖的作者的提及，書籍的用紙、開本、精平裝介紹等，這些對於我們鑒定或研究版本也有幫助。如《魯迅書簡》的出版預售廣告（《中流》第二卷 10 期）非常詳細地介紹了書籍的一些裝幀情況，以便讀者選購，但現在卻可以爲我們研究《魯迅書簡》的版本提供一些有價值的信息。

有些文學廣告中還會涉及作品的版本演進和修改的問題。根據廣告的提示，可以釐清版本變遷的大致內容。如《志摩的詩》的再版廣告（《新月》第 1 卷 8 號）就交代了《志摩的詩》從初版到再版的變遷有三個方面：一是刪去了幾首；一是對詩句語言上的修改；一是對全詩的先後順序進行了調整。這類廣告對考察現代文學作品版本的變遷給予了方向性的提示。還可以從文學廣告中瞭解同一本書在不同出版社出版的信息。不同出版社出版的同一部書意味著不同的版本，文學廣告中恰恰有這方面的信息。如讀了周作人的《自己的園地》的出版廣告（《語絲》第四卷 1 期）會知道，《自己的園地》至少有兩個版本，並且還有內容上的變化。

從以上所舉的實例看，文學廣告包含了大量的版本信息。這爲版本鑒定、版本研究、版本闡釋等方面提供了許多便利。但是，由於文學廣告的位置多在報刊的邊邊角角，它們不成體系，顯得雜亂無章，而且也並不是每則廣告都有版本信息，這就需要我們進行仔細收集和整理。

（5）廣告藝術的珍品

新文學廣告在廣告詞的撰寫、版面的設計上都體現了較高的藝術水準。

眾多名作家、名編輯的參與大大提升了文學廣告的審美內涵，大量專職裝幀人才、廣告人才的出現使得文學廣告成為展示出版社品位的窗口。下面從廣告的版式設計和文辭兩方面具體論及其藝術魅力。

由於文學廣告一般在雜誌或書籍的裏封、底封以及前後的襯頁。所以，注重廣告的版面設計就十分必要，好的設計給人留下好的第一印象。如三十年代良友圖書印刷公司發行的《良友文學叢書》的廣告就有多種精心設計的樣式，既有文字的介紹，又有作家肖像的展示，也有叢書目錄的排列，總體上給人短小、樸素、美觀大方之感。《中國新文學大系》的幾種廣告樣式，每一種無不是精心設計。豐子愷畫題圖的《世界少年文學叢刊》，《婦女生活叢書》，沈雁冰譯的《雪人》、廢名的《桃園》等的廣告無一不設計新穎，版面布置合理，給人強烈的藝術感染力，在有限的空間裏展現廣告設計的藝術魅力。

如果說版式設計的魅力在於抓讀者之眼，那麼文辭的魅力則是抓讀者之心。文辭與版面設計形成「共謀」，激發起讀者的購買欲。新文學廣告的寫作者也是挖空心思作廣告，使廣告在語言上體現出很強的藝術張力，從而使他們對廣告宣傳的圖書產生濃厚的興趣。新文學廣告一般都是字斟句酌，字字珠璣，準確凝練地傳達出書籍的信息。如老舍為自己的作品寫的廣告詞，用詞極精練，表達的意思很清楚。如果我們稍微細想，還會發現其中有更大的想像空間。有一些作家的文字風格本就富有幽默感，如魯迅、林語堂等，他們寫的一些廣告也善於製造一些智慧的火花，這也增加了廣告文字的魅力。此外，各種修辭手法如比喻、排比等的採用也可以增強廣告文字的魅力。正是由於由於撰寫文學廣告的人多為有很高文學素養的新型文化人，他們對作品的文學鑒賞水平遠高於一般讀者的水平。而他們所寫的文學廣告雖是商業廣告，卻散發出濃鬱的文化氣息。

總之，由於眾多專業人才以及作家或編輯的參與，新文學廣告顯現出很高的藝術水準。無論是版面設計，還是文字內容均體現出獨特的審美品格。就每則廣告而言，都經過精心設計，美觀醒目，雅俗共賞。有的還配以插圖、書影、作者手迹等，使得廣告圖文並茂，具有較強的親近感和視覺效果。這些具有豐富的文化內蘊的小文本不僅為研究新文學和傳播新文學作出了貢獻，它們本身也足以成為一件件廣告藝術的珍品。

三、作爲副文本的新文學廣告

　　法國文論家熱拉爾·熱奈特提出的「副文本」概念爲我們探討現代文學廣告提供了一個獨特的視角，這可以深化我們對新文學的認識。「副文本」只是相對於正文本而存在的輔助性的次要文本，但它是不可或缺的，有時甚至很關鍵。在筆者看來，副文本是相對具體的指涉對象而言，因指涉對象的不同，副文本概念的外延也有差別。

　　從文本角度看，如果把新文學書刊的正文部分視爲正文本，那麼封面、廣告等都是副文本。一個完整的書刊文本構成應是正副文本的統一，它們共同生成和確立作品的意義。文學廣告作爲現代文學書刊的一種副文本，與封面、插圖、序跋等一樣，與正文本之間體現爲一種跨文本關係。不僅如此，副文本之間同樣也構成一種跨文本關係。所以，文學廣告也與封面、插圖、序跋等副文本要素構成另一種跨文本關係。對正文本而言，副文本是一種闡釋性的文本，「它包含有作者或他人對正文本的某種闡釋、表白或界定，能爲閱讀正文本提供某種導引。」〔註14〕熱奈特認爲副文本「爲文本的解讀提供一種（變化的）氛圍」，〔註15〕現代文學廣告也能爲正文本營造了一種引導閱讀的氛圍和空間，促進讀者「期待視閾」和審美心理的形成。

　　如前所述，在書刊上的廣告主要以出版社系列、叢書系列和作家系列等編排形式存在，而叢書系列和作家系列的廣告文字與正文本之間就容易建立起一種介紹與被介紹、宣傳於被宣傳的關係，這種關係能引導讀者更好地理解文本。作爲叢書系列的廣告，往往在刊登廣告時，有該叢書的編選緣起、意義、體例以及選材範圍等的交代，這些文字對讀者選購、閱讀和理解該套叢書也能提供一些指導。而作家系列的廣告，有的直接登載於該作家所出的圖書上，這些廣告文字與正文本形成了一種跨文本關係。但需要指出的是，由於副文本包含多種要素，廣告在爲正文本營造閱讀氛圍和空間的同時，其他序跋、封面、插圖、扉頁題辭等副文本也參與其中。此外，圖書廣告還會隨著圖書的不斷再版而不斷變換，這些針對不同版本的廣告與作品的不同版本又構成一一對應關係。

　　接受美學家姚斯曾言：「一部文學作品，即便它以嶄新面目出現，也不可能在信息真空中以絕對新的姿態展示自身。但它卻可以通過預告、公開的或

〔註14〕金宏宇《新文學版本批評》，第 322 頁，武漢大學出版社 2007 年版。
〔註15〕（法）熱拉爾·熱奈特《熱奈特論文集》，第 71 頁，百花文藝出版社 2001 年版。

隱蔽的信號、熟悉的特點、或隱蔽的暗示，預先爲讀者提示一種特殊的接受。它喚醒以往閱讀的記憶，將讀者帶入一種特定的情感態度中，隨之開始喚起『中間與終結』的期待，於是這種期待便在閱讀過程中根據這類文本的流派和風格的特殊規則被完整地保持卜去，或被改變、重新定向，或諷刺性地獲得實現。」〔註16〕新文學廣告正是能起到這種作用的「預告」，是讓讀者產生待視野的「前文本」。它用一二百字的內容能讓讀者利用「既往的審美經驗（對文學類型、形式、主題、風格和語言的審美經驗）基礎上形成的較爲狹窄的文學期待視閾；」或「在既往的生活經驗（對社會歷史人生的生活經驗）基礎上形成的更爲廣闊的生活期待視域。」〔註17〕

事實上，文學廣告與作品在空間上並不都是緊密聯繫在一起，大量的廣告與作品是處於相分離的狀態。但廣告與作品之間形成的闡釋關係，使廣告成爲了作品的另一種副文本。新文學廣告多集中於對作家作品的介紹和評論，但卻以簡短的形式、微小的篇幅出現，所以這些廣告文本可稱爲微型評論，這些微型的文本也是作品的副文本。如1929年2月朱自清以筆名「知白」發表了《〈老張的哲學〉與〈趙子曰〉》一文，開頭就引了關於這兩部小說的廣告，說：「雖然是廣告，說得很是切實，可作兩條短評看」。〔註18〕又如開明書店爲沈從文的《春燈集》和《黑鳳集》撰寫的廣告，這則廣告對沈從文小說的內容、語言和寫作藝術給予了十分精妙的評價。

有的廣告詞還借助別人的文字，不但使宣傳對象增色，也記錄下了作品在當時一些評論。如臧克家的《泥土的歌》的廣告主要摘錄了袁水拍和臧雲遠兩人對該詩集的評論文字。在《周作人散文鈔》的廣告（載豐子愷《沒字的書》書後，開明書店1935年版）中，製作者摘錄了胡適在《五十年來中國之文學》一書中的一段評論文字。可見，這些從別人的評論文字摘抄出來的精彩評論，既使撰寫者省去再去構思廣告詞的腦力，又可作爲關於作家作品的微型評論來看待。

在新文學圖書出版過程中，圖書前後常有一些著名作家、社會名人所寫的序跋文字，這些序本身就有一定的廣告效用，常常成爲圖書廣告詞的摘錄

〔註16〕（德）姚斯《文學史作爲向文學理論的挑戰》，《接受美學與接受理論》，第29頁，遼寧人民出版社1987年版。

〔註17〕朱立元主編《當代西方文藝理論》，第289頁，華東師範大學出版社1997年版。

〔註18〕朱自清《朱自清全集》第1卷，第250頁，江蘇教育出版社1988年版。

對象。如《桃園》、《莫須有先生傳》、《棗》和《橋》）的廣告詞，此廣告的第一部分摘自周作人寫的《〈棗〉和〈橋〉的序》，第二部分摘自周作人所寫的《〈桃園〉跋》。此外，還有魯迅爲葉永蓁的《小小十年》所作的《小引》、胡適、任叔永以及陳衡哲爲《小雨點》所做的序文，徐志摩爲淩叔華的《花之寺》所作的序，等等，這些序跋中的部分精妙評論文字都曾作爲圖書廣告的宣傳文字加以刊載。

更多的情況是，圖書出版後才有評論文字問世，而作爲編輯撰寫的圖書廣告往往是先於他人的評論。有些作家作品的廣告文字還有可能是該作品最早的評論文字。如 1926 年 11 月，北新書局爲沈從文印出了他的第一個作品集《鴨子》，該書局爲這部集子撰寫了廣告。據現存的資料看，這則廣告極有可能是最早評論沈從文小說、戲劇和散文特色的文字。

但是，作品的廣告與評論並不能完全等同，作爲對作家作家的評論，它應該是一種價值判斷，不但要指出作品的優點，也要指出作品的不足，但廣告爲了宣傳的需要，往往盡可能放大作品的優點、特色，而對作品的不足之處則幾乎隻字不提。正如魯迅所說：「既要印賣，自然想多銷，既向多銷，自然要做廣告，既做廣告，自然要說好。」〔註 19〕所以，對於圖書廣告這類副文本，它與作品之間形成的評論與被評論關係需要有辯證的認識。

出版社或刊物要刊登廣告，撰寫廣告的任務主要落在編輯手上，編輯撰寫廣告可謂該職業的一基本功。作爲一本書、刊的編輯，他自然對作家、圖書內容、出版過程等所知甚詳，這些都可爲他撰寫廣告提供素材。在現代文學史上，正因爲有大量不知名的書刊編輯的廣告寫作實踐，才留下了無數的廣告文本。儘管他們大多數在新文學史上無甚地位，但是作爲編輯群體的一類獨特的創作，也應受到重視。此外，不僅有專職編輯撰寫文學廣告，作家也參與了文學廣告的撰寫。在新文學發展過程中，絕大多數作家都曾主編或參編過雜誌、或在出版社做過編輯（出版人）。作家在主編雜誌或做出版編輯時，爲了促銷出版物的需要，挖空心思撰寫了大量的廣告文字。如魯迅畢生撰寫的廣告文字就相當多。葉聖陶的廣告僅就《葉氏父子圖書廣告集》就有近 5 萬字。巴金、茅盾、鄭振鐸等的廣告文字數量也很可觀。

從編輯的角度來考察文學廣告，可以看到在新文學發展過程中，編輯群體的創作活動。大量的圖書、雜誌問世與眾多默默無聞的編輯的辛勤勞動分

〔註19〕魯迅《魯迅全集》第 3 卷，第 322 頁，人民文學出版社 2005 年版。

不開。與現今出版業不同的是，民國時期負責圖書出版的責任編輯往往沒有在書上注明，這樣就導致了這些為他人作嫁衣裳的編輯並不為大多數人瞭解和認識，他們的勞動只能通過別人的著作加以體現，而鮮有機會顯露自己的創作才華，而撰寫廣告為他們提供了一個展現創作才華的一個舞臺。儘管文學廣告中，有作家參與廣告的寫作，但事實上，編輯撰寫的廣告的數量則遠遠超過作家所寫的。所以，從亞東、開明、新月、生活等書店所刊出的廣告中，我們同樣能看到這些書店的編輯群體的創作才華。儘管他們的名字已不為人知，他們所寫的廣告也很難加以辨識，但是作為一個書店的編輯群體，他們的廣告文字仍有收集整理的必要。

從作家的角度來考察文學廣告，不但可以看到作家多重身份的疊合，還可以看到作家的市場競爭意識和商業頭腦。與傳統文人相比，由於寫作成為一種謀生的職業，現代作家都沒有羞於談錢的顧忌，而是注重經濟利益的獲取。為了使自己出版的圖書更快地獲得利潤，為圖書寫廣告、作推銷自然也理所當然。魯迅就是一個典型的例子，作為從舊時代走出的現代文人，他主要以寫作謀生，金錢對他來講自然很重要。作為編輯家、出版家的魯迅，在激烈的圖書市場競爭中，非常善於利用多種促銷方式，推銷自己的編著或別人的圖書。在他的寫作生涯中，撰寫了大量的圖書廣告，為出版的圖書說好話。在《為半農題記〈何典〉後作》中就以叫賣的口氣為他的《華蓋集》作了廣告：「──順便在此給自己登一個廣告罷：陳源何以給我等這樣的反廣告的呢，只要一看我的《華蓋集》就明白。主顧諸公，看呀！快看呀！每本大洋六角，北新書局發行。」〔註 20〕在為自己的圖書作廣告，魯迅不避「戲臺裏喝彩」的難為情，而是直接吆喝上了。

對於作家來講，除了小說、戲劇、詩歌和散文四大類作品屬於作家的創作並受到關注之外，還有許多並不為大多數作家本人和研究者注意的文字，如序跋、日記、書信以及廣告等，這些文字幾乎沒有納入作家的創作之列。在筆者看來，這些不被注意的文字可歸屬作家創作生涯的副文本。作家的創作生涯中，既有四大文類（正文本）的創作，也有副文本的創作。迄今為止，新文學廣告作為作家創作中的副文本，仍然沒有受到應有的重視，就現今出版的作家全集來看，有相當多的全集幾乎沒有收入作家撰寫的廣告文字，顯然這也是全集不全的一個具體表現。儘管這些廣告文字大多是應一時之需，

〔註20〕魯迅《魯迅全集》第 3 卷，第 222 頁，人民文學出版社 2005 年版。

隨寫隨刊，絕大多數廣告都不會注明是誰撰寫的，作家本人在當時也並不十分珍視，幾乎成了無人認領的「棄兒」，但這些作家（編輯）的手邊餘墨作為一類獨特的創作是毫無異議的，而展現作家整個創作生涯和各個領域的全集，理應把他們撰寫的圖書廣告收入其中。

此外，從止副文本角度來看作家的創作，可以凸現作家創作生涯的複雜性、多樣性，而且還可以探討作家的正副文本及副文本之間的密切關係。比如沈從文是以小說家名世，但在二三十年代期間，他也主編過雜誌、辦過出版社，他所寫的廣告文字數量也不少，這些文字不但是他介入出版的見證，也是他創作生涯的重要組成部分。圖書廣告勢必要介紹評論作品內容，這就與圖書評論、序跋有直接的聯繫。如老舍最初兩部小說《老張的哲學》和《趙子曰》的廣告文字與鄭振鐸在 1927 年 1 月《小說月報》上的預告有重合之處，據此可以推斷出這兩則廣告與鄭的關係，凌叔華的《花之寺》的廣告文字就來自於徐志摩為此書所寫的序文。

從新文學文本角度看，文學廣告是其中的一種副文本，但相對於新文學作品而言，文學廣告也是一類特殊的文學作品。在 20 世紀 80、90 年代，已有研究者從文學性角度對這些文學廣告試圖作過界定，如，李輝就把魯迅、巴金、葉聖陶等人所寫廣告稱之為「廣告文學」。〔註21〕後來有研究者具體指出了廣告文學的含義，認為廣告文學是就廣告的文學性而言，是廣告與藝術聯姻的特別行為，它可以使廣告憑藉著形象化的手段，通過審美功能引發消費者的喜愛之情，為購買行為創造契機，而現代文學作品的廣告大多可歸於「廣告文學」一類的。〔註22〕當我們把新文學廣告視為廣告文學，無疑會大大提升其在新文學中的地位，但是與其他大文類相比，廣告文學在新文學中處於邊緣、從屬地位，因此，我們應該把它歸人新文學中的副文學。從上世紀二三十年代起，先驅們在借鑒西方文學分類，初步確立了以詩歌、小說、戲劇和散文四大文類為主要對象的新文學文類體系。這種文類體系的建立，促成了文學的現代性，但也使得新文學豐富的文類創作被提純、被遮蔽。文學廣告就根本沒有進入文學作品之列，整個被棄置不顧。所以，引入「副文學」〔註23〕概念，目的就是力圖使不被新文學四大文類所承認的文學創作得

〔註21〕李輝《現代文學廣告錄》，《中國現代文學研究叢刊》1986 年 1 期。
〔註22〕姜振昌、王良海《文學廣告與廣告文學》，《山東師範大學學報》1992 年 2 期。
〔註23〕「副文學」一詞來自法文 paralittérature，它指的是被列為經典之外、並行存

以進入文學領域。這樣，新文學廣告就和新文學序跋、日記、書信等一樣，也是屬於新文學副文學之一種。

把文學廣告從副文本推及到副文學，使得文學廣告的文學性得以凸現。在一般研究者看來，廣告只是一種應用性文體，書刊的廣告也是以應用性為主，文學性無從談起。事實上，由於作家的大量參與，文學廣告具有較高的文學品位，許多廣告文辭精妙，具有節奏感、幽默感和美感，兼容學術性、知識性和感染性，文化內蘊和審美意味濃鬱。有的是簡短的作家作品論，有的如犀利的雜感，有的是抒情的美文，有的堪稱智性的幽默小品。如，《罵人的藝術》的廣告詞，雖是一則廣告，卻堪比抒情美文。《蕭伯納在上海》的廣告，具有魯迅式的雜文風神，結合當時時政和文壇鬥爭，在傳達書籍出版信息的同時，還辛辣地諷刺了那些心懷鬼胎者，指斥了他們的醜態。使廣告發揮出了「匕首」的戰鬥作用。有的廣告甚至就是一篇精短的書話散文。如冰心女士譯的《先知》（紀伯倫著）廣告「包括一點事實，一點掌故，一點觀點，一點抒情的氣息；它給人以知識，也給人藝術的享受。」〔註24〕從這個意義上講，好的書廣告也是一篇好的書話散文。

四、結　語

如果從上個世紀五十年代開始算起，新文學研究已走過了 60 多年的歷史，新文學研究得到了全面深化，並在諸多領域取得了顯著成績。但就新文學廣告而言，這幾乎是一個被長期忽略的對象。迄今為止，對於新文學廣告的搜集整理還停留在起步階段，目前只《葉氏父子圖書廣告集》和《愛看書的廣告》問世。在所出的作家全集中，也只有《魯迅全集》、《巴金全集》、《葉聖陶集》、《胡風全集》、《徐志摩全集》等中收錄了作家很少的廣告文字。還有巨量的文學廣告在民國時期的各種報刊、圖書上無人問津。隨著時間的流逝，這些刊載於原始報刊、圖書（儘管現有民國報紙、期刊、圖書的影印本、電子版，但在影印和電子化的過程中，大量的文學廣告未能得到影印或電子化）上的文學廣告將會永遠地消失。文學廣告的搜集整理的缺失也導致了新文學廣告研究的滯後。迄今為止，學界仍未把新文學廣告作為單獨的研究對

在的另一類文學，有人也把它理解為「闖文學」，（參考欒棟《闖文學通解》，《文學評論》2008 年第 3 期）。

〔註24〕唐弢：《〈晦庵書話〉序》，第 5 頁，生活·讀書·新知三聯書店 1998 年版。

象加以系統地研究，也沒能從宏觀角度考察新文學廣告的發展現狀。

　　近年來，新文學研究界一直在致力於開拓和發現中國新文學研究新的增長點，但是卻對巨量的新文學廣告視而不見，對新文學廣告的研究幾近是一個空白，這頗令人遺憾。所以，筆者認為，全方位、系統搜集、整理、輯校、研究新文學廣告是新文學研究的又一學術增長點。不但要對著名作家（編輯）撰寫的文學廣告大規模地收集整理，也要對無名編輯撰寫的文學廣告加以輯錄。不但要以刊載載體為範圍整理文學廣告，也可以書局單位搜集文學廣告等。多角度地收集整理文學廣告這不但可填補現代文學作品出版史空白，而且還可以大大方便研究者對文學廣告的全面、系統的研究。總之，新文學廣告作為新文學的一個重要組成部分和必要補充，它的搜集、研究對於豐富新文學作品、深化新文學研究具有重要的意義。從某種意義上講，對文學廣告的研究具有補正史之遺漏、還原新文學歷史現場的價值。

上編　二十年代

新文學的嘗試：《嘗試集》

胡適之《嘗試集》出版預告　　上海亞東圖書館

諸君要知道胡適之先生個人主張文學革命的小史嗎？不可不看胡適之先生的《嘗試集》。

書分兩集。民國六年九月，胡適之先生到北京以前的詩爲第一集，以後的詩爲第二集。還有民國五年七月以前的胡適之先生在美國做的文言詩詞，合爲《去國集》，印在後面，作一個附錄。

廣告載《新潮》第 1 卷 4 號，1919 年 12 月三版

放翁說：「嘗試成功自古無」　　胡適說：「自古成功在嘗試」

胡適的《嘗試集》附《去國集》出版了！

到北京以前的詩爲第一集，以後的詩爲第二集。在美國做的文言詩詞刪剩若干首，合爲《去國集》，印在後面作一個附錄

每冊定價三角

上海亞東圖書館發行

廣告載《申報》1920 年 4 月 3 日

胡適之先生著《嘗試集》

到北京以前的詩爲第一集，以後的爲第二集；在美國做的文言詩詞刪剩若干首，合爲《去國集》，印在後面作一個附錄。

已經再版。有再版自序，有新加入的詩。

定價大洋三角。

上海亞東圖書館發行

廣告載《廣州紀遊》（上海亞東圖書館 1922 年 2 月初版）封底

胡適之先生著《嘗試集》

曾經增訂，分爲三編，附《去國集》。有四版自序。

定價四角五分。

上海亞東圖書館發行

廣告載《蕙的風》（上海亞東圖書館 1923 年 9 月再版）封底

1917 年 5 月，胡適在哥倫比亞大學通過了博士論文的考試。此前經陳獨秀鼎力推薦，北大校長蔡元培擬聘胡適爲文科或哲學教授。於是，胡適沒有等拿到博士學位就毅然回國，7 月到上海，後回家小住。9 月赴北京正式接受北大文科教授的聘任。此時的胡適，因提倡文學革命已經在北大、乃至全國的文化界暴得大名。在胡適回國的行李中，胡適還帶回了他在留學期間創作的一些白話詩手稿，儘管此前有部分在《新青年》上發表過，但是還有一些仍處篋中。在北大任教之餘，胡適決定把此前一年多時間裏寫的詩篇收集起來。1917 年 10 月，他以自己早已想好的「嘗試集」作爲詩集的名稱，並把此時期的詩列爲第一集，交給了最早響應他的《文學改良芻議》的錢玄同，希望他爲此詩集作序。錢玄同仔細讀了胡適的詩並寫出了《序》，並很快刊載於《新青年》第 4 卷 2 號（1918 年 2 月 15 日）上。此序的刊出無疑是第一個向文化界宣告了胡適《嘗試集》的即將問世。但是第一集詩歌數量有限，作爲一本詩集還是顯得單薄了些。到了 1919 年 8 月，胡適終於寫出並編好了第二集。他利用自己寫《〈嘗試集〉自序》之機（後改名爲《我爲什麼要做白話詩》一稿多發於《解放與改造》（第 1 卷 1 號，1919 年 9 月 1 日）、《北京大學日刊》（連載於 1919 年 9 月 16 日至 2 日）和《新青年》（第 6 卷第 5 號，1919 年 10 月 1 日）又提前造成聲勢。在序言的宣傳下，讀了錢玄同和胡適序的讀者給胡適寫來了求購的信，但此時上海亞東圖書館生意不好，經濟上頗爲艱難，〔註 1〕 此書交付出版社後出版速度較慢，以致胡適被迫在《新青年》第 6 卷 6 號（1919 年 11 月 1 日）發表《啓事》：

> 我因爲先登了《嘗試集》的兩篇序，故有許多朋友來問我這書在何處出售。其實這書還不曾印好，很抱歉的。這書大概陰曆年底可以出版，歸上海亞東圖書館發行。

到了年底，亞東圖書館在重印《新潮》第 1 卷 4 號時又刊出該書的出版預告

〔註 1〕汪原放《亞東圖書館與陳獨秀》，第 34 頁，學林出版社 2006 年版。

（見上引），提前宣告了此詩集前兩部分內容以及附錄。但一直拖到次年的 3 月，《嘗試集》初版本終於由上海亞東圖書館問世。為了促銷，書店還在《申報》以及本店所出圖書上分別刊出了此書的出版廣告（見上引）。

正如上面所引的廣告中所說，《嘗試集》共分兩編和一個附錄。第一編包括《嘗試篇》等 21 首，主要包括民國六年九月之前所寫的詩篇。第二編包括《一念》等 25 首（其中包括譯詩 3 首），主要是回國後至 1919 年年底期間所作的詩歌。附錄《去國集》中收文言詩詞 21 首（其中有譯詩 2 首），都是民國五年七月前胡適在美國做的文言詩詞。書前有錢玄同的序言。在序中，錢玄同先肯定了胡適在提倡白話文學、用白話文作詩的開創之功：

> 適之是中國現代第一個提倡白話文學——新文學——的人。我
> 以前看見適之作的一篇《文學改良芻議》，主張作詩文不避俗語俗
> 字；現在又看見這本《嘗試集》，居然就實行用白話來作詩。我對於
> 適之這樣「知」了就「行」的舉動，是非常佩服的。

然後，他從語言和文字的改革談起，闡述提倡白話文學的必要和可能。他指出「民賊」和「文妖」弄壞了白話文章，弄壞了「二千年來的文學」，認為他們是毫無支配社會的能力，從而宣稱我們現在作白話的文學，就應該自由使用現代的白話，自由發表我們自己的思想和情感。最後，他認為胡適的《嘗試集》「就是用現代的白話達適之自己的思想和情感，不用古語，不抄襲前人詩裏說過的話」。〔註 2〕勾勒了胡適詩歌寫作中從「未脫盡文言窠臼」到「長短無定」，再到「極自然的句調」的發展歷程。顯然，錢序的價值並不在於對詩作的具體評論，而是為第一部個人新詩集的歷史性出場營造一種氛圍。

錢序之後是胡適的《自序》，在序中胡適對自己新詩寫作歷史有一次深情回顧，「是我個人主張文學革命的小史」。〔註 3〕民國前六七年到民國前二年（留學前），在學作律詩的過程中產生不滿。美國留學時期，又受西方文學的影響，逐漸認識到文言是半死的文字，主張白話代文言。同時，又在與友人任叔永、梅覲莊等人的爭論中確立了歷史的文學進化觀念的理論基礎，形成了自己的文學革命的主張，而詩歌寫作無疑是自己文學革命主張的具體實踐。作為一次大膽的嘗試，詩越寫越多，自然有印行的必要，所以，胡適又交代了印行的三點理由：第一是引起一般人的注意，也許可以供贊成和反對的人作參考

〔註 2〕錢玄同《〈嘗試集〉序》，胡適《嘗試集》，上海亞東圖書館 1920 年 3 月版。
〔註 3〕胡適《〈嘗試集〉自序》，胡適《嘗試集》，上海亞東圖書館 1920 年 3 月版。

的材料。第二，把自己實驗的結果貢獻給國內的文人，使之成為一個可供研討的標本。第三，大膽展示一種「實驗的精神」，引起更多人來嘗試，所謂「自古成功在嘗試」。胡適不吝筆墨不厭其煩地介紹自己寫作新詩的全過程，顯然是為了再現新文學（詩歌）是如何衝破文言走向白話的過程，目的是為了說明新文學（新詩）出場的必然性。初版的兩篇序言，錢序和胡適的自序，「兩文分工明確，又配合完美，一為白話文的歷史展開，一為個人的故事講述，組合成一個完整的『新詩』的歷史敘述。」〔註4〕

在胡適等人的苦心運作下，作為新文學史上第一部個人新詩集出版後，讀者購讀的反應實在是好。時為中學生的馮至在報紙上讀到《嘗試集》出版的消息，「不等到北京來書，便迫不及待地給上海亞東圖書館寄去幾角錢的郵票訂購。書寄到後，如獲至寶，其中有些詩我很快就能背誦」。〔註5〕可以說，正是有眾多像馮至一樣的讀者，使得詩集初版6個月後又再版。胡適利

〔註 4〕姜濤《「新詩集」與中國新詩的發生》，第136頁，北京大學出版社2005年版。
〔註 5〕馮至《馮至全集》第5卷，第110頁，河北教育出版社1999年版。

用再版的機會，在第二編中增加了《示威？》、《紀夢》、《蔚藍的添上》、《許怡蓀》、《外交》、《一笑》六首詩。在保留初版時的錢序和自序外，又增加《再版自序》。序的開篇就說：「這一點小小的『嘗試』，居然能有再版的榮幸，我不能不感謝讀這書的人的大度和熱心」，〔註6〕可見胡適的喜悅之情溢於言表。讀者的踴躍購讀大大增強了他的信心，與自序中謙虛的態度相反，他申說了再版的兩點理由：第一，是自己的新詩寫作歷程見證了新詩誕生的歷史。第二，詩集中幾十首詩代表了二三十種音節上的試驗，可以給新詩人提供參考。可見，初版的暢銷使胡適看到了新文學運動在廣大讀者中的巨大影響，表明新文學作品也能爭取到普通讀者。自然再版就顯得十分必要。而對於批評他詩歌的古文家，他僅僅給以守舊的蔑稱，就不屑於與之論爭了。最後，胡適還不惜背著「戲臺裏喝綵」的指責，表達了再次作序的原因。「『戲臺裏喝綵』是很難爲的事情；但是有時候，戲臺裏的人實在忍不住喝彩的心境，請列位看官不要見笑。」〔註7〕

到了 1922 年，《嘗試集》已出到了第四版。與兩年前相比，新文學無疑得到了更廣泛的認同，新文學作品不斷問世，文學團體紛紛建立。新文學在

〔註6〕胡適《〈嘗試集〉再版自序》，胡適《嘗試集》，上海亞東圖書館 1922 年版。
〔註7〕胡適《〈嘗試集〉再版自序》，胡適《嘗試集》，上海亞東圖書館 1922 年版。

文壇逐步取得了壓倒性優勢。所以,四版還附有代序兩篇《五年八月四日答任叔永》和《嘗試篇》(五年九月三十日)。在前一篇代序中,他這樣寫到:「倘數年之後,竟能用文言白話作文作詩,無不隨心所欲,豈非一大快事,我此時練習白話韻文,頗似新闢一文學殖民地。」〔註8〕後一篇是胡適作的「嘗試歌」,其中有「我生求師二十年,今得『嘗試』兩個字。作詩做人要如此,雖未能到頗有志。作『嘗試歌』頌吾師,願大家都來嘗試。」〔註9〕這兩篇文章的寫作時間都是 1916 年,記錄下了胡適早期的文學革命主張。到了 1922 年,白話文運動取得了初步勝利,他的《嘗試集》也得到很好的社會反響,他把這兩篇體現自己早期文學主張的舊文作為代序放在書前,可謂大有深意。《嘗試集》在兩年時間內已銷售到一萬部,胡適很高興看到這樣的結果。作為新詩史上第一本個人詩集,胡適顯然還有更大的「野心」,他的詩集應不僅僅是一次新詩的嘗試,它應該成為新詩寫作的典範。但由於這些詩作是胡適個人的探索性實驗,良莠不齊,還有許多「太不成樣子或可以害人的」〔註10〕詩作,這樣的作品會給後來的新詩寫作者帶來負面的影響。所以,為了能夠確立新詩的範本,胡適花了三個月的時間,對詩集進行了刪減、增補,內容上擴為 3 編,第一編 14 首,第二編 17 首,第三編 17 首,保留《去國集》14 首,共收詩 64 首。並認真撰寫了《四版自序》。在序中胡適詳細地記錄了刪詩的過程:

> ……當時我自己刪了一遍,把刪剩的本子,送給任叔永陳莎菲,請他們再刪一遍。後來又送給魯迅先生刪一遍。那時周作人先生生病在醫院裏,他也替我刪一遍。後來俞平伯來北京,我有請他刪一遍。他們刪過之後,我自己又仔細看了好幾遍,又刪去幾首,同時卻也保留了一兩首他們主張刪去的。……

從序中可以看出,胡適對這次的刪增十分慎重,而且為了使這部詩集成為新詩的典範,他不吝邀請當時的名流來為他這部詩集定稿,還欣然接受蔣百里、康白情的一些建議。此版於 1922 年 10 月推出,以後再版都以此版為準,到 1935 年 8 月印至 15 版,印數次數之多,影響之大,冠絕現代新詩壇。

　　儘管《嘗試集》一問世就受到許多讀者的熱烈歡迎,以致不斷再版,但是

〔註 8〕胡適《五年八月四日答任叔永》,胡適《嘗試集》,上海亞東圖書館 1922 年版。
〔註 9〕胡適《嘗試篇》,胡適《嘗試集》,上海亞東圖書館 1922 年版。
〔註 10〕胡適《〈嘗試集〉四版自序》,胡適《嘗試集》,上海亞東圖書館 1922 年版。

此集初版問世後，卻遭到一些人的批評和非難。胡懷琛讀到初版本《嘗試集》後，很快就寫了《讀胡適之〈嘗試集〉》，發表在 1920 年 4 月 30 日的《神州日報》，後又在 7 月 20 日的《時事新報·學燈》發表《嘗試集正謬》。他不但批評了《嘗試集》裏的詩作，還主動為其改詩。南社領袖柳亞子也在報刊上公開指責胡適新詩的缺陷。他們的反對意見又遭到了擁護胡適新詩嘗試者的批評，一時間在文壇頗為熱鬧。參與者有胡懷琛、胡適之、劉大白、朱執信、朱僑、劉伯棠、胡澳、王崇值、吳天放、井湄、伯子等人。「自從民國九年四月起，到民國十年一月止，共有半年多的時間，先後加入討論的共有十多人。各人的文章發表在三四種日報和雜誌上，轉載在五六種日報和雜誌上。」〔註11〕1921年 3 月，胡懷琛還把這些討論收集起來以《嘗試集批評與討論》為名交由上海泰東圖書局出版。此書也成為了中國第一部新詩作品的評論集，具有較高的史料價值。當《嘗試集》再版後，又遭到了另一南社文人胡先驌撰寫的長文《評〈嘗試集〉》的嚴厲批評，首先他就指出《嘗試集》「無論以古今中外何種之眼光觀之。其形式精神，皆無可取。即欲曲為胡君解說，亦不得不認為『不啻已死之微末之生存』也。」〔註12〕接著他又從《嘗試集詩之性質》等七個方面入手，系統性地批評了胡適的新詩主張及其實踐。最後，他認為《嘗試集》的價值只在於宣告新詩創作的此路不通。但他的文章又遭到了周作人撰寫〈《評〈嘗試集〉匡謬》〉來加以反駁，「評新詩原很好，只可惜他太『聾盲吾國人』了，隨意而言，很有幾個背謬的處所，不合於『學者之精神』。我因此也不辭『翻觜剔骼』之譏，略加匡正，……」〔註13〕

胡適在《〈嘗試集〉四版自序》中比喻其中的新詩為：「很像一個纏腳後來放大的婦人回頭看他一年一年的放腳鞋樣，雖然一年放大一年，年年的鞋樣上總還帶著纏腳時代的血腥氣。」由於新詩處在初創時期，《嘗試集》中的多數詩作顯得幼稚、粗糙，也反映出新詩誕生時的進取精神。詩集從第一編到第三編，從思想內容到詩的形式，都顯示著從舊體詩中脫胎而出的痕跡。第一編中的詩作為作者留美時的作品，內容大多寫景、懷友、贈答，形式上沒有擺脫舊體詩五言、七言的束縛，文言詞語較多，舊體痕跡比較明顯。第

〔註11〕 胡懷琛《〈嘗試集批評與討論〉序》，《嘗試集批評與討論》，上海泰東圖書局 1921 年版。

〔註12〕 胡先驌《評〈嘗試集〉》，《學衡》第 1 卷 1 期，1922 年 1 月。

〔註13〕 胡適《〈評〈嘗試集〉匡謬》》，《晨報副鐫》1922 年 2 月 4 日。

二編是詩人 1917 年回國到 1919 年底寫的詩，前八首還擺脫不掉舊體詩的氣味和聲調，此後形式趨於自由，創造出多種形式的新體自由詩。《鴿子》、《老鴉》等詩寫景活潑，《十二月一日奔喪到家》等詩抒情厚重，其中部分詩作反映了五四時代精神。如《威權》呼喚「奴隸」造反，具有反封建意義；《一顆遭劫的星》歌頌民主鬥士，《樂觀》、《向上》等詩表現了五四時代樂觀向上的時代氣息。第三編中的多數詩作在思想內容上沒有新的開拓，《夢與詩》、《十一月二十四夜》、《晨星篇》等詩形式漸趨成熟。在語言上，《嘗試集》基本告別了文言詞語，採用了大多數北京普通話，明白曉暢，「摒棄了口語中的瑣細囉唆的弊端，進行了初步的篩選，但沒有來得及作進一步的『詩化』處理，少了一份『蘊藉』，也少了一份『精美』。」〔註14〕儘管三十年代朱湘對《嘗試集》有「內容粗淺，藝術幼稚」的中肯評價。但是，《嘗試集》的歷史功績在新詩孕育、初生的標誌性意義是其他任何人的詩作不可取代的。正如其書名從陸游的「嘗試成功自古無」詩句反其意而用之，提倡「自古成功在嘗試」之意。它的歷史功績也就在於其敢為人先的大膽「嘗試」。早在 1918 年 3 月 27 日胡適寫的《答張厚載》中就說：「《嘗試集》之作，但欲實地試驗白話是否可以作詩，及白話入詩有如何效果，此外別無他種奢望。」〔註15〕陳子展也認為：「其實《嘗試集》的真價值，不在建立新詩的規範，不在與人以陶醉於其欣賞裏的快感，而在與人以放膽創造的勇氣。……但他對於『文學革命』『詩體解放』的提倡，和他那種『前空千古，下開百世』的先驅者的精神，是不會在一時反對者的舌鋒筆鋒之下而死滅的。」〔註16〕

〔註14〕陸耀東《中國新詩史》第 1 卷，第 35～36 頁，長江文藝出版社 2005 年版。

〔註15〕胡適《答張厚載》，《新青年》第 4 卷第 6 號，1918 年 6 月 15 日。

〔註16〕陳炳堃（陳子展）《最近三十年中國文學史》，第 227 頁，太平洋書店 1930 年版。

確立新詩起點的《女神》

郭沫若著　　女神　　劇曲詩歌集

女神喲！

你去，去尋那與我的振動數相等的人，

你去，去尋那與我的燃燒點相同的人，

你去，去在我親愛的年青的兄弟姐妹的胸中

把他們的心弦撥響，

把他們的智光點燃罷！

——序詩之一節——

全書三十二開本　共二百六十四頁　用道林紙精印

定價每本五角五分　　　外埠郵寄另加寄費一成

泰東圖書局　　　　　　　　上海四馬路

廣告載《申報》1921 年 8 月 18 日

女　神　郭沫若著　　實售五角五分　寄費加一

此書是郭沫若先生著，集郭君三年之創作，分爲三輯。第一輯，詩劇三種。第二輯，鳳凰涅槃之什，泛神之什，太陽禮贊之什。第三輯，愛神之什，春蠶之什，歸國吟。每什又包以數短篇詩劇，計有五十八篇。凡研究新詩劇的不可不讀，流行新文藝的，尤不可不讀。

廣告載《泰東》第 1 卷第 3 號，1927 年 11 月 1 日

　　1919 年初夏，郭沫若與陳君哲、徐誦明等幾位同學組織了一個抗日通訊社「夏社」。爲了瞭解國內的情況，他們訂了一份上海的報紙《時事新報》。在翻閱寄來的報紙時，他首次看到了國內正大力提倡的白話詩。正是這一次偶然行爲，卻催生了一個新詩人的誕生。多年後，郭沫若還念念不忘這一次的奇遇：

　　　　那個報紙在五四運動以後很有革新氣象，文藝附刊《學燈》特別風行一時。訂報是從九月起，第一次寄來的報紙上我才第一次看見中國的白話詩，那是康白情的一首送什麼人往歐洲（實爲《送慕韓往巴黎》）。詩裏面有「我們叫得出來，我們便做得出去」（大意如此，文字當稍有出入。）我看了不覺暗暗地驚異：「這就是中國的新詩嗎？那嗎我從前做過的一些詩也未嘗不可發表了。」我便把我一九一八在岡山時做得幾首詩，《死的誘惑》、《新月與白雲》、《離別》，和幾首新做的詩投了去。這次的投機算投成了功，寄去不久便在《學燈》上登了出來，看見自己的作品第一次成了鉛字，眞是有說不出來的陶醉。這便給與了我第一個很大的刺激。在一九一九的下半年和一九二〇的上半年，便得到了一個詩的創作爆發期。〔註1〕

　　當然，郭沫若的詩歌能順利地在《學燈》上問世還與《學燈》的編輯（後任主編）宗白華有密切的關係。此前，郭沫若也曾向《學燈》投寄過新詩稿，但當時的副刊主郭虞裳對他的詩未予發表。1919 年 8 月，《學燈》主編郭虞裳受該報總主編張東蓀的委託，聘請宗白華來協助編輯《學燈》。1919 年 9 月 11 日，宗白華在爲《學燈》編輯「新文藝」欄時，從來稿中發現從日本福岡寄來署名「沫若」的幾首新詩，讀後被大膽、奔放，充滿火山爆發式的激情打動了，馬上在當天的《學燈》上發表（第一次發表的白話詩爲《抱和兒浴博多灣中》和《鷺鷥》）。此後，沫若寄來的新詩，只要是宗白華編輯，他都予以發表。不久，宗白華接任《學燈》副刊主編。1920 年 1 月，宗白華取消了《學燈》「新文藝」欄目，另闢「新詩」專欄，而當月「新詩」專欄刊出的四個版面，全是郭沫若的詩歌。可見，宗白華對於郭沫若的支持達到了毫無保留的程度。郭沫若但凡有詩寄來，他都及時予以發表，有時甚至不惜用去《學燈》整個版面。《學燈·新詩欄》四大版，整整 1 個月發表的新詩，基本上都爲郭沫若所作。1919 年 9 月到 1920 年 4 月，即宗白華就職於《學燈》編輯的

〔註1〕郭沫若《創造十年》，第 73～74 頁，上海現代書局 1932 年版。

大半年，共刊發了郭沫若的詩歌 50 多首。以致宗白華每晚去編輯部，首先是尋找「字迹勁秀、稿紙明潔，行列整齊而內容豐滿壯麗的——沫若的詩」。〔註 2〕郭沫若在《創造十年》中也說過：「但使我的創作欲爆發了的，我應該感謝一位朋友，編輯《學燈》的宗白華先生。」〔註 3〕可以說，正因爲宗白華的慧眼識珠以及鼎力提攜，作爲普通投稿的的郭沫若才會脫穎而出，他的詩才能源源不斷地在《學燈》刊出。直到 1920 年 5 月上旬，宗白華離開《學燈》赴德國留學，「《學燈》的編輯換了人，我的詩潮也就從此消涸了。」〔註 4〕儘管郭沫若寫詩的迸發期已過，但他仍然還有部分詩歌陸續在《時事新報·學燈》問世，如《新陽關三疊——宗白華兄硯右》、《我是個偶像崇拜者》、《筆立山頭展望》、《歸國吟》、《滬杭車中》等。

就在郭沫若的詩在《時事新報》不斷刊出的同時，郭沫若與成仿吾、郁達夫、張資平等人於 1921 年 6 月在日本東京成立了「創造社」，創辦同人文學雜誌和編輯出版創造社叢書是該社成立後的兩大主要任務，但這都要找到願與之合作的出版社（書局）。一個偶然的機會，他們與上海泰東書局達成了合作意向。以郭沫若作爲泰東編輯爲條件，換取書局出版雜誌和叢書。由於期刊創辦需要前期投入、征集稿件、編輯期刊等諸多事宜，很難在短期內問世。他們決定以「創造社叢書」名義先推出叢書。由於郭沫若的詩歌逐漸在國內文壇產生了影響，加之數量可觀，有現成的詩可選。於是，郭沫若的詩集《女神》就作爲創造社叢書第一種率先納入出版計劃中。從序詩的寫作時間看，在 1921 年 5 月下旬，郭沫若完成了《女神》的選編工作，全集分爲三輯，主要從詩人在五四前後一段時間內所創作的全部新詩作品中選出 56 篇（不包括序詩一篇）〔註 5〕，按照風格、體式分爲三輯。第一輯取材於古代傳說或歷史，採用詩劇形式；第二輯收錄的是他詩情爆發時的激情噴湧之作（後來被認爲是「女神」體的代表作品）；第三輯則是小詩的彙集，有的「沖淡、樸素」，有的「飄渺迷離」，有的「沉鬱低沉」。由於第一輯主要收入了三部詩劇。

〔註 2〕宗白華《歡欣的回憶和祝賀——賀郭沫若先生五十生辰》，《時事新報·學燈》1941 年 11 月 10 日。
〔註 3〕郭沫若《創造十年》，第 78 頁，上海現代書局 1932 年版。
〔註 4〕郭沫若《創造十年》，第 78 頁，上海現代書局 1932 年版。
〔註 5〕據蔡震先生介紹,郭沫若在《女神》時期還有大量散佚在報刊上的大量詩歌,如《《女神》及佚詩》(人民文學出版社 2008 年版) 中收錄郭沫若佚詩 77 篇(總計 97 首)。

所以郭沫若還在詩集名稱下還特別標示出「劇曲詩歌集」。6月納入出版程序，8月15日，詩集《女神》初版問世。封面只有「女神」兩個毛筆大字，下面依次有「劇曲詩歌集」、作者名、出版年三行小子。全書共二百六十四頁，32開本，用道林紙精印。爲了擴大影響，書局還在《申報》（8月18日）、《民國日報》（8月17、18、25、26、28日）連續刊出了廣告（內容見上引）。

《女神》初版問世之後，很快在詩壇引起了注意。鄭伯奇在詩集問世的第二天就寫下了《批評郭沫若的處女詩集〈女神〉》，文中認爲詩集中的抒情詩「都是作者數年以來生命底 rythms 的鳴動」，在作品中，「自我完全在那裡活躍，雖不必與他的『振動數相同的人』；與他們『燃燒點相等的人』也可以爲他的感情『她們的心弦撥動』。」對於詩集中的詩劇，論者也發表了看法，儘管認爲有中古的氣韻，但還是實現了古代的氣韻復活，詩劇取得了成功。〔註 6〕張資平在《致〈女神〉者》認爲《女神》有一種特徵，就是「能

〔註 6〕鄭伯奇《批評郭沫若的處女詩集〈女神〉》，《時事新報·學燈》，1921 年 8 月 21 日、22 日、23 日。

同化 Goethse Sehiller Heine Byron Browning 等各專有的特色於一爐」。〔註7〕
謝康在《讀了〈女神〉以後》文中也表示出對該詩集的喜愛，他從自己開始
讀郭沫若的詩談起，「因為我喜歡沫若詩，所以受沫若的影響是很大，我有
首《雪歌》，朋友們至今還說是帶著沫若的初期色氣呢。」但是，他也指出
了沫若詩並不易為普通讀者接受：「沫若詩，我看至少要受得中等教育的人
才能懂得；他受哥德的感化很深，而東方思想亦很深的，⋯⋯沫若詩的瞭解
者是不及其他詩人的普通的。」〔註8〕稍後，聞一多寫了《〈女神〉之時代精
神》，對《女神》給予激賞：「若講新詩，郭沫若君的詩才配稱新詩呢！不獨
藝術上他的作品與舊詩詞相去最遠，最要緊的是他的精神完全是時代的精神
——二十世紀底時代的精神。有人講文藝作品是時代的產兒。《女神》眞不
愧為時代的一個肖子。」〔註9〕緊接著，他又寫了《〈女神〉之地方色彩》，
指出了《女神》的顯著特徵：「《女神》不獨形式十分歐化，而且精神也十分
歐化的了。」正因為過於歐化，他對中國的文化缺少發現的眼睛：「《女神》
底作者既這樣富於西方的激動底精神，他對於東方的恬靜底美當然不大能領
略。」藉此，他還發表了對中方文化的看法：「我們更應瞭解我們東方的文
化。東方的文化是絕對地美的，是韻雅的。東方的文化而且又是人類所有的
最徹底的文化。」〔註10〕

　　正因為《女神》問世後頗得新詩界好評，青年讀者也很為詩中迸發的激
情、宏闊的想像、以及強烈的個體自由等感染。所以自初版問世後，該集幾
乎沒有間斷地陸續再版。從現今所能見到者，1930 年 7 月印至第 10 版，1935
年 4 月出版了第 12 版（這次雖由上海大新書局印行，但版權頁仍以泰東書局
為出版者，沿用了泰東的初版本）。〔註11〕《女神》從誕生到 50 年代末，詩
人進行了三次大修訂：（一）1927 年末，郭沫若在親身經歷了一場血與火的大
革命運動後思想發生了巨大變化。1928 年 1 月底，郭沫若計劃改編《女神》
和《星空》，作一自我清算。儘管改編《女神》和《星空》沒有全部完成，但
郭沫若對《女神》中的一些詩篇的內容已經做了重大的修改，如將《鳳凰涅
槃》結尾的《鳳凰更生歌》中「鳳凰和鳴」部分大加刪削，將《匪徒頌》中

〔註 7〕張資平《致〈女神〉者》，《文學旬刊》第 34 期，1922 年 4 月。
〔註 8〕謝康《讀了〈女神〉以後》，《創造季刊》第 1 卷第 2 期，1922 年 9 月。
〔註 9〕聞一多《〈女神〉之時代精神》，《創造周報》第 4 號，1923 年 6 月 3 日。
〔註 10〕聞一多《〈女神〉之地方色彩》，《創造周報》第 5 號，1923 年 6 月 10 日。
〔註 11〕蔡震《〈女神〉九十年隨感》，《平頂山學院學報》底 4 期，2012 年 8 月。

對英國哲學家羅素、生物學家哥爾棟改爲馬克思、恩格斯等。後作爲《沫若詩集》由上海創造社出版部於 1928 年 6 月出版，並列爲創造社叢書第二十一種。《女神》部分，除了文字內容上的改動外，篇目上也作了刪減。未收《序詩》、《無煙煤》、《三個泛神論者》、《太陽禮讚》、《沙上的腳印》、《輟了課的第一點鐘裏》。（二）1944 年 6，重慶明天出版社出版了郭沫若的詩合集《鳳凰》。《女神》部分，文字上沿用 1928 年的改動，篇目上刪去了《女神之再生》、《湘累》、《棠棣之花》、《序詩》、《無煙煤》、《三個泛神論者》、《太陽禮讚》、《沙上的腳印》、《巨炮之教訓》、《匪徒頌》、《輟了課的第一點鐘裏》、《上海印象》。（三）1953 年 1 月，《女神》又經作者作了若干修訂（主要包括篇目的增刪、編目結構的易動，文字內容上的改動仍依據 1928 年的《沫若詩集》），並加了必要的注釋後，由人民文學出版社重新出版。

女　神　　　　郭　沫　若　著

實價五角五分　　　　寄費加一

此書是郭沫若先生著，集郭君三年之創作，分爲三輯。第一輯，詩劇三種。第二輯，鳳凰涅槃之什，汎神之什，太陽體讀之什。第三輯，愛神之什，春蘿之什，歸國吟。每什又包以數短篇詩劇，計有五十八篇。凡研究新詩劇的不可不讀，留心新文藝的，尤不可不讀！

上海泰東圖書局發行

　　《女神》是郭沫若的第一部詩集，也是他奠定文學史地位的代表作。《女神》中的許多作品，「體現出對封建藩籬的勇猛衝擊，改造社會的的強烈願望，追求美好理想的無比熱力，以及個性解放的熾烈要求，它們鮮明地反映五四時代的特徵，傳達出時代精神的強音。」〔註 12〕在新詩草創期，如果說胡適

〔註12〕嚴家炎主編《二十世紀中國文學史》（上），第 210 頁，高等教育出版社 2010 年版。

的《嘗試集》主要體現了力圖掙脫古典詩歌的束縛的艱難，那麼《女神》則成爲了新詩的奠基之作。它的出現表明新詩不再單純地停留在語言形式的革新層面，而是深入到觀念與想像方式領域。正如馮至回憶說：當時「胡適的《嘗試集》，康白情的《草兒》，俞平伯的《多夜》，我都買來讀，自己也沒有判斷好壞的能力，認爲新詩就是這個樣子。後來郭沫若的《女神》、《星空》和他翻譯的《少年維特之煩惱》相繼出版，才打開我的眼界，漸漸懂得文藝是什麼，詩是什麼東西。」〔註 13〕施蟄存也在讀了《嘗試集》和《女神》之後，「承認新詩的發展是應當從《女神》出發的」。〔註 14〕在我看來，《嘗試集》主要功績在於引導人去大膽嘗試寫白話詩，但《女神》的出現則告訴了我們白話詩就應該這樣寫。正如有論者這樣認爲：「《女神》已扭轉了《嘗試集》所設定的新詩形象，新、舊間的『詩體解放』邏輯，以及對『新』的可能性的嚮往，似乎不再是支配性的因素，以某種『詩』話語爲前提的特殊美學風格，被推向了前臺，這種形象塑造無形中爲『新詩』提供了另一個起點，新詩發生了『空間』的場域格局，也由此發生了轉換。」〔註 15〕所以，《女神》因此超越《嘗試集》而成爲新詩合法的起點。

〔註 13〕馮至《自傳》，《馮至全集》第 12 卷，606 頁，河北教育出版社 1999 年版。

〔註 14〕施蟄存《我的創作生活之歷程》，《十年創作集》(小説卷)，第 800 頁，華東師範大學出版社 1996 年版。

〔註 15〕姜濤《「新詩集」與中國新詩的發生》，第 174 頁，北京大學出版社 2005 年版。

舊劇的一次現代化嘗試

名曲　　西廂　　近代化

每部大洋五角　外埠郵寄另加寄費　加新式標點　分場布景

書前附有郭沫若先生之長序《西廂藝術上之批判與其作者之性格》中有云：「西廂是超過時空的藝術品有永恒而且普遍的生命。西廂是有生命的人性，戰勝了無生命的禮教笙歌，紀念塔。

主旨　①在使此劇合於現在的舞臺以便排演，以爲中國舊劇改良之一助。

②在使此劇合於現代文學的體裁，以爲理解中國舊文學之方便。

體例　①每齣均有布景。

②刪去無謂的旁白獨白。

③唱白全依王實甫原本。

④刪去無謂之批評，俗語難字。

⑤全書概用近代體制及新式標點。

上海四馬路　　　　　　泰東圖書局

廣告載《申報》1921 年 9 月 5 日

　　1920 年開始，亞東圖書館的汪原放首創標點、分段古典小說。出版界看到了巨大的經濟前景，一時間，出版界標點古書盛行。從亞東的情況來看，標點古典小說確能爲書局帶來利潤。據汪原放回憶：「《水滸》初版本預備印二千部，一次次地決定加，臨上架時決定加到五千部，賣了一年才再版。《儒林外史》初版印了四千部，但只賣了三個月便再版了。」〔註 1〕緊接著，陸續

〔註 1〕汪原放《亞東圖書館與陳獨秀》，第 65 頁，學林出版社 2006 年版。

標點、分段的《紅樓夢》《西遊記》《三國演義》等古典小說也出版了。對於
出版社來講，促使不斷出版這些標點、分段的古典小說主要的還是巨大的經
濟利益。儘管是剛到上海，作爲泰東書局編輯的郭沫若對出版界標點古典小
說一事肯定有所耳聞，但是到 1921 年 4 月爲止，爲大眾所喜愛的古典小說（如
四大名著）已經標點得差不多了，再繼續標點古典小說已沒有多大的選擇空
間。泰東書局經理趙南公原準備讓郭沫若主編教材，郭沫若拒絕編教科書的
同時，他從標點古典小說中受到啓發，提出標點《元曲》。

　　在古典文學作品中，除了小說外，就只有元曲故事性強，標點《元曲》
自然是一個另闢徯徑的不錯的出版選題。而趙南公眼紅亞東圖書館的標點、
分段小說出版所帶來的經濟利益，原本想仿傚亞東標點、分段古典小說，但
一聽到郭沫提議要標點《元曲》時，敏銳地感到這是一個能賺錢的出版選題，
對郭的提議頗爲贊同，「這個提議立地也就見諸實行起來」〔註 2〕。郭沫若的

〔註 2〕郭沫若《創造十年》,郭沫若全集》第 12 卷，第 97 頁，人民文學出版社 1992

本意是希望趙南公讓其他幾個編輯來具體操作，可是書局的其他幾個編輯古典文學功底太差，不能對詞曲中的文句標點。迫不得已，他只好親自上陣了。在元雜劇中，尤以敘寫崔張戀愛故事的《西廂記》深爲大眾喜愛，故事曲折生動，文本內容不長，標點所需的時間短，很快就能見到經濟效益。所以，郭沫若選擇王實甫的著名雜劇《西廂記》來標點，可見出郭沫若獨到的市場眼光。既然一經決定標點《西廂記》，郭沫若自然是緊鑼密鼓地進行起來。但是，與亞東圖書館標點小說不同的是，除了標點之外，他還從內容上、結構上對《西廂記》進行增刪。整個工作從四月中旬開始工作，5 月 1 日基本完成。5 月 2 日，郭沫若爲此標點本寫了序言。四個月後，標點本《西廂》由上海泰東書局出版，書店爲此書作了廣告，分別刊載於《申報》（1921 年 9 月 5 日）、《民國日報》（1921 年 9 月 8、9、10、11 日）等處（文字見上引）。出版後的銷售情況不錯，在一年時間內再版兩次，以後不斷再版，到 1930 年 7 月此書已印行第十版，初版 5000 冊，此後再版每次 2000 冊，共計 23000 冊。顯然，此書爲泰東書局帶來了很大的經濟效益。

儘管郭在動手之前聲稱是標點元曲，自然是以不動文本內容爲準則。但動手標點《西廂記》之後，卻改稱爲「改竄」。通過改編前後文本的對比，郭沫若不但對《西廂記》進行了新式標點，而且還對其內容進行了刪、改、增。在我看來，標點《西廂記》已經退居次要地位，而更重要的還是改竄，從標點到改竄，郭沫若不但完成了對《西廂記》的現代改編，也是對傳統戲曲的一次現代改編，是他「借些歷史上的影子來馳騁我的創造力的手腕罷了」〔註3〕的一次大膽嘗試。對比了王實甫《西廂記》〔註4〕和郭沫若的《西廂》，郭主要在以下幾個方面進行了改編。

（一）改變元雜劇中的本、折爲齣、場，重新劃分了全劇的結構。從全劇來看，改編後的《西廂》，全劇共計 16 齣，每一齣又有一至三場不等，共24 場，每一場在正文之前簡要交代出場的地點、人物、事由等。這樣，全劇

年版。

〔註 3〕郭沫若著，桑逢康校《〈女神〉彙校本》，第 30 頁，湖南人民出版社 1983 年版。

〔註 4〕在內容的比較上，按理應該由《西廂記》的明刊本以及金聖歎的批本與郭沫若的《西廂》（上海泰東書局 1930 年版）進行比較。但是，這兩種版本的《西廂記》極不易找，筆者這裡用的是王季思校注《西廂記》（上海古籍出版社 1988年版）與郭的《西廂》進行比較。

主要就是由一個個場景構成。編者重新合併、重組了原劇中的故事情節，對全劇重新進行了場景的劃分，並且使排場動作與唱白相一致，這樣使得劇本的場面感更強，形成一個緊密連貫的故事。

（二）刪掉大量與劇情無甚緊要的旁白、獨白，用括號簡要標出人物動作說明。元雜劇劇本三大組成之一的「賓白」分四大類：對白，即人物對話；獨白，就是人物自敘；旁白，指背過別的人物自敘心理話；帶白，唱詞中的插話。在《西廂記》中，每一楔子和折中都有賓白，這些文字主要是營造環境、交代人物和故事情節等作用，使之便於表演。對於獨白和旁白來講，這兩類文字並不適合舞臺表演，獨白和旁白過多反而會影響了劇情的發展，在改編中，郭沫若刪去了大部分文字。此外，郭沫若還把一些看似與主要人物、故事情節等無甚緊要的囉嗦的自敘和心理話統統刪去。而對白部分，郭沫若也加以改編，使對話與唱詞成為劇本的兩大主要組成部分。

同時，郭沫若為了實現「使此劇合於近代的舞臺以便排演，以為改良中國舊劇之一助」〔註5〕的目的。還根據具體的情節、場景在人物對話的旁邊用「〔〕」簡要標出人物的動作說明，給排演的導演、演員以提示。總之，改編後的《西廂》主要突出了唱詞和對話兩部分，並適當輔之以簡要場景、動作說明，大大豐富和增強了劇本的寫實性。

（三）沒有把《西廂記》第五本納入改變範圍，改變了大團圓結局。對於《西廂記》的作者，從明代開始就有爭議。正如王國維所說：「後世或謂王作，而關續之（都穆《南豪詩話》，王世貞《藝苑卮言》）；或謂關作，而王續之（《雍熙樂府》卷十九，載無名氏《西廂十詠》）。」〔註6〕而郭沫若還是認同了王作關續說，在標點《西廂》時，就把該劇的第五本排除在外。〔註7〕但正因為去掉了第五本，使得全劇劇情以張生赴京應試行程中的「驚夢」作結，點出張生對鶯鶯的思念，使得張生和鶯鶯之間的結局形成了一個大大的懸念，這樣的結尾突破了原雜劇悲劇和大團圓兩種主要模式，使得《西廂》大大背離了原來的情節設計，呈現出新的美學欣賞趣味。

（四）對唱詞中的襯字及增白，為全劇統一上起見有增改。在改編過程

〔註5〕郭沫若《本書之體例》，郭沫若《西廂》，上海泰東書局1930年版。
〔註6〕王國維《宋元戲曲史》，第73頁，上海古籍出版社2000年版。
〔註7〕這裡或許還有一個偶然的因素，據郭沫若在《創造十年》中的回憶，因為自己是以一部缺了最後一冊的明刊本《西廂記》作為底本，所以，他未把第五本納入改編範圍。

中，針對元雜劇主要以唱詞為表演者的主要表演內容，郭沫若依據實獲齋藏板，又部分參考了金聖歎的批註本，依據劇情的需要主要保留了夫人、張生、鶯鶯和紅娘的部分唱詞（去掉了宮調名，保留了曲牌名），而對唱詞中的襯字和增白進行了修改。元雜劇中的襯字，主要指曲詞中的夾雜的方言或俗語，一般是語氣詞或連接詞，其目的是使唱詞生動活潑，增加曲詞的通俗性，使聽眾容易聽懂。就改編的《西廂》整體來看，唱詞的口語化、地方色彩大大減弱，書面化色彩增強。

在正文前的《本書之體例》中，郭沫若指出：「全書用近代體制——西洋歌劇或詩劇的——及新式標點」。〔註8〕近代西洋歌劇產生於被稱為文藝復興時代的十六世紀末的意大利，它是一門集詩歌、戲劇、聲樂、器樂、舞蹈等為一體的綜合性藝術，通常由詠歎調、宣敘調、重唱、合唱、序曲、間奏曲、舞蹈場面等組成（有時也用說白和朗誦）。而詩劇，則是一種只供閱讀而不適合演出的戲劇，其中場景和對話都是用詩寫成，甚至一些幕前幕後的介紹都是詩意的語言。其實，在此之前，郭沫若曾對西洋詩劇與中國戲曲作過比較，注意到各自的優劣：「西洋的詩劇，據我看來，恐怕是很值得考慮的一種文學形式，對話都用韻文表現，實在太不自然。……我覺得元代雜劇，和以後的中國戲曲，唱與白分開，唱用韻文以抒情，白用散文以敘事，比之純用韻文的西洋詩劇是較近情理的。」〔註9〕正是郭沫若看到了西洋詩劇的缺陷，所以在自己創作的詩劇中，唱詞使用韻文，而對話則採用散文。由於詩劇主要不是用來表演的，而西洋歌劇則是用於排演的，所以他又從西洋歌劇中借鑒表演的要素，如大量保留唱詞，適時配以說白等。所以，郭沫若改編《西廂》主要就是借鑒了詩劇的構成體制、歌劇中的表演要素來改良中國舊劇的一次實驗。

應該說，把西洋詩劇、歌劇與中國傳統戲曲結合起來對舊劇來一次革新，不論成功與否，這本身就是一個大膽的實驗。郭沫若在把元曲與西洋歌劇、詩劇進行比較之後，發現了「中國劇曲在文學構成上優於西洋歌劇」〔註10〕，但卻成為文人案頭的閱讀作品，而西洋歌劇、詩劇至今仍然是歐美國家的一

〔註8〕郭沫若《本書之體例》，郭沫若《西廂》，上海泰東書局1930年版。

〔註9〕郭沫若《創造十年》，郭沫若全集》第12卷，第75頁，人民文學出版社1992年版。

〔註10〕郭沫若《創造十年》，《郭沫若全集》第12卷，第109頁，人民文學出版社1992年版。

種高雅藝術，盛行不衰。改編《西廂記》就是想讓它從文人案頭的閱讀作品重新成爲一種舞臺的藝術，使之煥發出新的活力，成爲像西洋歌劇一樣具有長久生命力的一種表演藝術，而改編出可供表演的劇本無疑是關鍵的一步。但郭沫若的改編無疑是「舊瓶裝新酒」，自然很難贏得新文學陣營中戲劇家的青睞。而對於致力於舊劇改革的人來講，他們更多地是從舊劇本身尋找突破口，也難以認同郭沫若採用西洋的戲劇體制的改革方式。所以，《西廂》在當時的新舊陣營中都得不到響應也就理所當然了。但如果按現在的眼光來看，郭沫若改編的《西廂記》試圖在中國舊劇與西方戲劇之間建立起一種橫向聯繫，是爲中國舊劇的重新煥發生命力而作出的一次可貴探索，他改編中堅持的立場、採用的方式等都可爲現今的古典戲劇改革（特別是京劇改革）提供了一些有益的啓示。

如果說《改編本書之主旨》和《本書之體例》是對改編的說明，那麼序言則實現了郭沫若對該劇的闡釋。在筆者看來，郭沫若對《西廂記》劇本內容的改編以及標點完成了對舊劇形式上的現代化，闡釋則承擔了對舊劇思想內容現代化的重要任務，「內容與形式同時會起變化，逐漸便可將一箇舊戲改換一個新面目」。〔註11〕可見，序言的存在，使《西廂記》的改編和闡釋在意義實現了互相發明，互爲照亮，共同完成了對《西廂記》的一次現代性觀照。

該序言從「文學是反抗精神的象徵，是生命窮促時叫出來的一種革命」談起，認爲元曲所取得的巨大成就，無不是作者反抗精神的產物，反抗精神、革命是一切藝術之母。歸結到《西廂記》，認爲它「是有生命的人性戰勝了無生命的禮教的凱旋歌，紀念塔」。他從性心理學分析了男女青年之間因禮教而產生的心理畸變，痛斥我國數千年的封建禮教摧殘人性。在爲《西廂記》正名之後，他轉而對王實甫進行介紹。他從細讀《西廂記》出發，認爲王是一個感覺異常敏銳、想像異常豐贍的人。對於王實甫性格的分析，郭沫若主要依據精神分析學派的理論，先揭示出王的潛意識，認爲他這人的性的生活有很大的缺陷，他是犯過非法淫的人，他幾乎有拜腳狂的傾向。正是在正常的性欲望（「離比多」）得不到滿足，遭受了精神的創傷之後，王實甫只好通過寫作《西廂記》來加以轉移（代償）。郭沫若這種認爲作品起源於「性欲生活之缺陷」的分析和見解不但在當時顯得十分新穎鋒銳，就是現在也顯得有些新鮮大膽。

〔註11〕歐陽予倩《改革舊戲的步驟》，《新中國戲劇》第 1 卷 1 號，1940 年 6 月 1 日。

　　這篇序言主要從心理學角度來闡釋、分析《西廂記》，借鑒的精神分析理論來推測作家的創作，得出的結論確實是新見迭出，發前人所未發。他開創了把心理分析運用於中國文藝批評的先聲。早在三十年代初，潘光旦就認爲是郭是最早借精神分析埋論來分析中國人的性心理的實踐者：「中國纏足的風氣以至於制度顯而易見和足戀的傾向有密切關係，近人最早指出這一點來的是郭沫若氏，見於他所做的一篇《西廂記》的序言裏。」〔註12〕80 年代，余鳳高論曾論及這篇序言，認爲它和《批評與夢》「是現代文學理論中少有的兩篇專題以心理分析觀點來論述文藝淵源、創作與夢的關係等文藝問題的理論文章」。〔註13〕90 年代，著名文藝批評家童慶炳也再次提及郭沫若的這篇序言：「郭沫若在二十年代自覺運用文藝心理學的經歷，這裡我舉出他的《西廂藝術上之批判與其作者之性格》和《批評與夢》兩篇文章。這兩篇論文，作者沒有泛泛而論，而是引出作品中的具體的句子，就文本的細微切入，把文本與創作心理聯繫起來分析，給人以新鮮活潑的感覺。這兩篇論文可以說是二十世紀中國現代文藝心理學最早的又具有學術自覺的論文。」〔註14〕可見，郭沫若寫的這篇序言至今還有生命力。

〔註12〕藹理士著，潘光旦譯《性心理學》，第 266 頁，生活‧讀書‧新知三聯書店 1987年版。

〔註13〕余鳳高《「心理分析」與中國現代小說》，第 78 頁，中國社會科學出版社 1987年版。

〔註14〕童慶炳《中國現代文藝心理學發展的重新審視》，《光明日報》1997 年 10 月28 日。

新文學的第一個詩歌刊物《詩》

《詩》（月刊）底出版預告（一）

舊詩的骸骨已被人扛著向張著口的墳墓去了，

產生了三年的新詩，還未曾能向人們說話呢！

但是有指導人們的潛力的，誰能如這個可愛的嬰兒呀！

奉著安慰人生的使命的，誰又能如這個美麗的嬰兒呀！

我們造了這個名為《詩》的小東西做他的歌舞演養育之場。

疼他愛他的人們快盡你們的力量來捐些糖食花果呀！

廣告載《時事新報·學燈》，1921 年 10 月 20 日

《詩》（月刊）底出版預告（二）

創刊號準予明年 1 月 1 日出版，内容包括一詩，二譯詩，三論文，四傳記，五詩評，六詩壇消息，七通訊。

廣告載《時事新報·學燈》，1921 年 10 月 31 日

1918 年 1 月，《新青年》在第 4 卷 1 期上率先刊登了胡適的《鴨子》、《一念》、《景不徙》和《人力車夫》四首，沈尹默的《鴿子》、《月夜》、《人力車夫》三首，劉半農的《相隔一層紙》、《題女兒周歲日造像》兩首。從此白話新詩出現於文壇。接著，李大釗、陳獨秀、魯迅、周作人也接連在《新青年》上發表了白話新詩。此後，《新潮》、《每周評論》、《民國日報·覺悟》、《少年中國》、《時事新報·學燈》、《晨報副刊》等報刊也相繼發表新詩，使得白話新詩在新文學革命運動初期顯得尤為熱鬧。1921 年 1 月，文學研究會在北京

成立，稍後又成立了文學研究會讀書會，下設小說、詩歌、戲劇、批評、雜文等五個小組，葉聖陶不但是該會的發起人之一，又是詩歌組的成員，朱自清也是該會的會員，最先是以詩歌聞名於新文學文壇。劉延陵也是該會會員，早期也是以詩歌創作爲主要對象。正當新詩蓬勃興起的時候，南京東南大學的教授胡先驌、吳宓、梅光迪等則以新詩爲突破口向新文學陣營發起進攻，他們譏諷白話新詩，說它僅是白話而非詩，《南京高等師範月刊》也借討論詩學之名，攻擊新詩，並大量刊登古詩，與新詩唱對臺戲。

在胡先驌、梅光迪等人的攻擊之下，新詩界內部逐漸消沉了。在 1921 年 5 月，周作人作了一篇名爲《新詩》（發表時化名「子嚴」）的雜感，文中對當時消沉的詩界提出了批評，老詩人不作聲了，新進詩人也不見得出來，詩壇幾近荒蕪。最後他呼喚詩壇應該出現新詩社和新詩雜誌：「新詩提倡已經五六年了，倫理至少應該有個會，或有一種雜誌，專門研究這個問題的了。現在不但沒有，反日見消沉下去，我恐怕他又要蹈前人的覆轍了。昔日手創詩國的先生們，你們的『孫子小史』出現的日子大約不遠了。」〔註1〕而《晨報》編輯在文章後面還加了按語。指出：「子嚴先生又慨於詩壇的沉寂，誠誠然然；近來作詩的人，『被召者多而被選者少』，更是千眞萬確。……不過我想新詩社及雜誌的進行，還是要老詩人們趕緊出來提倡和讚助才好。」〔註2〕應該說，正是在這「內憂外患」的情況下，孕育了《詩》的出現。也就在周作人大聲呼喚不久，葉聖陶、劉延陵、朱自清等三個老詩人就開始策劃創辦一個專門的詩歌刊物——《詩》月刊。

1921 年秋天，葉聖陶、劉延陵和朱自清三人都任教於上海中國公學。由於共同的愛好，三人的友誼與日俱增，在一次從海邊回校的閒聊中，他們主張創辦一個專門刊登新詩的刊物。當事人之一的劉延陵對此有如下回憶：

> 有一天下午，我們從海邊迴學校時，雲淡風清，不冷不熱，顯得比往日尤其秋高氣爽。因此，我們一路上談興很濃；現在我已不記得怎麼一來，我們便從學校裏的國文課談到新詩，談到當時缺少專載它們的定期刊，並且主張由我們來試辦一個了。〔註3〕

〔註1〕子嚴《新詩》，《晨報》第七版，1921 年 6 月 9 日。
〔註2〕子嚴《新詩》，《晨報》第七版，1921 年 6 月 9 日。
〔註3〕劉延陵《〈詩〉月刊影印本序》，俞子林主編《書的記憶》，第 34 頁，上海書店 2008 年版。

　　顯然，他們創辦刊物不但有創立一個新詩的園地以呼應周作人的召喚，也有與復古主義者作針鋒相對的抗爭之心。在他們三人決定辦一個刊物之後（後又聯繫俞平伯），他們首先需要找到一個擔任印刷與發行的書局，他們寫信給上海中華書局的經理，很快就收到回信，邀請他們去書局商談。「我們如約而往，談了一個小時就達成協議，規定這個刊物爲三十二開本的月刊；用上文已述的名號；每期最少與最多若干頁；創刊號於下一年元旦發行，其他各期也於各月的首日印成；我們負責編稿，中華書局負責印刷與發行。」〔註 4〕在與中華書局達成協議之後，爲了迅速地造成社會影響，他們首先就刊出了出版預告。從 1921 年 10 月 20 日的《時事新報·學燈》開始，連續三天登載了《〈詩〉底出版預告（一）》（內容如上引）。這則預告即宣佈了《詩》的即將誕生，同時也是一則徵稿，「疼他愛他的人們快盡你們的力量來捐些糖食花果呀！」可見，編者們不但希望讀者能閱讀這份詩刊，還鼓勵讀者們踴躍投稿。半個月後，《時事新報·學燈》上又連續三天刊登《〈詩〉底出版

〔註 4〕劉延陵《〈詩〉月刊影印本序》，俞子林主編《書的記憶》，第 34 頁，上海書店 2008 年版。

預告（二）》（內容見上引）。此外，葉聖陶和劉延陵還化名在 1921 年 11 月 1 期的《文學旬刊》第 18 期上發表了《盼望》（葉聖陶化名「佚名」）和《詩論》（劉延陵化名「YL」），兩篇文章都表達了對《詩》月刊的盼望。可見，在《詩》問世之前，葉聖陶等人花足了功夫來造聲勢。

儘管預告《詩》月刊將在 1922 年 1 月 1 日問世，但實際上還是延遲了半月，創刊號在 1922 年 1 月 15 日問世。編輯署名為「中國新詩社」。到 1923 年 5 月終刊，一共發行了 7 期。儘管號稱是月刊，實際上並不是，中途延期長達 11 個月。前五期出版時間都是每個月的 15 日。到了 1923 年 4 月 15 日，才出版第二卷第一號，5 月 5 日出版第二卷第二號。從第一卷第 5 號開始，編輯署名改作「文學研究會」，封面上也注明為「文學研究會定期刊物之一」。前五期的編務以劉延陵為主，後兩期的編務以葉聖陶為主。朱自清、俞平伯基本不參與編務，主要是承擔為《詩》寫稿的任務。在辦刊過程中，劉延陵為《詩》出力最多。朱自清在《選詩雜論》中說：「幾個人裏最熱心的是延陵，他費的心思和功夫最多」。〔註5〕但是，《詩》在持續一年多之後，還是悄無聲息地結束了。具體原因，主要還是《詩》刊的問世已經錯過了白話詩創作的鼎盛時期，再加上銷路不好使得書局無錢可賺。

有研究者統計：整個刊物 7 期作者共有 83 人，其中兩人以「佚名」形式出現，實有具體姓名者 81 人，其中文學研究會會員有 19 人，還未占四分之一，共發表新詩（包括散文詩）467 首，譯詩 106 首，論文（包括書信體 4 篇）22 篇。這些作家隊伍可以分為三大類：第一類是以編者為紐帶的文學研究會詩人群，包括有周作人、郭紹虞、王統照、鄭振鐸、劉半農、顧頡剛、徐玉諾、趙景深等，這一類作家發表數量最多，在《詩》中地位最高。第二類是以浙江省立一師的晨光社及其後期組織——湖畔詩派詩人群為代表。主要有汪靜之、潘漠華、應修人、馮雪峰、魏金枝等，這一類詩人群人數少，詩作數量也最少。第三類則可稱之為外來投稿詩人群，有陳南士、張守白、馮西冷、何值三、葉伯和、林文淵等，這一類詩人群人數最多，詩歌數量僅次於第一類。而就詩人個體而言，只發表過一次者有 53 人，作品發表數量較多的詩人有俞平伯、劉延陵、王統照、徐玉諾、陳南士、潘漠華、鄭振鐸、周作人、朱自清等人。而以徐玉諾為最多，發表詩歌數量達 77 首。周作人沒發表新詩創作，但是譯詩

〔註 5〕朱自清《選詩雜記》，《中國新文學大系．詩集》，上海良友圖書公司 1935 年版。

多達 67 首，劉延陵發表的詩歌論文最多，有 10 篇。〔註6〕

從詩歌內容趨向上看，由於編者都是文學研究會成員，其文學研究會的宗旨自然是《詩》選搞的重要標準，發表在《詩》刊的近 500 首白話詩從不同側面描繪了二十年代初中國社會和時代的風貌，實踐了文學研究會的「為人生」的現實主義文學觀。具體來看，又可具體分為三個方面：一是廣泛地反映了軍閥統治下舊中國的社會黑暗，表現了中國人民的苦難生活。如有何值三的《小學教師的歎息》、徐玉諾的《農村的歌》、葉紹鈞的《路》、陳南士的《走路》、顧頡剛的《春雨之夜》等，這些詩描寫了下層人民生活的苦難，對社會、統治階級表達了憤怒。一是反映青年人愛情生活的詩作。「五四」喚醒了青年壓抑的情感，追求自由戀愛成為青年人的共同訴求。歌頌愛情和自由戀愛成為早期白話詩的一道獨特的風景，《詩》刊也發表了大量的愛情詩。除了劉延陵、徐玉諾等文學研究會成員的愛情詩之外，「湖畔派」幾位年輕詩人發表的愛情詩尤多。汪靜之 16 首，潘漠華 15 首，馮雪峰 4 首，應修人 1 首。還有一類是表現知識分子思想苦悶的詩篇。《詩》出版發行期間，正是「五四」的落潮期，許多知識分子在經歷了極度的興奮之後回歸平靜，他們正在苦苦尋找出路，而這些苦悶和彷徨自然會反映到詩作中。如葉聖陶的《黑夜》、《不眠》、鄭振鐸的《死者》、《空虛的心》、俞平伯的《歸路》。詩中表現的苦悶、虛無是當時知識分子心靈的真實寫照，反映了五四後知識分子的思想狀況。除了創作外，《詩》上還刊載了大量的外國詩歌及其理論，周作人、劉延陵、俞平伯等翻譯了不少歐美和日本著名詩人的作品；沈雁冰、王統照、陳南士等還翻譯了烏克蘭、南斯拉夫、愛爾蘭、印度等被損害民族的詩歌。詩歌理論方面則有劉延陵的《美國的新詩運動》、《現代的平民詩人買絲翡耳》、《法國象徵主義與自由詩》等，周作人的《法國的俳諧詩》、《石川卓木的短歌》、王統照的《夏芝的詩》等，這些譯詩及詩歌理論的介紹為中國新詩的現代化提供了重要的參考。此外，還有劉延陵、俞平伯、康白情、朱自清、王統照、葉紹鈞等人關於白話新詩的討論等為新詩的進一步發展提供了一些方向性的指導。

儘管《詩》只是一個出版了 7 期的詩歌小刊物，在眾多的新文學的期刊中並不太顯眼，但是它在新詩發展史上的地位卻是獨特而具有重要地位的。

〔註6〕顏同林《姿態與宿命──第一個新詩刊物〈詩〉月刊研究》，《寧夏大學學報》2009 年第 3 期。

「它標誌了五四以來的新詩，終以勇敢姿態宣告了自己的獨立的存在」。〔註7〕具體體現在如下幾個方面：第一，它是新文學史上第一個詩歌刊物，儘管此前有《新青年》、《新潮》以及眾多報紙的副刊發表了大量的新詩，但是真正以專門刊發新詩的刊物此前還未曾有過，《詩》月刊的出現適時地填補了這個空白（第二個詩歌刊物是《晨報詩鐫》，1926年4月1日出版，晚於《詩》四年多）。《詩》月刊出現「標誌著新詩創作和新詩理論已經發展到一個新階段，新詩已經成為新文學中一個獨立的、成熟的門類」。〔註8〕第二，它為新文學詩壇培養了一大批詩人。正如上引的廣告所說要做白話詩的「養育之場」，在《詩》上發表詩作的作者數量80餘人，除了文學研究會的19名詩人之外，湖畔派詩人以及外來投稿的詩人群數量有60餘位，《詩》月刊為這些青年詩人提供發表的園地，鼓勵了他們的新詩創作，團結並推介了一大批實力派詩人。第三，為新詩的發展道路做出了自己的探索。大量域外詩歌的翻譯以及域外詩人詩論的引介，為新詩的發展提供了一個強有力的參照。特別是對象徵主義代表詩人的介紹、現代派詩歌以及印度日本的小詩理論等的介紹整整影響了一代新詩人，為新詩不斷從域外的異質文化中吸收了各種營養終於形成自己獨特的現代新詩起到了先驅者的作用。第四，為新文學留下了不少經典白話詩歌。三十年代，朱自清在編選《中國新文學大系·詩集》時，選詩所用的詩刊只有兩種，其中一種就是《詩》月刊，而在所選的《詩集》卷中，收入發表在《詩》月刊上的詩歌數量也僅次於《晨報詩鐫》。

〔註7〕陳孝全《朱自清傳》，第42頁，北京十月文藝出版社2001年版。
〔註8〕樂齊《新文學史上第一個詩刊——〈詩〉月刊》，《新文學史料》1983年第4期。

周作人的散文集《自己的園地》

晨報社叢書第 11 種　中學校最良好最適用的白話文教科書

《自己的園地》出版預告

這是周作人先生所作小品文的選集，內計《自己的園地》十八篇。《綠洲》十五篇，雜文二十篇。據著者的自序說，「這五十三篇小文，並不是什麼批評，只是我的寫在紙上的談話：……我並不想這些文章會於別人有什麼用處，或者可以給以多少怡悅。我只想表現凡庸的自己的一部分，此外並無別的目的。……或者國內有和我心情相同的人，便將這本雜集呈獻與他；倘若沒有，也就罷了。」

據胡適之先生的《近五十年的中國文學》說，近五十年來國語文學的成績，第三是白話散文的進步。「這幾年來，散文方面最可注意的發展乃是周作人等所提倡的『小品散文』。這一類的小品，用平淡的談話，包藏著深刻的意味，有時很像笨拙，其實卻是滑稽。這一類的作品的成功，就可澈底打破那『美文不能用白話』的迷信了。」

這兩方面的話究竟那一面的確，別人不容易斷定，讀這集的人自會知道。現在已經排印，不日可以出版，計共三百五十葉，有插畫七張，定價洋六角，外埠郵費加一，郵票代價七十分。特此預告。　　　　　　　本社出版部啓

廣告載《晨報》，1923 年 9 月 13 日

自己的園地　周作人著　實價八角　　　北新書局發行

這是周作人先生所作小品文的選集，內計《自己的園地》十八篇。《綠洲》十五篇，雜文二十篇。胡適之先生《最近五十年的中國文學》說：「近五十年

來國語文學的成績，第三是白話散文的進步，這幾年來，散文方面最可注意的發展乃是周作人等所提倡的「小品散文」。這一類小品，用平淡的談話，包藏著深刻的意味，有時很像笨拙，其實卻是滑稽。這一類的作品的成功，就可以徹底打破那「美文不能用白話」的迷信了。」全書計共二百頁，有插圖多幅，原由晨報社出版，兩年來銷數逾萬，現由周先生將內容重行增訂，歸本局出版。實價八角。

廣告載《語絲》第 155 期，1927 年 10 月 20 日

1921 年 6 月 8 日，《晨報副刊》刊出了周作人的《美文》，在這篇小文中，周作人把西方的論文分爲批評性的論文和記敘性的美文兩類，他認爲美文在英語國民裏頗爲發達，但在我們的現代國語文學中還不多見，他鼓勵治新文學的人去大膽嘗試，「希望大家捲土重來，給新文學開闢出一塊新的土地來」。〔註1〕除了在理論上有提倡，周作人也努力從事於美文的創作實踐，他在散文領域進行的美文實踐早在 1922 年就得到了胡適的高度評價：「這幾年來，散文方面最可注意的發展，乃是周作人等提倡的小品散文。這一類小品，用平淡的談話，包藏著深刻的意味；有時很笨拙，其實卻是滑稽。這一類作品的成功，就可徹底打破那『美文不能用白話』的迷信了。」〔註2〕可見，正因爲周作人的美文實踐，不但打破了迷信，也爲現代國語文學中開闢出了一塊新的領土。而周作人 1922 年開始寫作 1923 年結集出版的《自己的園地》可算是他早期美文實踐的一個豐碩的收穫。

1922 年 1 月 22 日，周作人在《晨報副鐫》上開了一個專欄，題目叫做「自己的園地」，在本專欄發表的第一篇文章就取名爲《自己的園地》，在這篇帶有文學創作宣言性質的文章中，他引法國福祿特爾的小說《亢迭特》中亢迭特的話，「這些都是很好，但我們還不如去耕種自己的園地」，而他說的園地就是文藝。同時，他還認爲「『爲藝術的藝術』將藝術與人生分離，並且將人生附屬於藝術」固然不很妥當，但也認爲「『爲人生的藝術』以藝術附屬於人生，將藝術當做改造生活的工具而非終極，也何嘗不把藝術與人生分離呢」。他主張「藝術是獨立的，卻又原來是人性的，所以既不必使它隔離人生，又

〔註 1〕周作人《美文》，《晨報副刊》1921 年 6 月 8 日。
〔註 2〕胡適《五十年來中國之文學》，《胡適全集》第 2 卷，第 343 頁，安徽教育出版社 2003 年版。

不必使他服侍人生,只任他成爲渾然的人生的藝術便好了。」〔註3〕可見,周作人要依自己內心的傾向,走獨立的藝術美與無形的功利之路來開墾「自己的園地」。此後在此欄目下,他在1922年1月至10月間連續發表了《文藝上的寬容》、《貴族的平民的》、《詩的效用》以及書評《阿麗思漫遊奇境記》、《沉淪》等篇。1923年1月,他又在《晨報副刊》開了《綠洲》欄,以談所看書的讀書心得爲主,「彷彿在沙漠中見到綠洲(Oasis)一般,疲倦的生命又恢復了一點活氣,引起執筆的興趣,隨意寫幾句,結果便是這幾篇隨筆。」〔註4〕在此欄目下,他在1923年1月至7月,又寫了《鐔百姿》、《俺的春天》、《舊夢》等篇。

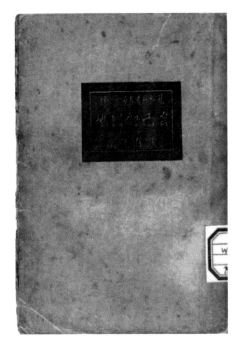

鑒於晨報社正在陸續印行《晨報叢書》,〔註5〕周作人發表在《晨報副鐫》上的文章數量也比較多,於是應晨報社的要求,周作人以自己在晨報上開設

〔註3〕周作人《美文》,《晨報副鐫》1922年1月22日。

〔註4〕周作人《綠洲》,《晨報副鐫》1923年1月20日。

〔註5〕《晨報叢書》於1920年3月設立,先以《晨報》本報第七版(設立《晨報副鐫》後,又主要以副刊上的文章爲對象)上有價值的著作加以收集整理,陸續刊行。1920年4月,《晨報叢書》第一種《一九一九旅俄六周見聞記》(英國蘭姆塞著,兼聲譯)問世。該叢書陸續出版至1928年4月,共出28種。

的專欄《自己的園地》選出 18 篇〔註6〕和《綠洲》欄選出 15 篇文章爲主體，此外又收錄了雜文二十篇，除《兒童的文學》、《三個文學家的紀念》、《山中雜信》三篇寫作時間在 1922 年前外，其餘 17 篇都是 1922 至 1923 年間隨時寫下的文章。全書共 53 篇。於 1923 年 7 月底編選完成，作者不但把《自己的園地》一文置於篇首，還把它作爲了散文集的書名。此外，他還在 7 月 25 日爲此集寫了《序言》。8 月初，他把《自己的園地》稿交給時任《晨報副鐫》的主持者孫伏園。1923 年 9 月底，《自己的園地》作爲「晨報社叢書第 11 種」初版問世。封面設計頗爲簡單，在中上位置嵌有一黑色長方形，上有三行宋體字，分別是：晨報社叢書第十一種　自己的園地　周作人著。正文 384 頁，書中還有插圖 7 頁。由於周作人是文壇知名人士，晨報社爲了擴大影響，增加銷路，從九月中旬就開始在《晨報》刊出了預告（見上引），在預告中，不但以「中學校最良好最適用的的白話文教科書」相號召，並且還引用了作者自序和胡適對周作人的高度評價的文字，自然是想激起讀者購買的欲望。問世之後，又連續在《晨報》刊出了半個月的廣告，足見報社對該書的重視。

晨報社叢書第十一種
中學校最良好最適
用的白話文教科書
「自己的園地」出版預告

這是周作人先生近兩年來所作小品文的選集，內計『自己的園地』十八篇，『綠洲』十五篇，雜文二十篇。據著者的自序說，「這五十三篇小文，並不是什麼批評，只是我的寫在紙上的談話。……我並不想選些文章會于別人有什麼用處，或者可以給予多少怡悅。我只想表現凡庸的自己的一部分，此外並無別的目的。……或者國內有和我心情相同的人，便將這本雜集是獻與他；或倘若沒有，也就罷了。」

據胡適之先生的『近五十年的中國文學』說，近五十年來國語文學的成績，第三是白話散文的進步。『這選集的窗味，有時很像笨拙，這一類的作品的成功，就可澈底打破那『美文不能用白話』的迷信了。」

這兩方面的話究竟那一面的確，別人不容易斷定，讀選集的人自會知道。現在已經排印，不日可以出版，計共三百五十葉，有插畫七張，定價洋六角，外埠郵費加一，郵票代價七十分。特此預告。

本社出版部啟

〔註6〕周作人在《自己的園地》欄共發表了 19 篇文章，其中發表於 1922 年 3 月 19 日的《阿 Q 正傳》列爲「自己的園地之八」，由於 1923 年 7 月 18 日周作人寫給魯迅絕交信，宣佈兄弟倆斷交。或許是這個原因，此文在編入《自己的園地》時被抽出。此文後來也未收入周作人的自編文集。

　　從題材上看，初版《自己的園地》所收的散文、隨筆、雜文小品以及閱讀體驗等內容十分廣泛。大致可以分爲兩類：一類是文藝批評的隨筆，或介紹，或評論、或理論倡導，以書中《自己的園地》和《綠洲》部分所收的文章爲主。主張寬容的批評方法，提倡爲人生的文學主張，具有較強的民主思想，這一部分體現了周作人文藝批評觀及其實踐。當假道學家用封建禁欲主義思想對郁達夫、汪靜之等人發起的進攻時，他運用了精神分析、性心理學知識，公開撰文爲郁、汪辯護，不但駁斥了假道學的思想主張，還肯定了他們作品的價值，體現了作者人道主義的立場。這些文章寫得從容淡定，又不乏咄咄鋒芒。另一類是雜文或小品，或縱談民俗，或抒讀書之得，或議論史實，但在字裏行間，時時透露出對歷史和現實進行批評的鋒芒，且對國民性問題闡釋了自己的見解，以雜文二十篇爲代表。這些文章寫得樸素自然，舒徐自如，毫無雕琢做作之態，在平淡的敘述中流露出對人生的關切和誠摯的感情。

　　從初版本《序》和《代跋》來看，周作人還爲該書蒙上了一層悲涼苦寂的氣氛：「我因寂寞，在文學上尋求慰安，夾雜讀書，胡亂作文，不值學人之一笑，但在自己總得了相當的效果了。或者國內有和我心情相同的人，便

將這本雜集呈獻與他；倘若沒有，也就罷了。——反正寂寞之上沒有更上的寂寞了。」〔註7〕在文末的代跋《尋路的人》中周作人更是加強了這種寂寞、悲觀、苦悶心情的渲染，甚至乾脆把自己塑造成迷茫的尋路的人：「我是尋路的人，我日日走著路尋路，終於還未知道這路的方向。現在知道了：在悲哀中掙扎著正是自然之路，這是與一切生物共同的路，不過我們意識著罷了。路的終點是死，我們便掙扎著往那裏走，也便是到那裡以前不得不掙扎著。」〔註8〕或許是1923年7月中旬周作人宣佈與魯迅的決裂，影響到了周作人此時的心境，在明白了過去的薔薇色的夢都是虛幻之後，他開始主張為個人的文學，尋求理解庸人之心的讀者。

此書初版問世後頗為熱銷，當年12月就印行至第4版，1925年10月印行至第7版，到轉到北新書局出修訂版之前，共印了9版。在一年多時間內，發行量高達20000多冊，足見此集在讀者中受歡迎的程度。1927年1月，周作人決定把《自己的園地》轉到北新書局出版，利用這次轉版，周作人對此集的篇目重新進行了增刪。1927年3月，北新版的《自己的園地》推出（廣告見上引）。北新版與晨報社的版本相比，兩者的區別是晨報本除了《自己的園地》18篇、《綠洲》15篇外，還包括《文藝批評雜話》《地方與文藝》《三個文學家的紀念》等二十篇雜文北。而新版則刪去了這些雜文和舊序、代跋，新補入的《茶話》輯是1925年10月至1926年8月周作人在《語絲》上發表的系列文章，包括《抱犢固的傳說》、《永樂的聖旨》、《文人之娼妓觀》等23篇。篇目共計56篇。正文287頁。封面也更換成農人在田地裏播種的畫，使得與「自己的園地」相契合。插圖共五頁，除《小妖與鞋匠》係舊版外，其餘四頁《日本鐵鐔》、《竹久夢二畫小孩》、《塞文狄斯畫像》和《薩福畫像》都是新換。在作者寫的《〈自己的園地〉重訂本小引》中交代了部分刪掉的文章的下落：「有五篇已編入《雨天的書》，尚有擬留的五篇當收入《談虎集》內。」編入《雨天的書》中五篇分別是《懷舊》《懷舊之二》《學校生活的一頁》《山中雜信》《娛園》；擬留的五篇即《夏夜夢》五則與《初戀》一起歸之為《夏夜夢》編入《談虎集》，事實上收入該集的還有一篇《尋路的人》（代跋）。其餘散在集外的文章後分別編入《澤瀉集》《藝術與生活》《談龍集》。從晨報版到北新版，《自己的園地》也因之從「雜集」一變而為文藝批評的集

〔註7〕周作人《序》，《自己的園地》，北京晨報社1923年9月初版。
〔註8〕周作人《尋路的人》（代跋），《自己的園地》，北京晨報社1923年9月初版。

子。北新版《自己的園地》問世之後，同樣受到了讀者的熱烈歡迎。到 1929
年 7 月，北新版印至第三版。以至韓侍桁在《關於〈自己的園地〉》也不得不
承認此書問世後的暢銷情況：「在新文藝界裏，有極少數的出版物，是像《自
己的園地》在銷數上得到這樣的成功，它的初版是在一九二三年，但至今它
仍然繼續在讀書界維持著它的相當的位置。」〔註9〕此外，此書問世不久，很
快成爲了中學生的課本和參考書。

　　《自己的園地》是周作人思想轉變的重要標誌。從《新青年・隨感錄》
時期的社會批評和文明批評，到立足個體，經營自己的園地。這在周作人思
想歷程中本就是一個重要的轉折，而《自己的園地》不但是他的宣言書，更
是他思想轉變後的第一個產物。後出的《雨天的書》、《澤瀉集》、《談龍集》、
《瓜豆集》無不是循著這樣的思想立場而陸續問世。正如錢理群所說：「如果
說五四時期的周作人，更多扮演一個歷史、時代要求他扮演的角色，那麼現
在，周作人終於『依了自己的心的傾向』，選定了自己的角色，開闢了『自己
的園地』，他開始找到了自己。」〔註10〕同時，《自己的園地》以集中收錄周
作人文藝批評的集子而顯示了周作人的文藝批評理論。儘管他在初版《序》
中不承認自己的文章不是什麼批評，但卻承認自己的愛好文藝者，試圖在文
藝裏理解別人的心情，在文藝裏找出自己的心情，同時也在理解的過程中在
筆尖留下了自身的一部分。阿英曾說：「《自己的園地》一輯，確立了中國新
文藝批評的礎石，也橫掃了當時文壇上的反動勢力的『學衡派』批評家的封
建思想；《沉淪》、《情詩》二評，在中國新文學運動史上，可說是很重要的文
獻。」〔註11〕此外，《自己的園地》的問世也代表了周作人散文風格的初步形
成，大多是熔敘事、抒情、說理於一爐，其共同特點是：「隨興而談，無拘無
束，表達曲折，旁徵博引，取譬井當，好用反語，富有情趣，卻有似平淡而
自然。」〔註12〕

〔註 9〕 韓侍桁《關於〈自己的園地〉》，孫郁 黃喬生主編《回望周作人 其文其書》，
　　　　　第 114 頁，河南大學出版社 2004 年版。
〔註10〕 錢理群《周作人傳》，第 206 頁，北京十月文藝出版社 2005 年版。
〔註11〕 阿英《夜航集》，第 12 頁，上海良友圖書印刷公司 1935 年版。
〔註12〕 嚴家炎主編《二十世紀中國文學史》（上），第 232 頁，高等教育出版社 2010
　　　　　年版。

別出心裁的同人刊物

　　O.M 同人爲發抒他們的興趣起見，組織了一種不定期的文藝刊物，名爲「我們」，逐期系以出版年月，以爲書名。內有論文，小說，詩，戲劇，小品，札記，通信並精印書畫，攝影等。由本館發行，用瑞典紙印，格式新穎。已出二期：

　　1.我們的七月 1924

　　重要作品爲：——俞平伯的《鬼劫》　葉聖陶的《淚的徘徊》　朱自清的《溫州的蹤跡》　劉大白的《舊詩新話》　珂羅版印俞曲園的楷書詩扇　豐子愷的漫畫等

定價五角

　　2.我們的六月 1925

　　重要作品爲：——自清的《「海闊天空」與「古今中外」》　平伯的《析愛》　聖陶的《幕》　頡剛的《不寐》　金溟若的《我來自東》　大白的《舊詩新話》　珂羅版印吳緝熙的《北海子的落日》攝影　子愷的漫畫等

定價六角

上海亞東圖書館印行

　　廣告載《胡適文存》（上海亞東圖書館 1925 年 11 月 8 版）封底

　　1923 年 5 月，出至第 7 期的《詩》宣告終刊，朱自清、葉聖陶、劉延陵等人創辦的同人刊物就此結束。此後，朱自清離開上海，到浙江一地台州、溫州、寧波一帶執教，葉聖陶赴商務印書館就職。儘管這次同人刊物夢很快夭折，但是他們仍舊尋找時機延續這一夢想，這個機會很快就來了。1924 年

3 月，閒居杭州的俞平伯應朱自清的邀請，乘新江天輪船赴寧波白馬湖春暉中學訪友，利用這次機會，俞平伯不但爲春暉中學學生做了《詩底方便》和爲寧波第四中學師範部做了《中國小說之概要》的講演，還與朱自清、夏丏尊、豐子愷、朱光潛等春暉中學的師友談詩論藝，竟日暢談，極爲愜意。儘管如此，由於國家政治形勢的混亂以及家累等原因，他們心情是頗爲苦悶的。正如 1923 年 4 月，朱自清寫給俞平伯的信中所說：「以理性之指導，我輩應安於矛盾，安於困苦，安於被掠奪，安於作犧牲。」〔註 1〕作爲文人，他們的苦悶憂愁自然需要用文字來傾述、交流。「我們無論如何不能不尋一安心立命的鄉土，使心情有所寄託，使時間有處消磨，使煩激的漩渦得以暫時平恬。」〔註 2〕正是基於這樣共同的心理基礎，他們商量成立一個文學團體，隨後他們又約請上海的葉聖陶參加。1924 年 4 月，「我們社」正式成立。作爲一個文學社團，要想在文壇掙得一席之地，必須要建立一個發言的陣地，出於吸取《詩》的辦刊經驗教訓，他們決定以書代刊，不定期結集出版同人的作品，體裁不限，包括散文、新舊體詩、短論、隨筆、書信等。

「我們社」一經成立，編輯不定期刊物立即提上議程。由於俞平伯此時閒居杭州，第一期的集稿、編輯任務就主要由他完成，第一期署名爲「我們

〔註 1〕O.M 編《我們的七月》，第 202～203 頁，上海亞東圖書館 1924 年版。
〔註 2〕O.M 編《我們的七月》，第 203 頁，上海亞東圖書館 1924 年版。

的七月」，稿件交給與俞平伯有良好合作關係的上海亞東圖書館出版。1924 年
7 月，《我們的七月》初版問世。收散文、新舊體詩歌、詩劇、評論、札記等
共計 30 餘篇。除了豐子愷封面畫《夏》有署名外，其餘篇目概不署名。三十
二開本，200 餘頁。版權頁上編輯者為「O.M」當為「我們」的代號。第二集
主要由朱自清負責集稿和編輯，署名為《我們的六月》，於 1925 年 6 月問世。
封面還是豐子愷所作，目錄上題為「綠蔭」。目錄前有朱自清的《血歌——為
五卅慘劇作》（寫於 6 月 10 日）一首，因書已付印，來不及改版，只好臨時
加在目錄之前（目錄中沒能列出）。仍是三十二開本，260 餘頁。兩輯都只出
了初版，未見再版。兩集的封面設計頗具特色，書封呈單色，每一本換一色
相，以此拉開視覺效果。姜德明評價這兩書的書影：「《七月》以簡化景物取
勝，《六月》創造了意境美。豐先生吝用顏色，兩書各用一色即營造出強烈的
裝飾效果，這對濫用色彩者誠為一大諷刺。」〔註3〕第一集三千冊，第二集估
計不會超過 3000 冊。上海亞東圖書館為了擴大銷路，還特地為這兩集作了廣
告（文字如上）。

　　第一集由於篇目沒有署名，給讀者悶葫蘆之感，所以在後出的《我們的
六月》中特別刊出了《我們的七月》的目錄，把篇目的作者一一署上。在書
末還刊出了一個《本刊啟事》：「本刊所載文字，原 O.M 同人共同負責，概不
署名。而行世以來，常聽見讀者們的論議，覺得打這悶葫蘆很不便，頗願知
道各作者的名字。我們雖不求名，亦不逃名，又何必如此弔詭呢？故從此期
揭示了。」〔註4〕書話家姜德明曾寫信求教當事人之一俞平伯，詢問當年辦刊
的過程以及為何要隱去姓名。俞平伯回答如下：

　　　　《我們》是二十年代，我與朱公共編的，只出了兩期，就中止
　　了。原因不大記得，大約總是銷路不大好。我編《七月》，朱編《六
　　月》，聖翁未編。這兩期可稱同人刊物，不宜稱「叢刊」。

　　　　至所以《七月》號不具名，蓋無甚深義。寫稿者都是熟人，可共
　　負文責。又有一些空想，務實而不求名，就算是無名氏的作品罷。後
　　來覺得這辦法不大妥當，就在《六月》號上發表了。承詢益愧。〔註5〕

〔註3〕姜德明編著《書衣百影》，第 8 頁，生活‧讀書‧新知三聯書店 1999 年版。

〔註4〕O.M 編《我們的六月》，第 258 頁，上海亞東圖書館 1925 年版。

〔註5〕轉引自姜德明《〈我們的七月〉和〈我們的六月〉》，《書邊草》，第 125 頁，浙
　　江人民出版社 1982 年版。

儘管在第二集中公佈了篇目的作者，但「我們社」中還是有堅持不具名的意見，這可從 1925 年朱自清寫給俞平伯的信中有「署名一層，聖不以爲然」可知。可見當時的一些知識分子厭惡世俗的名利，追求清高，講求務實的想法。幸好這些篇目都署上了名字，否則，這兩集將會給後來文學者考證這些篇目的作者帶來了諸多困惑。

O.M.·同人爲發抒他們的興趣起見，組織了一種不定期的文藝刊物，名爲"我們"，逐期系以出版年月，以爲書名。內有論文，小說，詩，戲劇，小品，札記，通信幷精印書畫，攝影等。由本館發行，用瑞典紙印，格式新穎。已出二期：

1. 我們的七月 1924

重要作品爲：——俞平伯的(鬼劫) 葉聖陶的(淚的徘徊) 朱自清的(溫州的蹤跡) 劉大白的(舊詩新話) 珂羅版印俞曲園的楷書詩扇 豐子愷的漫畫等 【定價五角】

2. 我們的六月 1925

重要作品爲：——自清的 (海闊天空與古今中外) 平伯的(析愛) 聖陶的(暮) 顧剛的(不躾) 金溟若的(我來自東) 大白的 (舊詩新話) 珂羅版印吳緝熙的(北海子的落日)攝影 子愷的 漫畫)等 【定價六角】

上海亞東圖書館印行

(1)

第一集的作者有俞平伯、朱自清、葉聖陶、劉大白、潘漠華、張維祺等，此外還有豐子愷的封面畫兩幅（包括封面畫和漫畫各一幅）和《俞曲園先生楷書詩扇》。由於是俞平伯主編，加上他賦閒在家，有大量的時間用於創作，俞氏得近水樓臺之便，僅他一人就有詩文作品《鬼劫》、《湖樓小擷》、《贈 M.G》、

《江南二月》、《吳聲戀歌十解》、《詩底新律》、《瓶與酒》、《酒》、《茸芷繚衡室札記》、《為 C.K 題居庸關照片》、《偶憶吳苑西橋之風物詩以紀之》、《海上秋鷗》、《浣溪沙‧倦》、《我的淚灼耀著在》等 14 篇，占總數的一半以上，以致把先祖的《俞曲園先生楷書詩扇》都收羅進來。朱自清的詩文只有四篇，分別是《正義》、《溫州的蹤迹》、《贈 A.S》和《風塵》。葉聖陶的只有一篇，即《淚的徘徊》。第二集的作者隊伍比第一集廣泛得多，除了朱自清、俞平伯和葉聖陶三人外，還增加了顧頡剛、沈尹默、劉延陵、白采、金溟若、馮三昧等人。仍然是俞平伯的詩文最多，共 8 篇，即：《文學的游離與其獨在》、《兩千年前玉門關外的一封情書》、《析「愛」》、《囈語》、《西湖的六月十八夜》、《芝田留夢行》、《西關磚塔塔磚歌》。朱自清又有 4 篇，分別是《血歌》、《「海闊天空」與「古今中外」》《〈憶〉跋》、《「山野掇拾」》。葉聖陶仍然只寫了《暮》一篇。豐子愷畫三幅（封面一副，漫畫兩幅），正文前還有珂羅版印吳緝熙的《北海子的落日》攝影。

　　從前兩集看，朱自清、俞平伯等人辦的年刊作家隊伍在擴大，篇幅也在增加，在讀者中間也產生了一定的影響，但這種不定期刊物出版後的市場情況並不好。朱自清寫給俞平伯的信中談到了這個刊物銷售的情況：「《我們》只銷去一千二百本，甚滯！亞東印了三千本呢。」〔註6〕書店所出的刊物大量滯銷肯定會影響此刊物的命運，何況上海亞東圖書館本是一家小書店，虧本的生意畢竟很難持久的。另外的一個原因也在於刊物主編工作的變動。作為本刊物的主要作者編者俞平伯於 1924 年底攜眷由杭州回到北京定居，開始在北京任教。1925 年 8 月，經俞平伯的鼎立推薦，朱自清又赴北京清華學校任教，俞、朱的有了新的教學工作，葉聖陶本來就忙於編務，更沒有時間來編輯這本同人刊物。這樣，這一同人刊物的計劃自然也擱淺了。這兩本獨出心裁的同人刊物也就成了二十年代文學史上的一個獨異的存在，他們見證了這些處於苦悶中的知識分子在二十年代中期心路歷程，他們在文學編輯上的互相分工配合以及與現代出版的疏密都頗值得後來者傚仿的。

〔註6〕轉引自姜德明《〈我們的七月〉和〈我們的六月〉》，《書邊草》，第 125 頁，浙江人民出版社 1982 年版。

評價迴異的小說《玉君》

玉　君　楊振聲著　現代社 1925 年 2 月初版

這是在中國創作界別開生面的長篇小說。

作者自己在序文中述書中情節道：「林一存海外歸來，孑然獨居。回首盛時，自願玉君一如昔日。而偏偏玉君已有了情人；有了情人也罷，又偏偏是他的朋友；既是他的朋友，自願此生此世，不再見到玉君。偏偏杜平夫又以玉君相托；偏偏要他作個紅娘；作個紅娘也罷，偏偏玉君處又來提親……」究竟怎樣結果呢？讀者自己去讀這本書罷。

作者又說：「至於此書為何要這般寫，只是為了不肯那般寫的緣故。第一，《水滸》《紅樓》等長篇小說，都是偏於橫面的寫法，所以寫了個全社會，寫來又那麼長，作者終身只能作一部。如西洋長篇小說的體裁，從縱面寫下去的在中國幾乎沒有。第二，中國小說與詩的哲學，總是要寫人生如夢，越是好的作品，夢越深沉。所以此書不那般寫，就不得不這般寫。」究竟這部書是怎樣寫的呢？讀者自己去找罷。

廣告載《現代評論》第 1 卷第 13 期，1925 年 3 月 7 日

儘管楊振聲長期從事教育工作，在新文學領域可謂聲名不顯，但他始終不忘文藝事業，利用業餘時間創作，並在小說領域取得了一定的成就。《玉君》無疑是其文學生涯的代表作。現有的新文學史著作中論及二十年代的中長篇小說，《玉君》是一部繞不開的作品。而關於《玉君》的評論及論爭不但二十年代中期轟動一時，甚至在三十年代還有餘緒。

1924 年 9 月，在美國哈佛大學獲得教育學博士的的楊振聲回到了山東蓬

萊老家。在家中居住的閒時，他開始構思一部反映青年男女愛情的小說。到十一月的中旬，小說完成了三分之一。在他給胡適的信（1924 年 11 月 15 日）中，他向胡適彙報了此小說的創作進展：

> 我這裡病蠶抽絲似的想抽成這本沒長進的小說。好在巳抽到三分之一了。若不至中途絲斷，下月初或可抽完。那時節，若敢出見天日，所見的第一個是先生；若是拿不出手來，就必死在紙爐子裏。或者我也學那不生育的娘，生了半年，生出的還是肉彈子？既是個肉彈子？拋了就完事，偏要哭他一場，然後再來鑽櫃子。

12 月初，小說按計劃完成了初稿。由於是第一次寫比較長的小說，楊自己並不自信，所以在提交出版之前，他先後交給鄧以蟄、陳源、胡適三位師友，請求他們提出批評意見。楊振聲在《自序》中曾如是說：「先謝謝鄧叔存先生，為了他的批評，我改了第一遍。再感謝陳通伯先生，為了他的批評，我改了第二遍。最後再謝謝胡適之先生，為了他的批評，我改了第三遍。」〔註 1〕鄧叔存和陳通伯如何指導楊脩改小說，因缺乏相關材料不好推測，但在楊振聲致胡適的信中，有談及胡適如何指導楊振聲修改小說的情況：

> ……關於《玉君》的批評，十分啓發，感激不盡。末章決計如教修改。張媽與趙大娘的會話也刪去。其中先生代改多字，亦於此致謝。《玉君》寫到後面，便時常想到速速了結，以便預備下學年教書吃飯問題，所以就不免草率了。

據此可見，楊振聲創作態度是頗為認真嚴肅的。

小說經過修改後，確定以書中主要女主人公的名字「玉君」為書名。楊振聲交給了為出版《現代評論》而設立的現代社，列為現代社《現代叢書》的「文藝之部」的第一種。經過兩個多月的時間排版、校對，1925 年 3 月該社推出了《玉君》的初版本。由於現代社與《現代評論》的密切關係，編輯還連續在《現代評論》上連續刊出了廣告，既有要目廣告，又有微觀廣告，還有內容較為豐富的摘編廣告（見上引廣告文字）。這些連續的廣告文字足見現代社對該書的重視程度。據龔明德先生推測，初版的封面設計可能是聞一多所為。該書的封面全白，藍篆「玉君」兩字，旁署「作者楊振聲」，圍以長框，紋如古磚。小說初版後，銷售情況頗好。當年就印行至第三版（五月再版，十月三版）。現代社再版此小說時，聞一多又對小說的封面進行了大幅度

〔註 1〕楊振聲《自序》，《玉君》，北京現代社 1925 年版。

的修改和豐富，使之與作品內容融爲一體。在保留原來篆字的書名和作者名的同時，聞一多提煉了作品第三章最能反映主人公精神狀態的一齣幻覺圖象，用木刻版畫的形式表現了出來。飛白的大獸是兩匹駱駝，並蠻騎在駱駝上的是平夫和「女王」，平夫手持心形盾牌，害羞的「女王」低著頭，長髮飄披。左下方黑色的圖案是「直撲到我面前來捉我」的「一群野人」，右下角是設計者的簽名「多」。〔註2〕現代社印了三版後，改由樸社印行。作者利用變換出版社之機，對小說內容作了一些小的修改，共計有十餘處。1927 年 1 月樸社印行第一版，至 1933 年 5 月樸社本《玉君》又印了三版。

小說《玉君》共十九章，約五萬餘字。主要描寫少女玉君的愛情故事。玉君是五四時期受過師範教育、主張個性解放的新女性，她不顧父親的反對和干涉，追求愛情的自由。她主張「眞愛」，當她看清自己深愛的杜平夫也只是愛她的容貌時，便果斷地同杜斷絕關係。另一主人公知識分子林一存是一個小資產階級的社會主義革命者，他憤恨封建主義思想統治，猛烈抨擊封建禮教。林還是一個道德自我完善者，林的好友杜平夫出國留學時，囑託林照料戀人玉君，林用理智戰勝感情，衝破情網的羈絆，無私地照顧好了玉君。作品從一個側面揭露了家族制度與包辦婚姻的弊害，肯定了眞正的愛情和婚姻自主的新思潮。小說的語言清新，濃鬱的抒情風格、細膩心理描寫和故事的情節巧妙地融爲一體，在二十年代中期爲數極少的中篇小說領域可謂獨樹一幟。書前有作者自序，道出了《玉君》的創作方法：「若有人問玉君是眞的，我的回答是沒有一個小說家說實話的。說實話的是歷史家，說假話的才是小說家。歷史家用的是記憶力，小說家用的是想像力。歷史家取的是科學的態度，要忠實於客觀；小說家取的是藝術態度，要忠實於主觀。一言以蔽之。小說家也

〔註 2〕龔明德《累遭誤解的〈玉君〉》，《出版廣角》2006 年第 3 期。

如藝術家，想把天然藝術化，就是要以他的理想與意志去補天然之缺陷。」
此外，作者還交代了爲何要這樣寫的原因：「至於此書爲何要這般寫，只是爲
了不肯那般寫的緣故。第一，《水滸》、《紅樓》等長篇小說，都是偏於橫面的
寫法，所以寫了個全社會，寫來又那麼長，作者終身只能作一部。如西洋長
篇小說的體裁，從縱面寫下去的在中國幾乎沒有。第二，中國小說與詩的哲
學，總是要寫人生如夢，越是好的作品，夢越深沉。所以此書不那般寫，就
不得不這般寫。」〔註3〕

　　小說問世的當年3月，文壇對於小說的評價卻發生了截然不同的看法。
尚鉞的《讀〈玉君〉》可算是很早的一篇評論，但論者對小說指出了一系列的
缺點，最後他用了一個形象的比喻指出：「作者雖然在這一本小說上撒上了無
限的帶著詩味的美麗的句子，而終如一個又麻，又黑，又暴牙，又塌鼻子，
又爛眼睛的鄉下大姐，戴上了一層淡薄而美麗的面紗，到底遮不住那本來的
醜惡。」〔註4〕培堯的看法則與尚鉞的針鋒相對，論者認爲小說有「俏麗的
筆調，特別的風格」，「寫個性的深刻，也算盡其能事」，「結構特別謹嚴，一
絲不漏」，他也用了一個比喻來形容自己的讀後感，「讀完之後，如在熱燒之
中，吃了一劑清涼散，又好像渴極之時，喝了一瓶荷蘭水，有說不出的痛快。」
〔註5〕《文學旬刊》上也及時地刊出了署名ＴＣ的《對於〈玉君〉的我見》，
論者既指出了小說的缺點，如結局太平淡，敘述方法也微嫌平凡，描寫的手
段有時太散漫，也指出了小說的優點，如對地方色彩的描繪，心理分析的運
用等。文章最後的總結頗爲中肯：「玉君的題材是很好的長篇小說的資料，作
者的描寫藝術，也有他的特長之處，只有學問氣太重，關於布局上也不無可
疵之處，但究竟他的地方色彩的表現，他的敘寫的忠實，也可謂不弱了。在
現在貧弱的文壇上，那能夠即時找得到偉大成功的作品，即使像玉君這樣的
長篇小說又有幾部？」〔註6〕《晨報副刊》上刊出了金滿城關於《玉君》的
評論文章，他首先就對尚鉞的批評表示異議，認爲用寫實派的議論，去指責
哪些地方不近情理，哪些地方脫到題外去了，本身就是一種錯誤。然後，他
對著作刻畫的林一存、玉君兩位主人公形象指出了其瑕疵。總體上看，論者

〔註3〕楊振聲《自序》，《玉君》，北京現代社1925年版。
〔註4〕尚鉞《讀〈玉君〉之後》，《京報副刊》第91號，1925年3月17日。
〔註5〕培堯《讀〈玉君〉後》，《京報副刊》第92號，1925年3月18日。
〔註6〕ＴＣ《對於〈玉君〉的我見》，《文學旬刊》第65期，1925年3月25日。

還是對作者及小說所取得的成績表示肯定的。〔註7〕吳宓也寫了《評楊振聲〈玉君〉》，對於小說的優缺點，他在文中都直言不諱：「愚意此書作者敢為長篇，注重理想，以輕描淡寫之筆，表平正真摯之情。又能熟讀石頭記等書，運用中國詞章，故句法不乏整煉修琢之美，文體亦有圓轉流暢之致。就此諸端而論，《玉君》一書在今世盛行之歐化文法短篇寫實小說中，實為矯然特異，殊有可取。然而此書之篇幅初非甚長，書中人之理想亦非甚高。攻訐禮教，教育平民等，不出尋常新派學生之見解。書中文法詞句，亦仍未脫時派歐化之式，牽強之禮，在所不免，效顰末節，處處可見。」〔註8〕

4月，關於小說的爭論仍舊在繼續。孫伏園也對小說《玉君》發表了看法，「《玉君》是一部表現作者個性的小說，所以也是一部道學先生氣極重的小說。道學先生們所具有的美德，一放進小說裏，也許大多數人看了會歡迎，但像我這樣的人看來，便覺得沒有多大的價值了。」〔註9〕向培良也在《評玉君》中否定了小說的價值：「雖然《玉君》這一部小說經過了許多名人的修改，雖然作者自己說是中國向來沒有的『縱的寫法』，雖然向張友鸞君那樣的文學家稱之為『至少可以五十年不朽』；其實《玉君》的價值並不比《紅樓圓夢》，《玉嬌梨》或許嘯天作的《白話西廂》的價值高。」〔註10〕琴心在《明知是得罪人的話》中認為培良的批評幾乎全是謾罵，沒有一點分析，這確實不是應有的批評文章的寫法。〔註11〕培良又在《再評玉君並答琴心女士》中對琴

> 現代社文藝叢書第一種
> 楊振聲的
> 玉君　出版了　（實價大洋五角）
> 總發行處　北京大學第一院現代社
> 代售處　各埠代售現代評論各書店
>
> 這是在中國創作界別開生面的長篇小說，作者自己在序文中逸書中憤節道：「林一在海外歸來，子然僑居。一同者卷煙，自顧玉君一如昔日。而偏偏玉君已有了情人；既是他的朋友，自願此生此世，不再見到玉君。偏偏杜牟夫又以玉君相託；偏偏要他作個紅娘；作個紅娘也罷，偏偏玉君竟又來提親……一究竟怎樣結果呢？讀者自己去讀這本書吧。
>
> 作者自說：「至於此書寫時要這般寫，只是為了不肯那般寫，所以寫了個全社會，寫來又那麼長，作者終身能作一部。如西洋長篇小說的體裁，從縱面寫下去的在中國幾乎沒有。第二，中國小說與詩的哲學，總是要寫人生如夢，越深沈寫小說就不那般寫，就不得不過般寫。」究竟這都是怎樣寫的呢？讀者自己去找能。

樣的文學家稱之為『至少可以五十年不朽』；其實《玉君》的價值並不比《紅樓圓夢》，《玉嬌梨》或許嘯天作的《白話西廂》的價值高。」〔註10〕琴心在《明知是得罪人的話》中認為培良的批評幾乎全是謾罵，沒有一點分析，這確實不是應有的批評文章的寫法。〔註11〕培良又在《再評玉君並答琴心女士》中對琴

〔註7〕金滿城《我也來談談關於〈玉君〉的話》(上下)，《晨報副鎸》第70～71號，1925年3月30、31日。

〔註8〕吳宓《評楊振聲玉君》，《學衡》第39期，1925年3月。

〔註9〕伏園《玉君》，《京報副刊》第108號，1925年4月3日。

〔註10〕培良《評玉君》，《京報副刊》第110號，1925年4月6日。

〔註11〕琴心《明知是得罪人的話》，《京報副刊》第113號，1925年4月9日。

心的批評進行了回應。「我的態度是這樣的：對於壞的無聊的社會固執保守著的東西，便顯然地猛烈地加以攻擊；……壞的東西是應該整個攻擊的。」〔註12〕閻宗臨也寫了《讀琴心女士〈明知是……〉之後》來聲援培良。稍後，琴心又刊發了《批評界的「全捧」與「全罵」》進行回應，「我對於培良先生的《再評玉君》一文裏所說的話，雖然明知是『空空洞洞』沒有具體的證據，而我對於他的《玉君》的評論，也只好暫時靜默，不願意在這裡多說了。藉此她又指出了中國評論界的不良風氣，「中國的批評家就是這樣，不是『全捧』就是『全罵』，所以其結果，每淪於這種田地，就是：本來沒有這麼好的作品，倒被他捧得『像煞有介事』了；本來沒有這麼壞的作品，到被他罵得『像煞有介事』了，唉，這就是中國的批評界。」〔註13〕

　　爭論還在繼續。陳西瀅在《新文學運動以來的十部著作》中不但把《玉君》列爲其中之一，而且給與了很高的評價：「要是沒有楊振聲先生的《玉君》，我們簡直可以說沒有長篇小說。可是《玉君》並不在這裡備一格充數的，你盡可以說，他的文字雖然流麗，總脫不了舊詞章舊小說的氣味。甚至於你盡可以說，它的名字的主人，玉君，始終沒有清清楚楚的露出她的面目來，可是只要有了那可愛的小女孩菱君，《玉君》已經不愧爲一本有價值的創作了，何況它的眞正的主人，林一存，是中國小說中從來不曾有過的人物。」〔註14〕沈從文在《論中國創作小說》中也對小說有頗高的評價：「作者在故事組織方面，夢境的反覆，使作品的秩序稍感紊亂，但描寫鄉村動靜，聲音與顏色，作者的文字，優美動人處，實爲當時長篇新作品所不及。……《玉君》……用一個新的方法寫一個傳奇，文字藝術又不壞，故這本書不單是在過去給人以最深印象，在目下，它仍然是一本可讀的書。」〔註15〕由於魯迅與「現代評論派」的恩怨，他一直在關注《玉君》出版後的爭論，但在寫給許廣平的書信、《馬上支日記》中，魯迅對《玉君》頗有諷刺之意。在《〈中國新文學大系〉小說二集序》中，魯迅對《玉君》給出了如此的評價：

　　　　楊振聲……「要忠實於主觀」，要用人工來製造理想的人物。而

〔註12〕培良《再評玉君並答琴心女士》，《京報副刊》第 115 號，1925 年 4 月 11 日。
〔註13〕琴心《批評界的「全捧」與「全罵」》，《京報副刊》第 126 號，1925 年 4 月
　　　　12 日。
〔註14〕陳西瀅《西瀅閒話》，第 344～345 頁，上海新月書店 1928 年版。
〔註15〕沈從文《論中國創作小說》，《文藝月刊》第 2 卷第 5、6 合期，1931 年 6 月
　　　　30 日。

且憑自己的理想還怕不夠，又請教過幾個朋友，刪改了幾回，這才
完成一本中篇小說《玉君》……他先決定了「想把天然藝術化」，唯
一的方法是「說假話」，「說假話的才是小說家」。於是依照這定律，
並且博采眾議，將《玉君》創造出來了，然而這是一定的：不過一
個傀儡，她的降生也就是死亡。〔註16〕

顯然，由於魯迅與陳西瀅、沈從文等人的恩怨，影響了他對《玉君》的評價，
他的評價是頗失公允的，不能視為對《玉君》的客觀評論。倒是朱自清在《中
國新文學研究綱要》中對《玉君》的有冷靜的分析，認為小說受《紅樓夢》
的影響，優長之處在「精神的戀愛」、「道學與義俠的精神」、「清淡而有詩意
的描寫」和「弗洛依特學說的應用」，不足之處是「玉君性格不分明」、「五申
科的心理描寫」以及有一些「無甚關係的插話」。〔註17〕

〔註16〕 魯迅《〈中國新文學大系〉小說二集序》，《中國新文學大系》（小說二集），1935
年版。
〔註17〕 朱自清《中國新文學研究綱要》，《文藝論叢》第 14 輯，第 33 頁，上海文藝
出版社 1982 年版。

開無產階級詩歌濫觴的詩集

這本詩集貢獻於東方的革命青年

新夢　蔣光赤著　高語罕序

這一本詩集是蔣光赤先生留俄數年的作品。蔣君對於文學富有天才，他所有的作品在情感方面是極熱烈的，在思想方面是極革命的，在技術方面是極美麗而工整的。我們可以說《新夢》是現代中國文學界的一個響雷，一盞明燈，《新夢》一定要如響雷一般震動人的心靈，一定要如明燈一般照亮人們的眼睛。定價低廉，每部僅收印刷費大洋三角。

廣告載《國民日報》1925 年 5 月 9 日

在中國新文學史上，有許多英年早逝的作家，儘管他們的生命短暫，但是在有限的創作時間裏，不但留下了大量的作品，而且開創了文學創作的新潮流。在這些早夭的作家中，蔣光慈無疑頗有代表性，作為無產階級革命文學的早期代表人物，他在詩歌和小說領域引領了二三十年代革命文學的發展。

蔣光慈（1901～1931），學名蔣如恒，自號俠生。筆名有蔣光赤，華希理、華維素、魏克特等。1917 年夏進入安徽省立第五中學學習，受《新青年》影響，閱讀了大量的無政府主義的有關著作。1919 年，「五四」運動爆發，蔣光慈成為學生聯合會的負責人。1920 年，蔣光慈經南京去上海，通過陳望道、陳獨秀、李漢俊的關係，加入上海社會主義青年團。1921 年夏，他和劉少奇、任弼時、韋素園等攜帶上海社會主義青年團給第三國際密信，赴莫斯科。後入莫斯科東方共產主義勞動大學中國班學習。在留蘇期間，他認識了瞿秋白，為共產國際在莫斯科召開的遠東各國共產黨和民族革命團體第一次代表大會

編印會刊，參觀了克里姆林宮，見到了革命導師列寧，並與列寧一起參加星期六義務勞動。同時，他還刻苦鑽研蘇俄文學。在蘇俄文學的啓發下，他的詩歌創作熱情得到了激發。從《蔣光慈著譯年表》可知，1921 年前，《年表》上只列了一首《讀李超傳》。從 1921 年開始全 1925 年，這是他的詩歌（還包括部分譯詩）創作鼎盛期。部分詩歌也陸續在《民國日報》副刊《覺悟》、《文學周報》、《猛進》周刊、《新青年》、《洪水》等報刊上。僅 1922 年就創作了詩歌 11 首，譯詩三首，在《民國日報》副刊《覺悟》上發表了詩歌 5 首，譯詩 1 首。

在 1924 年初，蔣光慈的中學老師高語罕曾建議他把留學期間的詩收集整理出版，蔣接受了建議並很快付諸行動，他以詩集中的一首詩《新夢》作爲詩集名，意即對新的社會的嚮往。1924 年 3 月 1 日，在寫完詩集的自序後，他把這本彙集了自己在蘇聯三年中寫成的詩集《新夢》寄給了在德國留學的老師高語罕審閱，並希望老師能爲詩集寫一篇序言。儘管《新夢》的序言基本確定，但要在新詩落潮後的二十年代中期出版詩集難度很大，他的詩集只好待字閨中，仍要等待時機才能與讀者見面。

1924 年初夏，蔣光慈來到上海，經瞿秋白介紹，在上海大學社會學系獲得教職。任教之餘，他參與創辦「春雷文學社」，在《民國日報》副刊《覺悟》上辦《文學專號》，積極倡導革命文學，先後發表了《現代中國文學界》、《無產階級革命與文化》、《現代中國社會與革命文學》等論文，旗幟鮮明地提出了建設無產階級文學的主張。而《新夢》無疑是踐行無產階級革命文學的產物，非常有必要及時出版以展現革命文學的初步實績。但這類內容敏感的詩集確實很難在上海眾多的出版社中找到接受者。經瞿秋白的鼎力推薦，《新夢》於 1924 秋提交給中共的一個出版發行機構——上海書店。1925 年 1 月，《新夢》初版本與讀者見面。

　　初版《新夢》裝幀十分簡單（如下圖），只三行大小不一的字排列，灰色封面，32 開本，正文共計 172 頁。書店還在《申報》、《國民日報》等報紙上刊出了廣告（文字如上），並在《國民日報》上連續十餘天刊出廣告。全書分「紅笑」、「新夢」、「我的心靈」、「昨夜裏夢入天國」、「勞動的武士」五部分，收詩 41 首（其中包括譯詩 6 首）。扉頁有詩人紅色的親筆題辭：「這本小小的詩集貢獻於東方的革命青年　　光赤」。在高語罕的萬言長序中，他逐一列舉了《新夢》的內容：有宣傳革命，宣傳和帝國主義、資本主義作鬥爭，宣傳把愛情獻給苦難的人民群眾，歌頌共產主義的極樂國，宣傳掃蕩反革命的意識形態，宣傳為無產階級爭自由，不為個人謀私利等等。他對詩集思想價值給予了很高的評價，認為《新夢》的思想，「是一個整個的無產階級革命的思想，有積極反抗的革命思想；她的情感是太陽般的熱烈的義俠的，代表無產階級的呼聲的情感。只有這種思想，才可以掃蕩中國青年萎靡不振的苟偷心理，把衰弱的中華民族，從國際帝國主義的壓迫下面，舉起他的頭來；只有這種情感，才可以鼓蕩那困苦無告的無產階級的勇氣，從國外資本主義國內蠻橫軍閥的重圍中殺出！」在《自序》中，蔣光慈表白了自己嶄新的文藝觀：

　　　　我以為詩人之偉大與否，以其如何表現人生及對於人類的同情
　　心之如何而定。……我呢？我的年齡還輕，我的作品當然幼稚。但
　　是我生適值革命怒潮浩蕩之時，一點心靈燃燒著無涯際的紅火。我
　　願勉力為東亞革命的歌者！

　　　　俄國詩人布洛克說：

　　　　「用你的全身，全心，全意識——靜聽革命啊！」

　　　　我說：

　　　　「用你的全身，全心，全意識——高歌革命啊！」

可見，蔣光慈將詩歌創作作為一個重要的工作，它應該反映時代精神，謳歌新的理想的社會。他立志要做「革命的詩人，人類的歌童」。

　　詩集中的詩大多是對十月革命的讚頌，對帝國主義的詛咒，對故土沉淪的哀歎。充分表達了詩人熱愛社會主義，追求革命理想的情懷；歌頌了十月革命勝利和領導這場革命的偉大導師列寧；懷念處於帝國主義和封建軍閥壓迫蹂躪下的祖國同胞；呼喚工農大眾沿著俄國人的路，起來鬥爭，贏得新生。從詩歌藝術上看，《新夢》中的詩可分為三種不同的層次。一類是認識膚淺，

內容單薄，思想感情一般化，全篇缺乏詩意的。如《十月革命》、《我應當怎樣呢》、《我的心靈》、《倘若你是聰明的》等；第二類是就整篇而論，並不很精彩，但片段尚佳。如《新夢》等。第三類是詩的個別地方似火候未到，尚欠錘鍊，但總的說來較好。如《太平洋中的惡象》、《自題小照》。這三類中，第二類詩最多，第一類次之，第三類不多。〔註1〕郁達夫甚至說：「我覺得光慈的作品，還不是真正的普羅文學，他的那種空想的無產階級的描寫，是不能使一般要求寫實的新文學的讀者滿意的。」〔註2〕

　　儘管《新夢》在藝術上較爲粗糙，精品詩歌並不太多，這是初期無產階級詩歌發展道路上的正常情況，但本詩集所表達出的思想感情確頗有震撼力，它猶如一束革命的火把，爲整個詩壇帶來了耀眼的光芒，照亮了無數青年，引導他們改變了人生道路。1927年，錢杏邨就曾說：「光赤的著作，已刊行的有詩集《新夢》及中篇小說《少年漂泊者》。兩書對於青年的影響，實在有些驚人。每一種直入一顆猛烈地炸彈，投到了青年的心胸裏。關於《新夢》，

〔註 1〕陸耀東《中國新詩史》（第一卷），第 423～425 頁，長江文藝出版社 2005 年版。

〔註 2〕郁達夫《光慈的晚年》，《現代》第 3 卷 1 期。

我的共學的朋友野青君說得很中肯，他的詩集初版時有一封信給我說：『《新
夢》真是熱烈悲壯！它富於同情心和犧牲的精神！實在是柔靡人們的興奮
劑！凡是青年，我想都該人手一編。……』這詩集又由我在三個中學，六個
年級上試驗過，所得的結果絕佳，影響甚大。」〔註3〕六十年代，孟超在《〈蔣
光慈選集〉序言》中也曾坦言此詩集對青年朋友的影響：「老實講，在沒認識
他以前，我是早已被他的《新夢》等詩歌觸發了革命的熱情的，而且在當時
不止我一個人受到他的激勵，不少的青年也因為他昂揚的歌唱而得到鼓舞，
邁上了革命的第一步。」〔註4〕1928年7月，錢杏邨出版了自己的第一個詩集
《暴風雨的前夜》，蔣光慈為此書作了序言，在序言中，他熱情肯定了這本詩
集：

> 作者這一首長詩，很無疑地，是革命文學運動中一個很重要的
> 禮物。在內容方面，不消說是革命浪潮的產物，完全表現出現代中
> 國革命的情景，它的意義是不會消滅的。就是在形式方面說，雖然
> 不能說有什麼偉大的成功，但卻不能說不是中國詩壇上稀有的創
> 作。固然，這首詩與布洛克的《十二個》相比，當然相差得很遠—
> —《十二個》不但在意義方面是偉大的，就是在技巧方面，它那種
> 音韻的自然與活躍，也為世界文學的絕唱。中國語的不完全當然很
> 有關係，我們不能夠向作者加以苛求，我們只有希望作者順著這條
> 路兒走去……〔註5〕

儘管這是蔣光慈對錢杏邨詩集的評語。但筆者認為，移用在這裡來評價《新
夢》在無產階級革命文學史上的地位以及意義是頗為切當的。

正因為《詩集》頗得青年們喜愛，當年5月就再版，次年12月印行至第
三版。由於上海書店於1926年2月被孫傳芳的軍隊以「印刷過激書刊，詞句
不正，煽動工團，妨害治安」的罪名封閉。第三版改由新青年社出版。這一
版是毀版重排，改成橫式，四十八開小本，蔣光慈還特地為三版寫了《三版
改版自序》，對三版情況有所介紹：

> 《新夢》初再版久已銷售淨盡，因種種關係，現在才預備三版

〔註3〕錢杏邨《鴨綠江上》，《文學週報》第259期，1927年1月23日。
〔註4〕孟超《〈蔣光慈選集〉序言》，《蔣光慈選集》，人民文學出版社1960年版。
〔註5〕華西里（蔣光慈）《〈暴風雨的前夜〉序》，《暴風雨的前夜》，上海泰東書局1928
年版。

　　付印。作者重新改正了一遍，將其中作者自己以爲太不好的詩，刪

　去了幾首。又因爲初再版的格式太不美觀了，遂又決定將其改版。

具體來看，第三版刪去《小詩》（「昨夜裏夢入天國」部分）、《倘若你是聰明的》、

《小詩》（「勞動與武士」部分）等六首，各詩亦略有修正。需要補充的是，在

第一本詩集出版的當年，蔣光慈又出版了第二本詩集《哀中國》，收詩爲返國

後所作，共 23 首。後遭查禁，此詩集未再版。1929 年 6 月，作者將《新夢》、

〔註6〕《哀中國》略作增刪後合爲一冊，改題《戰鼓》，署名蔣光慈，由上海北

新書局印行。

〔註 6〕《新夢》中的 6 首譯詩均未收入，《小詩》（共 2 篇）和《倘若你是聰明的》
　　　　未收，增加了《與一個理想的她》一首。

徐志摩詩集四種

徐志摩先生遺著詩四集

第一集　志摩的詩　中華書局代印 1925 年 9 月初版

最初一版的《志摩的詩》是作者自己印的，但不到一個月就賣完了，這部書的影響大家都知道，（作者奠定了文壇的基礎。）然而作者自己還不滿意，拿起筆來，刪去了幾首，改正了許許多多的字句，修訂了先後的次序：這本書的内容煥然一新，與舊本絕不相同。讀過初版《志摩的詩》和《翡冷翠的一夜》的人不可不讀，沒有讀過的人更不可不讀，五版現已印出，欲購請速。

第二集　翡冷翠的一夜　新月書店 1927 年 8 月初版

讀了《志摩的詩》，我們還有什麼可以要求這位作家的？一個人貢獻了那許多。

但是第二次的貢獻居然跟著趕來了，並且這一次，藝術還更純熟，取材還更豐富。再加上這一次的作品，多是和陸小曼女士結婚前後的作品，情詩特別多，這又是第一集裏尋不出的特點。

不要忘了讀一讀《翡冷翠的一夜》。

第三集　猛虎集　新月書店 1931 年 8 月初版

這是徐志摩先生四年來詩歌的收穫。他在新詩裏是一個開路的人，在八年前他一面就在前頭引路，有時候也許他躲到路旁休息去了，我們見不到他，疑心他是「落後」了的，但每當他容許我們見他的影響時，他還是在我們的頭裏從容不自矜的，在開拓詩藝的領土。

這集子的前面有作者敘述他寫詩經過的長序，這序是他第一次泄露他的「職業秘密」。他說：本年是他寫詩的一個「復興」。

　　　　　　第四集　雲遊　新月書店 1932 年 7 月初版

　　《猛虎集》出版以後，志摩先生本定就印出他的第四集詩，誰知道天意無常，竟限制了我們的天才不讓他再在地面上開花，這一回，他真的與我們永別，獨個人雲遊去了。現在我們謹以我們的傷痛與我們不忘的紀念趕著把他未成集的詩印出來，貢獻給愛好志摩詩的讀者，集內除長詩《愛的靈感》外，尚有短詩十數首，和他最後譯就的一幕莎翁名劇。（定於一月間出版.至於全集，稍緩亦可逐編印。）

　　　　　　　　　　廣告載《新月》第 4 卷第 5 期，1932 年 11 月 1 日

　　1921 年開始，徐志摩陷入對林徽因的迷戀中，此後又經歷了與妻子張幼儀分居，與林徽因分手，與陸小曼的熱戀，情感的高峰體驗使得他開始用筆寫下他的詩情，從此一發不可收拾，徐志摩的詩越寫越多。到 1925 年初，徐志摩計劃把自己寫出的詩收集起來，出一本詩集。但此時出版界詩歌出版的熱潮已經過去，勢利的出版社大多不樂意出版詩集。這可從劉大白的詩集《舊夢》（商務印書館 1924 年版）出版遭遇可見一斑：

　　　　《舊夢》從付印到出版，經過了二十個月之久；比人類住在胎
　　中的月數，加了一倍。這在忙著『教育商務』的書館中一定要等到
　　趕印教科書之暇，才給你這些合『教育商務』無關的東西付印，差
　　不多是天經地義，咱們當然不敢有異議；……好不容易出版了，而
　　排印和裝訂之壞，差不多在我所見的該書館出版物之中，可以算是
　　第一。字句排錯，且不必說，最奇怪的是給你添上了許多字。這不
　　知是手民的博雅呢？還是校對先生的聰明？至於裝訂，他們惜紙如
　　金，一定要切得那麼狹，釘得那麼厚；以致排在偶數頁每一橫行最
　　右邊的字，往往使讀者看不出來，咳，這可以說是真真遭劫。〔註 1〕

正是因為出版界不看好新詩集市場前景，所以詩集的出版頗為不易。好在徐志摩經濟上比較富足，於是他決定自費印行，他親自負責挑選詩歌、編製目錄、校對詩稿、設計封面、題寫書名等一切事務，最後請中華書局印刷廠為其代印。為了擴大影響，徐志摩還提前在自己主編的《晨報副刊》刊出了出版預告：「志摩的詩——現代文藝叢書之一，這是徐志摩親自選定的一本詩集，——這詩集是上海中華書局代印的，約一個月內可出版，印得的本數不

_____

〔註 1〕劉大白《〈郵吻〉付印自記》，《郵吻》，上海開明書店 1926 年版。

多，外埠最好預定，省的支配不均勻，有信可以逕寄北京大學現代評論社劉光一君」。〔註2〕事實上，詩集出版的時間爲 1925 年 8 月下旬，比預告出版時間還延遲了半年左右。這或許與徐志摩爲了躲避與陸小曼戀愛所引起的流言蜚語而從 1925 年 3 月 10 日出國避避風頭有關係。而當他在當年 7 月底回國後，他的第一本詩集就問世了。書印兩種，宣紙厚本定價一元四角，白連史紙的定價一元，卻是聚珍宋字精印的線裝書。

初版《志摩的詩》收 1922 年至 1925 年間的詩作，包括《這是一個懦弱的世界》、《沙揚娜拉》、《雪花的快樂》等 55 首。扉頁有題詞：獻給爸爸。初版不久，該詩集的評論也很快出現。1925 年 10 月 17 日《晨報副刊》刊登了周容《志摩的詩》的文章，論者寫出了自己讀詩的感受：「我讀志摩的詩，使我感表欣悅，也使我感覺得苦悶；自然，多面體的人生，是無奇不有的，我在這五十五首詩中，領略到人生的複雜的味兒了。……這些作品，刺激性實在銳利，幾乎使我再沒有讀第二次的勇氣。但是我認識得這些都是現代的病的社會裏應當產生的作品。」〔註3〕相比於周榮對徐詩大部分的肯定，身爲徐志摩友人的朱湘在《評徐君〈志摩的詩〉中則毫不客氣地對徐詩提出了嚴厲的批評。他認爲詩集中的哲理詩最不滿人意的，用堆疊的寫法寫散文詩也不成功，而情詩正是徐君的本色當行。最後，朱湘還歸納了徐志摩詩歌藝術上的缺點：第一缺點是土音入韻；第二個缺點是駢句韻不講究；第三個缺點是用韻有時不妥；第四個缺點是用字有時欠當；第五個缺點是詩行有時站不住；第六個缺點是歐化得太生硬了。〔註4〕陳西瀅在《新文學運動以來的十部著作》（下）中則看到了《志摩的詩》的歷史貢獻，認爲「《志摩的詩》幾乎全是體制的輸入和實驗」，爲新詩「至少開闢了幾條出路」。在文字上，「把中國文字，西洋文字，融化在一個洪爐裏，煉成一種特殊的而有曲折如意的工具」。但是，他也指出了徐詩的缺陷，「他的藝術的毛病卻在太沒有約束，在文字方面，有時不免堆砌得太過，甚至叫讀者感到煩膩。在音調方面，也沒有下研究的功夫。」〔註5〕

事實上，收入《志摩的詩》的這些詩確實是在一種詩情的驅使下寫作，

〔註2〕《志摩的詩》出版預告，《晨報副刊》，1925 年 3 月 4 日。
〔註3〕周容《志摩的詩》，《晨報副刊》，1925 年 10 月 17 日。
〔註4〕朱湘《評徐君〈志摩的詩〉》，《小說月報》第 17 卷第 1 期，1926 年 1 月 10 日。
〔註5〕陳西瀅《西瀅閒話》，第 342～343 頁，上海新月書店 1928 年版。

大多隨手寫下，並沒有字斟句酌。「只有一個時期我的詩情眞有些像山洪爆發，不分方向的亂沖。那就是我最早寫詩的那半年，生命受了一種偉大力量的震撼，什麼半成熟的未成熟的意念都在指顧間散作繽紛的花雨。我那時是絕無依傍，也不知顧慮，心頭有什麼鬱積，就付託腕底胡亂給爬梳了去，救命似的迫切，那還顧得了什麼美醜！我在短時間內寫了很多，但幾乎全部都是見不得人面的。」〔註6〕所以，詩人自己也對《志摩的詩》中的詩篇並不十分滿意。在周容《評志摩的詩》的文章後，作者在附注中就說：「周先生的評文，我就想退回去，因爲我粗粗看了一遍覺得說我詩要得的地方多，這就大大的不妥當……我這第一本當然是一碗雜碎，黃瓜與西瓜拌在一起，羊肉與牛肉燒成一堆，想著都有些寒傖。至少這集子裏該刪的詩還不少；周先生念不下去的那首《康橋》簡直不是東西，當然應該劈去，就是周先生喜歡的幾首留別日本的沙揚娜拉我以爲也是極要不得的，這樣格式許有辦法，但那十八首卻沒有一兩首站得住的。」〔註7〕

　　儘管詩人自己以及詩評家都不滿意《志摩的詩》，但是此書的市場前景卻很好，初版一個月內就已經售罄，市場的需求自然是詩集再版的重要原因。爲了讓自己的不滿意得到一定程度的糾正，再版時對《志摩的詩》進行適當的刪改，達到去粗留精，就顯得尤爲必要。但是，眞要實現這一想法確是在自己擁有書店之後。1927 年 7 月，徐志摩、梁實秋、胡適等人創辦了新月書店，這是一家頗具同人色彩的書店，主要出版自己以及同人們的著作。徐志摩作爲新月書店的主持者，自然爲自己的詩集再版提供了便利。早在 1928 年 5 月開始，《新月》上就連續刊出了《志摩的詩》的再版廣告。1928 年 8 月再

〔註6〕徐志摩《序文》,《猛虎集》,上海新月書店1931年版。
〔註7〕徐志摩《〈志摩的詩〉附注》,《晨報副刊》,1925年10月17日。

版本出版。比較初版本，再版本在以下三個方面作了較大的改動：第一，刪掉了《康橋再會吧》等詩 15 首及《沙揚娜拉》第 1 至 17 節，只保留第 18 節，另增加了一首《戀愛到底是什麼一回事》，共收詩 41 首。第二，重新排了詩篇的次序，如在初版中，《雪花的快樂》、《落葉小唱》、《為誰》、《問誰》這些排在後的全部置於前。第三，還改正了一些詩篇中字句。如在《雪花的快樂》中改初版本的「凝凝的」為「盈盈的」；在《卡爾佛里》把「威權」改作「權威」等，「一臉奸相」改為「一臉的奸相」。再版本應該是徐志摩最後的定本，後來不斷再版也是以再版本為底本的。再版本銷售情況也非常不錯，幾乎每年都有重印，到 1933 年，《志摩的詩》印行到第六版。

徐志摩個人的第二本詩集《翡冷翠的一夜》初版於 1927 年 9 月，由新月書店發行。所收詩篇大多寫作於在 1925 至 1927 年間。作者自己說這冊詩集「是我的生活上的又一個較大波折的留痕」。〔註8〕具體說來，就是徐志摩與陸小曼相戀所引起的社會反響，兩人各自離婚後又重新結婚。這冊詩集是兩人爭取幸福的結晶。此書書前有徐志摩寫給陸小曼的親筆信的手跡四頁。在信中有「小曼，請你收受這一集詩，算是紀念我倆結婚的一份小禮」、「我不能不鄭重的獻致給你，我愛，請你留了它，只當它是一件不稀希的古董，一點不成品的紀念」的句子。可見，徐志摩是把此詩集作為結婚的紀念物來出版的。在書信後，還有詩人寫的「附誌」，對本書的封面設計有介紹：「本書的封面圖案翡冷翠的維基烏大橋的節景，是江小鶼先生的匠心，我得好好的道謝！我也感謝聞一多先生，他給過我不少的幫助，又為我特製《巴黎的鱗爪》的的封面圖案。」初版本分甲乙兩種。全書分兩輯，第一輯收詩 19 首，包括《翡冷翠的一夜》、《呻吟語》等。第二輯收詩 23 首，包括《再不見雷鋒》、《大帥》以及譯詩《圖下的老江》、《兩位太太》等，創作與譯作混雜。1928 年 5 月，上海新月書店再版了《翡冷翠的一夜》，詩歌篇目內容未變，只是詩集的封面該換了。封面右上部分是一位美女——詩神於樹叢花前凝思，封面左側邊是徐志摩親筆題簽。再版本還有前後環襯：環襯折疊處，亦為正中，是一書柱，其柱為書本層層壘壘而高聳雲霄；最高處，坐著裸腳、并腿、彎腰捧書讀的一位美女，其身後，即一碗明月。其書柱底部，為更大的書本，接於地面；其周圍，圍繞著諸多或站或立的裸體美女，皆捧書一讀，虔誠專注。〔註9〕

〔註 8〕徐志摩《序文》，《猛虎集》，上海新月書店 1931 年版。
〔註 9〕采詩《〈翡冷翠的一夜〉：原版與影印本之別》，《博覽群書》2012 年第 1 期。

　　儘管書店的廣告中說此書「藝術還更純熟，取材還更豐富」，但此詩集出版後，又遭到朱湘的痛批，在評《翡冷翠的一夜》一文的開頭，他就直言不諱：「翻開徐君志摩的第二個詩集，第一首便是與書名相同的《翡冷翠的一夜》，看完這首詩，倒覺得滿意，我心裏想，要是這本書篇篇都是這樣，那就也算得現今國內詩壇上一本水平線上的作品了。那知道看下去，一首疲弱過一首，直到壓軸一首《罪與罰》，我看了簡直要嘔吐來。」他認為「徐君沒有汪靜之的靈感，沒有郭沫若的奔放，沒有聞一多的幽玄，沒有劉夢葦的清秀，

徐君只有——借用徐君朋友批評徐君的話——浮淺」。〔註10〕在徐志摩去世不久，《清華周刊》刊出了張露薇的長文《論徐志摩的〈翡冷翠的一夜〉》（據作者交代，此文是他寫的《徐志摩之批評》的第一章，因了或種關係，便拿出了發表了），文章對徐氏在《翡冷翠的一夜》中所表現的人生觀宇宙觀以及對於現社會的任務，加以解析。他指責詩人脫離了社會、現實，時代所遺留給的苦悶、頹廢佔據了詩人的心底，但他不為這黑暗而鬥爭，卻在洋樓上歎息、呻吟。「徐志摩的詩，在各方面說，雖不能完完全全的失敗，但成功則極少。沒有時代的思想，沒有時代的熱情，以一個幻想的理想主義者而歌詠的這位不幸的詩人，並未曾盡了他的時代的任務。他詩的並不偉大，也就是因為這一點緣故。」〔註11〕

當徐志摩從與陸小曼的戀愛生活回歸到日常生活之後，詩人很快便陷入了世俗的泥淖中。為了維持家庭的開支，徐志摩開始掙錢養家，應聘東吳大學、光華大學、中央大學，創辦刊物，主持書店等，整天忙於俗世務，寫詩的熱情自然也就消退了。正如他自己所說：「最近這幾年生活不僅是極平凡，簡直到了枯窘的深處。跟著詩的產量也盡『向瘦小裏耗』」。幸運的是，在中央大學上課時結識了陳夢家、方瑋德等青年詩人，在他們的協助下，創辦《詩刊》。而更重要的是，「他們對於詩的熱清在無形中鼓動了我奄奄的詩心，……在無意中搖活了我久蟄的性靈。抬起頭居然又見到天了。眼睛睜開了心也跟著開始了跳動。」〔註12〕正是由於詩人詩情的復活，他又開始寫詩。1931年8月，他的第三本詩集《猛虎集》由新月書店推出。書前有詩人寫的《序文》，回顧了自己寫詩的歷程，對自己所出的前兩本詩集簡要地作了交代。對於自己的第三本詩集，他也作了如下自白：「我這次印行這第三集詩沒有別的的話說，我只要籍此告慰我的朋友，讓他們知道我還有一口氣，還想在實際生活的重重壓迫下透出一些聲響來的。」〔註13〕序文之後又附作者的《獻詞》一首。本書的封面由聞一多所畫，打開封面及封底，就是一張攤開的虎皮，與書名相契合，簡單幾筆，美麗含蓄。全書收入詩人1927年後到1931年創作的詩33首，譯詩7首。總的看來，《猛虎集》比起《志摩的詩》和《翡冷翠

〔註10〕朱湘《翡冷翠的一夜》，《文學周報》第347期，1928年12月9日。
〔註11〕張露薇《論徐志摩的〈翡冷翠的一夜〉》，《清華周刊》第37卷第6期，1932年　月？
〔註12〕徐志摩《序文》，《猛虎集》，上海新月書店1931年版。
〔註13〕徐志摩《序文》，《猛虎集》，上海新月書店1931年版。

的一夜》來，藝術上漸趨成熟，音節諧美，語言精美，意象構造精湛，其中
《再別康橋》音韻婉轉，意境優美，已成爲現代新詩的經典名作。

　　1931 年 11 月 19 日，徐志摩在由南京乘飛機飛往北平的途中，在濟南因
飛機失事遇難。朋友們爲了紀念他，他的第四本詩集《雲遊》由他的學生陳
夢家收集整理，於 1932 年 7 月由新月書店推出。編者在《紀念志摩》中回憶
了此詩集的編選情況：「洵美要我就便收集他沒有入集的詩，我聚了他的《愛
的靈感》和幾首新的舊的創作，合訂一本詩——《雲遊》。想起來使我惶恐，
這曾經由我私擬的兩個字——雲遊——，竟然做了他命運的啓示。」〔註 14〕
詩集編好後，邵洵美還特別請陸小曼爲此書寫序，在《序》中，她沒有對所
收的詩歌發表自己的看法，而是以妻子的身份，充滿悔恨和歉疚地回憶了與
志摩在一起生活的種種情景。全書收創作詩《雲遊》等 11 首（其中《雲遊》
就是徐志摩收入《猛虎集》的《獻詩》，陳夢家把這首詩發表在《詩刊》時改
名爲「雲遊」），此外還有他翻譯的戲劇《羅米歐與朱麗葉》一篇，以及譯詩
《奧文滿壘狄斯的詩》一首。此書封面頗爲素樸，左邊是「雲遊」兩個大號
美術字，最右邊標有小號字體的「徐志摩遺著」和「新月書店出版」的字樣。

　　從《志摩的詩》到《雲遊》，徐志摩總共出版了詩集四種。儘管徐志摩寫
作和發表的詩遠不止收入四本詩集裏的數量，但這四種無疑彙集了徐志摩詩
歌中的精華。在志摩去世之後，徐志摩詩歌得到了新文學批評家的高度關注，
出現了陳夢家的《紀念志摩》、茅盾的《徐志摩論》、沈從文的《論徐志摩的
詩》、蘇雪林的《徐志摩的詩》、穆木天的《徐志摩論——他的思想和藝術》、
朱自清《新文學大系‧詩集‧導論》等。這些批評家從徐詩的思想內涵、藝
術成就、語言特色等各方面都發表了頗具見地的看法，徐志摩作爲新文學著
名詩人的地位得到確立。儘管在解放後的一長段時間裏，徐志摩詩歌並未得
到應有的重視，但是新時期以來，徐志摩的詩集不但得到大量翻印，他的詩
又再次得到了新文學研究者的高度關注和評價。

〔註14〕陳夢家《紀念志摩》，《新月》第 4 卷第 5 期，1932 年 11 月 1 日。

「小夥計」們的文學刊物夢

A.11，出版預告

　　A.11 周刊是創造社出版部小夥計們所組織，除刊登小夥計們盡情的說話以外，關於本部的重要消息定啓事，廣告都在這個刊物上發表。凡是覺得工作疲勞，生活煩悶的青年，都當定一份看看，它會給你一點愉快的興奮。

　　完價：每份售銅元兩枚，預定半年收洋三角，全年五角，國內日本郵費在內。

　　定報處：上海寶山路三德里創造社出版部

廣告載《洪水》第 2 卷 15 期，1926 年 4 月 16 日

　　1926 年 3 月 1 日，在周全平的具體策劃下，創造社出版部正式成立。主要成員有周全平、潘漢年、柯仲平、葉靈鳳、周毓英、邱韻鐸、成紹宗等人。這些年齡大都在 20 左右的「小夥計」除了跑印刷所、看校樣、捆書、打郵包、跑郵局等與出版社有關的事情之外，他們也開始嘗試從事創作、翻譯等文學活動。他們創作或翻譯出作品後，自然想在刊物上發表，但畢竟他們還只是「小夥計」，創造社的郭沫若、郁達夫、成仿吾、張資平等中心人物並未對他們的文學活動給予重視，如在《創造月刊》上鮮有「小夥計」們的作品，即使在周全平主持《洪水》時，也只有周全平、葉靈鳳等少數「小夥計」的作品。正因為「小夥計」們的作品得不到發表的機會，使得他們萌生了辦一個可以自己決定刊發的刊物。為了配合出版社的圖書銷售，大多出版社都會不定期印製主要以介紹本部所出圖書的傳單，而剛成立的創造社出版部更需要大量的廣告宣傳。而曾在中華書局《小朋友》雜誌擔任過校對的潘漢年想到了把圖書傳單變

成一份定期刊物，在刊載本部圖書廣告、出版信息的同時，還附帶可以發表「小夥計」們的作品。如《A11》預告中所說，此刊物「除刊登小夥計們盡情的說話之外，關於本部的重要消息定啓事，廣告都在這個刊物上發表。」正是這一箭雙雕的想法催生了《A11》周刊的出世。

憑藉潘漢年的熱情、有干勁，這個小刊物很快就在 1926 年 4 月 28 日問世，《A11》周刊實際上是一張八開四面的小報，取三德里出版部的門牌號作為刊物的名稱。至於為什麼取名為「A11」，作為主編的潘漢年在創刊號上作了說明：

> 我們這個命名，毫無意味深長的意味在內，因為我們這幾個小
> 夥計——創造社出版部的小夥計——都是住在亡國的上海寶山路三
> 德里 A11 號。四周的亡國氣、妖氣、奴氣、鳥氣，包蔽得沉悶異常，
> 時常想伸出頭來聯合著「狂叫」、「狂喊」、「胡言」、「亂語」，加大我
> 們的聲音，打破那亡國氣、妖氣、奴氣、鳥氣，掃除那四周沉悶的
> 碳酸氣。我們出版部的老闆，肯把每周的廣告和啓事的刊物留一片
> 空白讓我們「狂叫」、「狂喊」、「胡言」、「亂語」，這個刊物不能無名，

因題之曰《A11》。〔註1〕

按預先的計劃，《A11》第一面主要刊登書刊廣告，其餘三面刊載政論和雜文。從預告上看，這個刊物售價低廉，更多是作為廣告傳單隨手贈送給購書者。顯然「小夥計」辦這個刊物目的不是為了掙錢，史主要是為了盡情地說話，給生活煩悶的青年找點共鳴。

《A11》的出現潘漢年出力最多，是刊物的靈魂人物。葉靈鳳在回憶創辦《A11》時說道：「提議出版這個刊物，以及對這件工作最熱心，並且實際負編輯責任的，是潘漢年。他那時也是出版部的小夥計之一，負責刊物訂戶的工作，同許多讀者聯絡得很好，因此感覺到有出版這樣一個刊物的需要，所以一直對這件工作非常熱心。」〔註2〕在《A11》共5期中，每期都有潘漢年的雜文和短評，少則二三篇，多則四五篇，幾乎佔了刊物的一大半。他這些文章「嬉笑怒罵，鮮明尖銳，無情地批判了社會上各種醜惡現象，鞭撻了文化界形形色色的歪風邪氣，矛頭直指反動軍閥、封建官僚和外國侵略勢力。」〔註3〕正是「小夥計們」的肆言無忌，使得這小刊物顯得鋒芒太露，很快就引起了當局的注意。《A11》出版了第5期以後，便被上海軍閥政府的憲兵司令

〔註1〕潘漢年《A11》，《A11》第1期，1926年4月28日。
〔註2〕葉靈鳳《〈A11〉的故事》，《讀書隨筆》第三集，第23頁，生活·讀書·新知三聯書店1998年版。
〔註3〕張雲《潘漢年傳奇》，第27頁，上海人民出版社1996年版。

部以新聞紙類「未便照准」的罪名查禁了。〔註4〕作爲主編的潘漢年專爲此寫了《〈A11〉周刊緊要啓事》（刊載於《洪水》第2卷18期），對停刊原因以及他們以後的打算作了一個交代：

> 本刊出版才五期，爲時不過一月，然而這個小小的刊物倒受了不少挫折，——敵人暗中放冷箭，警廳扣留，要求郵務管理局認爲新聞紙類，「未便照准」，自聯軍憲兵司令部禁止郵寄，……直到今天止，我們不得在我們一陣冷笑中宣告這個放屁的刊物最後的命運——停止出版。

> 這是我們對讀者十二分抱歉，對自己廿四分內疚的！沒有狡猾如兔的手段，說話沒有模棱兩可的本事，弄到有今日的結果！但是我們悶居在黑暗裏總得要追尋光明的，埋身在疲乏苦悶中，總得要企求興奮，愉快的。朋友，請你等著吧，我們還要找其他說話的機會的。對於預定本刊諸君，我們有下面幾條辦法，請斟酌：

> 1.出版部同人編輯的《幻洲 OAZO》不日出版，預定《A.11》者如無需將報費退還，我們即將《幻洲》小周刊按期寄上。（預定諸君，沒有來信表明，就照此條辦理。）

> 2.如不願轉定別種刊物，請來函聲明，俾將報費退還。

查禁顯然阻止不了「小夥計」們辦刊的決心，《A11》周刊被禁不久，潘漢年和周全平等「小夥計」們又策劃並創辦了《幻洲》周刊。同樣在《洪水》第2卷第18期上，在《〈A11〉周刊緊要啓事》的同時，又刊出了《幻洲》周刊的出版預告，原文如下：

> 出版部同人編輯的《幻洲 OAZO》小周刊，創刊號定於六月十號出版
>> 我們彳亍在茫茫無際的沙漠裏，
>> 渴想著一片綠洲出現，
>> 上面有密枝濃葉的樹林，
>> 有碧澄清瑩的池沼，
>> 有清脆嘹亮的鳥鳴，
>> 有娉婷不凡的女神，

〔註4〕武在平《潘漢年 屢建奇功的一代英才》，第25頁，天津人民出版社1997年版。

我們渴想著，渴想著，

何處去找這一片 OAZO ？

這是一個追求理想的樂園實現的刊物，有論文；有詩歌；有小說；任情嬉笑怒罵，無非想叫出我們胸中的憤恨，寫出心頭的抑鬱。用上等潔白的新聞紙四十二開精印小冊，每周出版一冊，每冊零售銅元四枚，預定半年五角，全年一元，國內不加郵費，股東半價。

出版部同人編輯的 幻洲 OAZO 小週刊，創刊號定於六月十號出版

我們彳亍在茫茫無際的沙漠裏，

渴想着一片綠洲出現，

上面有密枝濃葉的樹林，

有碧澄清瑩的池沼，

有清脆嘹喨的鳥鳴，

有娉婷不凡的女神；

我們渴想着，渴想着，

何處去找這一片 OAZO ？

這是一個追求理想的樂園實現的刊物，有論文；有詩歌；有小說；任情嘻笑怒罵，無非想叫出我們胸中的憤恨，寫出心頭的抑鬱。用上等潔白的新聞紙四十二開精印小冊，每週出版一冊，每冊零售銅元四枚，預定半年五角，全年一元，國內不加郵費，股東半價。

在《洪水》第 2 卷 19 期上，刊出了潘漢年的《又要談自己的事了》，文中對為什麼要創辦《幻洲》進行了說明：「寂寞又像毒蛇般的噬我們的心靈了！啊啊！比死還可怕的無聊喲！我們是忍耐不住的，我們要奔逃，要奔逃，要在這荒涼的沙漠中找一片幻洲！」接著又對即將問世的《幻洲》周刊進行了簡要的介紹：「我們的第一個《幻洲》是另一個小小的周刊，這個周刊的目的不用說，除了出版部的重要消息、報告、啟事、廣告外，依舊是留出一半地位供夥計們在『工餘』時作為娛樂地的。而且格式改成了冊子，另外加了一個封面，封面畫不消說，除了本部的客卿夥計靈風而外別人是不敢落筆的。」對於封面畫及其寓意，他也進行了解釋：「封面畫上有一片沙漠，沙漠中一隻駱駝高聳著它的峰脊，在追逐一株青稞。不知道我們能不能有駱駝的腳力，更不知道我們能不能追求著一株青稞，然而且邁步向前吧！便是空幻的綠

洲，也聊勝於僵立在炎炎的烈日下。」〔註5〕可見，《幻洲》周刊既是《A11》的繼續，即延續了廣告和論文兩部分的慣例，但又是《A11》的發展，即已經初具刊物的形式了，不但獨立成冊，而且已經從「盡情說話」到「追求一株青稞」，表明刊物已經有了獨立的藝術追求了。但是令人遺憾的是，《幻洲》周刊從1926年6月12日創刊，到了6月28日即停止出版，前後共發行了兩期，可謂一出世便夭折了。潘漢年在《幻洲周刊展期出版申明》中交代了夭折的原因：「原先我們對於這個幻洲很抱著一種希望的，但結果又因為印刷所的關係，把我們的計劃打破。印得不好，印得不快，承印幻洲的印刷所實在使我們生出極大的不高興。」〔註6〕

儘管遭受了第二次辦刊的失敗，但是潘漢年等「小夥計」們並沒有氣餒，而是又想出了新的計劃。在《幻洲周刊展期出版申明》中也披露了這個新計劃的內容：

> 現在，出版部同人們和另外的幾位年青朋友，忽然高興，便在這沙漠似的上海胡攪了一個幻社。這社沒有目的、宗旨；他只是把幾個氣味相投的年青人團在一塊，同作高興作的事，同說高興說的話，消消氣，解解悶而已。但因為我們比較都是喜歡繞筆頭的人，所以幻社的事業當然也傾向於出刊的一方面：現在，決定幻洲暫時停刊，同時預告九月十六生日（即去年的洪水誕生日）要出一個新幻洲。新幻洲並的詳細計劃，待以後要再露布，現在要想說的是：新幻洲是一個真真的小周刊，大小只有落葉那麼大。但頁數倒有九十。新幻洲是一個奇怪的定期刊，他的本身每半月出版一次，但他另外有一個五日刊的附刊。新幻洲的內容分文藝和其他二部，一部葉靈鳳編，一部潘漢年編。其餘俟以後再說。至於預定的諸君，預訂款暫保存在此地，俟新幻洲出版後再算。

很快，在《洪水》第2卷22期上就刊出了《幻洲》半月刊的出版預告，從緣起、內容、裝幀、徵稿、定價以及預定等方面加以詳細介紹。原文內容如下：

幻社主編　幻洲半月刊出版預告

> 原起：幻社的組織已略見上次的廣告。我們現在要說的是：幻洲的出版，並不以什麼主義來號召。我們所反對的只是虛偽醜惡衰

〔註5〕潘漢年《又要談自己的事情了》，《洪水》第2卷19期，1926年6月16日。
〔註6〕潘漢年《幻洲周刊展期出版申明》，《洪水》第2卷21期，1926年7月16日。

老的過去，殘酷的嘲笑與冰冷的不同情。因此我們極力希望要在這個新刊物上來發展青年人的真實，熱情，健強的特性和進取改革的精神。我們沒有旁的野心。只想辟出一塊不受一切拘束與壓迫，青年人可以自由說話的土地！

內容的分配：幻洲的內容分爲兩大部，一部《象牙之塔》，一部《十字街頭》。前部專載純文藝的作品，一切的創作戲劇，詩歌小品，雜記，插圖，翻譯都有。後部專載關於一切不入流的怪文和社會，政治道德以及男女婚姻等等問題的批評與討論。假若篇幅有餘，我們還想進而及於裝飾、娛樂及電影諸問題。總之，我們要竭力喊出青年人的苦悶和毫無顧忌地說出不得不說的一切話。

裝幀：三十六開本，道林紙精印，色紙封面，一切裝訂，排印和插圖方面，都將由葉靈鳳賣力設計。不願怎樣自誇，自信僅在這一方面，在外觀方面，出版後一定要予國內定期刊物以一個大的驚異！

誠懇的徵求投稿：我們要使這個刊物成爲青年人可以自由說話的地方，因此，我們誠懇地歡迎國內外青年關於文藝及一切其他種類的文章的來搞。我們同是青年，希望同時代的青年人，不論在文藝和他種問題方面，都能組織一道堅強的聯合戰線來，以進攻那些虛偽的和反時代的醜物。來，請來，《幻洲》就是我們的大本營！

定價和出版期：每半月出版一次，每次七十頁左右，定價每冊一角。預定全年二元二角，半年一元二角，國內郵費在內，國外全年加八角，半年加四角，創刊號準本年九月十六號出版。

寄稿和預定處：關於編輯及稿件方面的通信，請寄上海寶山路三德里創造社出版部轉幻洲編輯部收。至於預定及發行方面的信，請寄上海寶山路三德裏創造社出版部轉幻洲編輯部收。

1926 年 10 月 1 日，《幻洲》半月刊正式創刊，〔註7〕是一個 64 開的小型刊物，編輯部設在寶山路三德里 A22 號，前 9 期由創造社出版部發售，從第 9 期開始改由光華書局發售。正如預告所說，上部取名爲「象牙之塔」，由葉靈

〔註7〕按原來的計劃，刊物將在 9 月 16 日創刊，但在 8 月 7 日淞滬警察廳派出警察，查封了創造社出版部，並且逮捕了葉靈鳳、柯仲平、周毓英、成紹宗 4 個「小夥計」，後經多方努力，到 8 月 12 日四人終於獲釋。這突來的變故使得《幻洲》被迫延期至 10 月才問世。從 1926 年 10 月出刊至 1928 年 1 月，《幻洲》半月刊共出 20 期，分爲兩卷，第一卷 12 期，第二卷 8 期。

鳳主編，主要刊登文藝創作，有戲劇、詩歌、小說、雜記、插圖、翻譯等作品；下部取名爲「十字街頭」，由潘漢年主編，主要刊登討論社會現實與政論文章。尤其是「街談巷議」欄目頗具特色，刊載了很多短小的雜文，以張伯苓、李璜卿、陳望道、程硯秋、朱湘、陳畏壘、潘公展、孫伏園、沈恩孚、胡適、周作人、鄭振鐸、田漢等大批社會名流爲批評對象。從刊物的作者來看，《幻洲》不再局限於「小夥計」們，還包括高長虹、滕剛、陶晶孫、孟超等人。作爲主編的潘漢年，在《幻洲》變換著筆名如水番三郎、亞靈、迪克、潑皮、潑皮男士、廠人等發表文章。幾乎每期都有他一篇以上的文章，他長於諷刺，善於說理，嬉笑怒罵，皆成文章，一掃當時無聊文人的頹廢之氣，振奮了青年人，爲徘徊中的青年指明了方向。但在文章中，他採取一種罵倒一切的「新流氓主義」的鬥爭方式，使得他不加區分地攻擊了一大批社會名人，可見其自身政治上還沒有成熟。

幻 社 主 編
幻 洲 半 月 刊 出 版 預 告

【原起】 幻社的組織已略見上次的廣告。我們現在要說的是：幻洲的出版，並不以什麼主義來號召。我們所反對的祇是虛僞醜惡衰老的過去，殘酷的嘲笑與冷冰的不同情。因此我們極力希望要在這個新刊物上來發展青年人的真實，熱情，健強的特性和進取改革的精神。我們沒有勞的野心。只想闢出一塊不受一切拘束與壓迫，青年人可以自由說話的土地！

【內容的分配】 幻洲的內容將分爲兩大部，一部"象牙之塔"一部"十字街頭"前部專載純文藝的作品，一切的創作戲劇，詩歌小品，雜記，插圖，翻譯都有。後部專載關于一切不入流的怪文和社會，政治道德以及男女婚姻等等問題的批評與討論。假若篇幅有餘，我們還想進而及于裝飾，娛樂及電影諸問題。總之，我們要竭力喊出青年人的苦悶和毫無顧忌地說出不得不說的一切話。

【裝幀】 三十六開本，道林紙精印，色紙封面，一切裝訂，排印和插圖方面，都將由鸞鳳竭力設計。不願怎樣自誇，自信僅在這一方面，在外觀方面，出版後一定饗予國內定期刊物以一個大的驚異！

【誠懇的徵求投稿】 我們要使這個刊物成爲青年人可以自由說話的地方，因此，我們懇切地歡迎國內外青年關于文藝及一切其他種類的文章的來稿。我們同是青年，希望同時代的青年人，不論在文藝和他種 題方面，都能組織一道堅強的聯合戰線來，以進攻那些虛僞的和反時代的醜物。來，請來，"幻洲"就是我們的大本營！

【定價和出版期】 每半月出版一次，每次七十頁左右，定價每册一角。預定全年二元二角，半年一元二角，國內郵費在內，國外全年加八角，半年加四角，創刊號准本年九月十六號出版。

【寄稿和預定處】 關于編輯及稿件方面的通信，請寄上海寶山路三德里創造社出版部轉幻洲編輯部收。至于預定及發行方面的信，請寄上海寶山路三德里創造社轉幻社發行部收。

　　《幻洲》創刊不久，就因獨特的主編方式以及雜誌刊載內容在新文學文壇異軍突起，產生了強烈的衝擊力。作為主編之一的葉靈鳳後來在回憶談及刊物問世之後所產生的轟動效應：「短小精悍的《幻洲》半月刊，上部象牙之塔裏的浪漫文字，下部十字街頭的潑辣的罵人文章，不僅風行一時，而且引起了當時青年極大的同情。漢年和我，年輕的我們兩個編輯，接著從四川雲南邊境的讀者們熱烈的來信時，年輕的血是怎樣在我們心中騰沸著喲！」〔註8〕遠在廈門的魯迅也很快注意到了此刊，在 1926 年 11 月 9 日寫給《致韋素園》的信中就有「較可注意的倒是《幻洲》」一句，並且認為「《莽原》在上海減少百份，也許是受它的影響」。〔註9〕1927 年 1 月 26 日，在廣州的魯迅寫給《致韋素園》的信中再次提及《幻洲》，認為廣州目前「最風行的是《幻洲》，每期可銷六百餘。」〔註10〕住在鄉下的柳亞子每逢刊物出版時總會寄信訂購一份。《幻洲》在青年學生中也產生了廣泛的影響。據許滌新回憶，1928 年他在廈門大學讀書時，和其他追求光明的進步青年一樣，非常喜歡閱讀《幻洲》，並受到鼓舞和啟迪。〔註11〕

　　國民黨當局顯然不願意看見這樣一份頗具影響的刊物長期存在。在 1928 年 1 月 2 日 2 卷第 8 期《幻洲》問世後，當局即以「宣傳反動」罪名加以查禁，《幻洲》半月刊被迫告別了讀者，「小夥計」們的文學刊物夢再次夭折。〔註12〕

〔註8〕 葉靈鳳《回憶〈幻洲〉及其他》，《葉靈鳳文集》第 4 卷，第 14 頁，花城出版社 1999 年版。

〔註9〕 魯迅《261109 致韋素園》，《魯迅全集》第 11 卷，第 610 頁，人民文學出版社 2005 年版。

〔註10〕 魯迅《270126 致韋素園》，《魯迅全集》第 12 卷，第 16 頁，人民文學出版社 2005 年版。

〔註11〕 轉印自武在平《潘漢年 屢建奇功的一代英才》，第 33 頁，天津人民出版社 1997 年版。

〔註12〕 筆者認為，以「小夥計」們為主要作者的的刊物就是《A11》、《幻洲》周刊和《幻洲》半月刊三種，《洪水》儘管有周全平參與，但是大多數小夥計沒在上面發表文章。而成紹宗、邱韻鐸等編的《新消息》周刊（1927 年 3 月 19 日——1927 年 7 月 1 日）實際上不屬於文學期刊，主要以發布文壇消息為主。後來的潘漢年主編《現代小說》、《戰線》等刊物時，「小夥計」們也開始分化，流散了。

日記文學及其《蘭生弟日記》

蘭生弟日記　徐祖正著　北新書局 1926 年 7 月初版
　　　　實價平裝八角　綢裝一元二角　預約七五折

　　這部日記，是書中的主人翁用了血和淚寫出他內心的苦悶，原文中有這樣的幾句話，「你是知道我的煩悶的。我也是想在藝術裏寄託生命的人。我幾年來的心血都傾注在這部日記裏面，有我內面生活的動搖，蛻變，及我的人生體驗中種種的悲哀，焦躁，寂寞，都是赤露露的一筆一筆刻印在哪裏。」

　　作者公佈這部日記，只想給少數能理解主人翁的心境的人看，所以印數極少，且售完之後也不想再版。讀者中想來不乏超脫習俗，視戀愛為神聖潔白的吧，則請一讀此書。

廣告載《莽原》第 13 期，1926 年 7 月 10 日

　　現代日記文學的出現，是作家主體生命意識的萌芽和個性解放精神高漲的結果。「五四」之後，隨著作家主體意識的覺醒以及個性解放的提倡，日記文學在二十年代出現了興盛的局面。此時期不但有周作人、魯迅、郁達夫等人的大力提倡，還有對日記文學的理論探討。周作人在《日記與尺牘》中認為日記是「文學中特別有趣味的東西」，「比別的文章更鮮明地表出作者的個性」〔註 1〕。他明確提出了日記的文學性、真實性、趣味性、私人性和史料性等特點。魯迅在《〈馬上日記〉豫序》中將日記分成寫給自己看的能展現作者真面目的「日記的正宗嫡派」和「以日記為述著」、「志在立言，意存褒貶」

〔註 1〕周作人《日記與尺牘》，《語絲》第 17 期，1925 年 3 月 9 日。

〔註 2〕的著述性日記。郁達夫在《日記文學》中，以亞米愛兒的日記爲例，高度評價了日記的文學、文化、史學意義，特別強調「日記文學，是文學裏的一個核心，是正統文學以外的一個寶藏。」在這篇文章中，他還探討了日記形式的多樣性，除了寫成記事文外，還可以作小品文、感想文、批評文之類。此外，他還提出了「日記體」的概念，試圖將日記和日記文學區別開來。〔註 3〕1935 年，他又發表了《再談日記》，勾勒了西方日記的發展輪廓，也討論了日記的種類特徵。此外，還有阿英、施蟄存、朱光潛等人都對日記文體發表了自己的觀點。

在以上諸位作家的提倡以及親身實踐下，二十年代出版了大量的日記文學作品。田漢的《薔薇之路》，盧隱的《麗石的日記》、《父親》和《曼麗》，石評梅的《禱告》和《林楠的日記》，倪貽德的《玄武湖之秋》，冰心的《瘋人筆記》，穆時英的《貧士日記》，丁玲的《莎菲女士的日記》和《自殺日記》，徐祖正的《蘭生弟日記》，張天翼的《鬼土日記》，郁達夫《達夫日記》、《日記九種》，謝冰瑩的《從軍日記》，沈從文的《篁軍日記》、《不死日記》和《呆官日記》，徐志摩的《愛眉小箚》和《眉軒瑣談》等等均是日記體形式的文學作品。日記體作品的大量出現不但豐富了現代文學的創作，也豐富了現代文學的文體形態。在現代日記文學中，主要有日記體散文和日記體小說兩類。尤以日記體小說作品數量最多，取得的成就也最大。1932 年孫俍工在《小說做法講義》將小說體式分爲四類，日記式位列其首。同時期清華小說研究社出版的《短篇小說做法》一書也將小說分爲日記體、書箚體、混合體三種。由此可見，日記體小說在現代文學作品中的地位。但是，三十年代後，隨著新文學自身的發展，日記體文學已不能夠適應讀者需要而逐步走向衰微，後來的文學史對日記文學的繁盛和衰落大都沒有加以足夠的重視。大量的日記文學作品也大多堙沒於歷史的淘洗中了。徐祖正的《蘭生弟日記》的遭遇可以說是日記文學在 20 世紀中國文學史上的縮影。

徐祖正（1894～1978），字耀辰，生於江蘇崑山。他 15 歲時，進上海商務印書館當學徒。1911 年，他回故鄉參加革命活動。事敗後被迫離開家鄉，溯江西上，到武昌參加武昌起義。1911 年冬赴日留學，考取京都帝國大學，

〔註 2〕魯迅《〈馬上日記〉豫序》，《魯迅全集》第 3 卷，第 326 頁，人民文學出版社 2005 年版。

〔註 3〕郁達夫《日記文學》，《洪水》第 3 卷第 32 期，1927 年 5 月 1 日。

學習英國文學，與帝大的張鳳舉、郁達夫相熟。1921 年，與在日本留學的郁
達夫、郭沫若等共同組織了創造社；1922 年回國，經張鳳舉介紹，在北京高
師和女子師範任講師。結識魯迅兄弟，成為八道灣的座上客。後經周作人介
紹到北京大學任教。與錢玄同、沈尹默、劉半農、俞平伯等學者教授過從甚
密。1926 年，與周作人合辦《駱駝》及《駱駝草》雜誌。解放後，任北京大
學東方語言文學系教授，西方文學系主任等職，主要從事教學和研究工作。
1978 年 5 月，患癌症逝世，終年 83 歲。在文學上，他問世的作品不多，在《語
絲》上發表過劇本《生日的禮物》、散文《山中雜記》等，翻譯了日本島崎藤
村的小說《新生》。在《創造季刊》、《語絲》、《莽原》、《宇宙風》、《文藝時代》、
《文藝與生活》等刊物上也零星發表過創作、翻譯、論文、書評等。《中國現
代文學總書目》中只收錄他兩部作品。一部是《蘭生弟的日記》（北新書局 1926
年 7 月初版），另一部是譯作《新生》（上下冊，島崎藤村著，北新書局 1927
年 12 月初版），兩部書分別作為駱駝叢書之一、二出版。

　　早在 1924 年，徐祖正就和周作人等人策劃辦一種純文藝的雜誌，主要發
表同人們的創作和翻譯。直到 1926 年 7 月，他們合編的《駱駝》雜誌終於問
世，北新書局印行，儘管刊物扉頁上有「駱駝同人」的字樣，但正如周作人
在《代表「駱駝」》中聲明：「駱駝社裏一共只有三個人，即張定璜（即張鳳
舉）、徐祖正、周作人。」〔註 4〕且主要負責的還是徐祖正。創刊號上以主要
篇幅發表了他的長篇日記體小說《蘭生弟的日記》，此外還有周作人的譯作兩
篇，一為《希臘牧歌抄》，一為靄理斯所著《論左拉》。另外還有沈尹默的《秋
明小詞》和陶晶孫的《盲腸炎》。〔註 5〕幾乎就在《駱駝》問世的同時，徐祖
正還策劃出版了「駱駝叢書」，欲圖把《駱駝》上發表或未能在刊物上發表的
創作或譯作結集成書。但是《駱駝》的創刊號就是終刊號，刊物只出了一期
就宣告停刊，刊物的影響自然也很有限。徐祖正策劃出的「駱駝叢書」第一
種就是他自己的《蘭生弟的日記》，單行本的出版時間與在《駱駝》上刊出時
間幾乎同時。〔註 6〕

　　但是，單行本初版印行之後確帶來不少問題。作者在《進獻之辭》（寫作

〔註 4〕周作人《代表「駱駝」》，《語絲》第 89 期，1926 年 7 月 26 日。
〔註 5〕姜德明《姜德明書話》，第 168 頁，北京出版社 1998 年版。
〔註 6〕筆者查《中國近現代叢書目錄》，「駱駝叢書」只出了三種：第一種是徐祖正
　　　　著《蘭生弟的日記》，第二種為徐祖正譯《新生》（上下冊，1927 年 12 月初版），
　　　　第三種為青苗著《黎眉小姐》，出版時間不詳。

時間估計是 9 月或 10 月，因爲發表的刊物《語絲》第 102 期的出版時間是 10 月 23 日）中有介紹：6 月交付書局後，作者離開北京到了江浙，而把校對裝幀的一切全委託之於那個書局的主人。7 月初該書初版問世，分平裝和綢裝兩種，價格平裝八角，綢裝一元二角（見上引廣告），初版 1000 部，計劃售完之後不再版。封面是墨青色作底，中上位置有小方塊白箋，上有書名和作者名。但 8 月中旬作者回京看到此書時，發現「書樣裝訂都是不洽人意」，而且錯字怪多。於是，他「馳函該書局說明如果無法補救情願中止發行賠償書局損失云云。書局主人出於早先鄭重的本意，說能把錯字之頁重印重訂，封面亦可另換式樣。」〔註 7〕所以，在保留原來版式基礎上，原先的封面、扉頁、繼續保留，又請葉靈鳳製圖、沈尹默題字製作了另一封面作爲扉頁置於正文之前。這種換了文學新裝的《蘭生弟的日記》只印了 100 部，因爲沒有改動版權頁，故出書的具體時間不詳，大概在 1926 年 10 月左右。但此版有三種不同的裝幀：綢面、布面和紙面，價格分別爲一元一角、一元和八角。此書的版式頗有特色，字距、行距格外寬鬆，每頁僅 18 行，每行 22 字。更有意思的是，每一頁最後一個字的下一行的地方，多排印出下一頁第一個字，這個字重複方便於讀者閱讀。

全書 180 頁，儘管以《蘭生弟的日記》爲書名，但該書除了這部小說外，還收了獨幕劇《生日的禮物》。《蘭生弟的日記》的末尾署：「一千九百二十四年二月二十七日，北京，蘭生。」《生日的禮物》末尾署：「一九二五，十一，十一作」。儘管《生日的禮物》寫作時間比《蘭生弟的日記》晚，但是發表的時間卻在《蘭生弟的日記》前。《生日的禮物》主要寫主人公羅蘭生與表姐蕙姊的愛情，與《蘭生弟的日記》的故事有密切的聯繫。「正是由《生日的禮物》作了預告，在《蘭生弟的日記》中得以完整展開的。」〔註 8〕《蘭生弟的日記》實際上是通過一封蘭生弟致蕙姊的長信，其中引述眾多蘭生弟的日記，兩者互相穿插，又交

〔註 7〕徐祖正《進獻之辭》，《語絲》第 102 期，1926 年 10 月 23 日。
〔註 8〕陳子善《〈蘭生弟的日記〉序》，《蘭生弟的日記》，海豚出版社 2011 年版。

織大段心理描寫，盡情鋪陳蘭生弟與薰姊曲折的情感經歷及其不斷的自我反省。小說詳寫蘭生弟的留日生活和他回國後執教北京高校，特別是蘭生弟在「江教授」帶領下首次拜訪「葉教授」的經過，與周作人日記中關於1922年9月5日「徐耀辰君」在「鳳舉兄弟」等陪同卜來訪的記載頗有些相似，學者陳子善推測《蘭生弟的日記》很可能有不少作者親身經歷的投影，蘭生弟在某種意義上或許就是作者的自況。小說語言上頗有些歐化，洋腔洋調，讀來還有些拗口。整部作品風格悲愴深切，受到了日本私小說和英國浪漫主義文學的影響。

> 蘭生弟日記　徐祖正著　實價平裝八角，綢精裝一元二角，預約七五折。
>
> 原道我這部日記中，寄托有我一生的血和淚寫出，他內心裏面都傾注在這部日記中。我也是其中的一個。我在這部日記裏，把主人翁的戀愛悲哀，焦燥，一筆一筆得寫出來，而你有的藝術是……主人翁……
>
> 作者公布這部日記，只想給少數能理解主人翁的心境之人，且售完之後不再版，印數極少。讀愛者為神聖潔白的超脱，看不想，習俗，則請一讀此書。

　　該書問世之後，很快在文壇引起了較大的關注。郁達夫在1926年7月27日率先寫出了書評，他指出：「《蘭生弟的日記》是一部極真率的記錄，是徐君的全人格的表現，是以作者的血肉精靈來寫的作品，這一種作品，在技巧上雖然失敗，然若以真率的態度，來測文藝的高低，則此書的價值，當遠在我們一般的作品之上。」〔註9〕陳煒謨也在8月20日寫出了書評，他認為：「它（指《蘭生弟的日記》）給我們表白了許多事情，估量出了許多東西。我們可以因它而感到內心的舒貼。我們可以用『加減乘除』的方法去掉許多別的不相關的浮面的東西，給它一個很乾淨的位置，那怕那位置是很小的，但究竟

〔註9〕郁達夫《蘭生弟的日記》，《現代評論》第4卷第90期，1926年8月28日。

是眞的位置，就因爲它是從內在的生活裏體驗和蛻變出來的。」〔註 10〕高長虹在《再讀蘭生弟的日記》中則認爲「這是些記事同說話，雖然是誠懇的。誠懇不便是藝術，雖然他是藝術的起點」，並指出「這個作品出世太早了，在它沒有成爲一個作品之前便出世了，所以它不是一個作品。」石評梅也在 1926年 11 月 6 日《語絲》第 104 期發表了《再讀〈蘭生弟的日記〉》，詳細記敘了她一讀再讀該書的感動，她也對作者的文筆給以了讚美：「很慕敬作者那枝幽遠清淡的筆致，處處都如一股幽谷中流出的清泉一樣，那樣含蓄，那樣幽怨，那樣淒涼，那樣素淡。」〔註 11〕小說問世之後，主人公蘭生弟幾乎成了失戀文藝青年的代名詞，韋叢蕪還爲《蘭生弟日記》的主人公寫了一首詩《詩人的心》〔註 12〕，對主人公失戀後的淒苦進行了形象的描繪。

1929 年，朱自清在《中國新文學研究綱要》（講義）中把《蘭生弟的日記》作爲十餘年的長篇小說創作的代表作品單獨講授，他還從小說的主題、人物和寫作技巧等七個方面對小說進行了較全面而中肯分析：（一）禮教所不許的戀愛，（二）「多愁多病，有力有勇」的表現，（三）「沉潛迂迴」的調子，（四）「極眞率的記錄」，（五）書函體與日記體的合一，（六）女主人公性格不分明，（七）冗雜與瑣屑。〔註 13〕三十年代初，顧鳳城主編的《中外文學家辭典》中的「徐祖正」一條中也對《蘭生弟的日記》有如下記載：「其《蘭生弟日記》出版後，曾轟動文壇，傳誦一時，描寫青年之心理，甚爲深刻。」〔註 14〕可以這樣說，《蘭生弟的日記》的問世以及反響在二十年代日記體小說中堪稱翹楚，它也因此成爲二十年代日記文學的代表性作品。

儘管《蘭生弟日記》在二十年代的日記體小說中影響頗大，但隨著日記體文學的整體衰落，日記體小說的影響也逐漸式微。再加上徐祖正後來沒有繼續創作出更多作品，在譯作《新生》（北新書局 1927 年版）以及譯作劇本《四人》（南京出版社 1932 年版）問世後，他就再也未能有新作品問世了。轉嚮於學術研究後，他也只是單篇論文見諸報端，鮮有專著問世。所以，在後來的文學史著作中，徐祖正及其作品都未能像朱自清在《綱要》中那樣給

〔註 10〕陳煒謨《陳煒謨文集》，第 393 頁，成都出版社 1993 年版。
〔註 11〕石評梅《再讀〈蘭生弟的日記〉》，《語絲》第 104 期，1926 年 11 月 6 日。
〔註 12〕韋叢蕪《詩人的心》，《莽原》第 19 期，1926 年 10 月 10 日。
〔註 13〕朱自清《中國新文學研究綱要》，《文藝論叢》第 14 輯，第 33 頁，上海文藝出版社 1982 年版。
〔註 14〕顧鳳城編《中外文學家辭典》，第 264 頁，上海樂華圖書公司印行 1932 年版。

予專節待遇。而《蘭生弟日記》初版印了 1000 部（加上後來的 100 部）外，也一直未能再版。直到 2011 年，海豚出版社才推出該書的再版本，新版本《蘭生弟日記》刪去了獨幕劇《生日的禮物》。編者陳子善盡可能在保持歷史原貌和改正明顯的錯訛之間求取平衡，像「朝上」、「元來」、「飄流」、「燈明」等作者的習慣用法均予保留，各類譯名和語助詞（「的」、「地」、「得」）等悉依原樣，有些長句按今天的語法視之有不通之處，也只能不加擅改。標點除酌加書名號外，也悉依原稿。編者還為此書寫了序言，呼籲文學研究界不要忘記徐祖正及其作品。

《吶喊》之後又《彷徨》

魯迅第二小説集《彷徨》

魯迅第一小説集《吶喊》出版後，不但國内文藝界公認爲不朽的傑作，即法國現代文學家羅曼羅蘭見了敬隱漁君的《阿 Q 正傳》的法譯本，也非常的稱讚，説這是充滿諷刺的一種寫實的藝術，阿 Q 的苦臉永遠的留在記憶。

現在魯迅先生又將《吶喊》後的小説——已發表的和未發表的，計十一篇，合成這集《彷徨》。有人説，《彷徨》所收各篇雖依然是充滿著諷刺的色彩，但作風有些兒改變了。究竟是不是呢？請讀者自己去判斷吧。現已付印，實價八角，預約六角。

廣告載《莽原》第 1 卷第 14 期，1926 年 7 月 25 日

魯迅先生的小説第二集　彷徨　已出版了！

大家熟讀《吶喊》以後，等候他的第二集出版已長久長久了。聽到這個消息，一定很想先睹爲快的。内容共計十一篇：祝福，在酒樓上，幸福的家庭，肥皂，長明燈，示衆，高老夫子，孤獨者，傷逝，弟兄，離婚，篇篇精彩。北新書局出版

廣告載《北新周刊》第 5 期，1926 年 9 月 18 日

彷　徨

魯迅的短篇小説集第二本，從一九二四至二五年的作品都在内，計十一篇，陶元慶畫封面。

廣告載《莽原》第 1 卷第 19 期，1926 年 10 月 10 日

　　1918 年 2 月的一個晚上，時任北大教授錢玄同又去住在 S 會館的周樹人處聊天。他竭力說服了周樹人為他們正辦的《新青年》寫稿。周樹人接受了他的建議並於 1918 年 4 月 2 日完成了「中國現代文學史上第一篇用現代體式創作的白話短篇小說」〔註 1〕——《狂人日記》，同年 5 月 1 日出版的《新青年》第 4 卷 5 號上就刊載了這篇署名魯迅的小說。自此，一個筆名為魯迅的小說家一發而不可收，在 1918 至 1922 年間連續寫了 15 篇小說，分別發表在《新青年》、《新潮》、《晨報副刊》、《晨報・週年紀念增刊》、《時事新報・學燈》、《小說月報》、《東方雜誌》、《婦女雜誌》等京滬兩地的報刊雜誌上。1923 年 5 月，魯迅把這 15 篇小說收集起來，取名為《吶喊》，目的是「聊以慰藉那在寂寞裏奔馳的猛士，使他不憚於前驅」〔註 2〕。編好後交給了北京大學新潮社出版。1923 年 8 月，魯迅的第一本小說集《吶喊》，作為新潮社「文藝叢書」之一初版問世。〔註 3〕

　　《吶喊》一問世，便風靡文壇。關於此小說集的評論也很快出現於報端。茅盾在《讀〈吶喊〉》一文中對《吶喊》集中的小說給與了高度評價。他認為：「在中國文壇上，魯迅君常常是創造『新形式』的先鋒，《吶喊》裏的十多篇小說幾乎一篇有一篇新形式，而這些新形式莫不給青年以極大的影響，必然有多數人跟上去實驗。」〔註 4〕而《清華周刊》的「中文書籍介紹」欄目中對剛出的小說集《吶喊》也有好評：「他的深刻的筆墨，描寫中國灰色的人生，實在令我看過之後腦經中受極大的暗示，刻下永遠不能磨滅的印象。」「魯迅作品中的體裁，笑中帶淚，瘋癲中帶諷刺，在中國現代文學界中可以說是獨樹一幟。」〔註 5〕稍後，廢名在《晨報副鐫》上發表了自己讀《吶喊》中一些小說的看法，他最喜歡《孔乙己》，認為體現了「本著悲哀或同情而來表現卑者賤者的作品」〔註 6〕。此外，對於小說集中隨處可見的魯迅刺笑的筆鋒，

〔註 1〕錢理群、溫儒敏、吳福輝《中國現代文學三十年》（修訂本），第 38 頁，北京大學 1998 年版。

〔註 2〕魯迅《〈吶喊〉自序》，《魯迅全集》第 1 卷，第 441 頁，人民文學出版社 2005 年版。

〔註 3〕1924 年 5 月第三次印刷時起，改由北京北新書局初版，列為魯迅所編的「烏合叢書」之一。1930 年 1 月第 13 次印刷時，魯迅抽去了其中的《不周山》一篇（後改名為《補天》，收入《故事新編》）。作者生前共印行 22 版次。

〔註 4〕雁冰《讀〈吶喊〉》，《時事新報》副刊《學燈》，1923 年 10 月 8 日。

〔註 5〕髑髏《中文書籍介紹：〈吶喊〉》，《清華周刊》第 293 期，1923 年 11 月 9 日。

〔註 6〕廢名《「吶喊」》，《晨報副鐫》第 81 號，1924 年 4 月 13 日。

他認爲其筆後飽含感情。1926 年 11 月，鄭振鐸在《文學周報》第 251 期上的「閒談」欄中發表了關於《吶喊》的文章，他對小說集《吶喊》在新文學文壇的地位有很高的定位：「《吶喊》是最近數年來中國文壇上少見之作，那樣的譏誚而沈摯，那樣的描寫深刻似乎一個字一個字都是用刀刻在木上的。……自魯迅先生出來後，才第一次用他的筆鋒去寫幾篇『自古未有』的諷刺小說，那是一個新開的天地，那是他獨自創出的國土，如果他的作品並不是『不朽』的作品，那麼他的在這一方面的成就至少是不朽的。」〔註 7〕從這些評論看〔註 8〕，正如上引廣告所說，《吶喊》是「國內文藝界公認爲不朽的傑作」。

　　《阿 Q 正傳》無疑是《吶喊》中最出色的作品。正如鄭振鐸所說它「在中國文壇的地位是無比的，將來恐也將成世界最熟知的中國現代的代表作了。」〔註 9〕爲了讓世界的讀者閱讀這篇作品，短短在兩三年時間內就出現了英譯本（由梁社乾譯）、法譯本（敬隱漁譯）、俄譯本（華西里夫譯）。1926 年初，敬隱漁將譯好的《阿 Q 正傳》送請羅曼‧羅蘭審閱。羅曼‧羅蘭讀了敬

〔註 7〕西諦《閒談：一、吶喊》，《文學周報》第 251 期，1926 年 11 月 21 日。
〔註 8〕成仿吾在《創造季刊》第 2 卷 2 期（1924 年 1 月）發表的《〈吶喊〉的評論》中，以「淺薄」、「庸俗」否定了小說集的大部分作品，只認爲《不周山》是全集中第一篇傑作，但他的觀點並不爲魯迅及多數讀者認同。
〔註 9〕西諦《閒談：一、吶喊》，《文學周報》第 251 期，1926 年 11 月 21 日。

隱漁的譯本後，非常喜歡，認爲是一篇了不起的傑作，他很快就寫信給《歐羅巴》雜誌的編者，推薦此小說發表。其信中有如下文字：「我手頭有件短中篇（長的短篇）小說的譯稿，作者是當今最優秀的中國小說家之一，把它譯成法文的是我的《約翰‧克里斯多夫》中文本的年輕譯者敬隱漁。……這篇小說是現實主義的，初看似顯平庸；繼之就會發現了一個了不起的幽默；待到把它讀完，你就會吃驚地感到，你被這個可憐的怪傢夥給纏住了，你喜歡他了。」〔註10〕敬隱漁在得到羅曼‧羅蘭如此高的評價後，很快寫信給魯迅，信中首先就報告了法譯本《阿Q正傳》受到了羅曼‧羅蘭的好評：

> 我不揣冒昧，把尊著《阿Q正傳》譯成法文寄與羅曼‧羅蘭先生了。他很稱讚。他說：「……阿Q傳是高超的藝術底作品，其證據是在讀第二次比第一次更覺得好。這可憐的阿Q底慘象遂留在記憶裏了……」（原文寄與創造社了）。羅曼‧羅蘭先生說要拿去登載他和他朋友辦的雜誌：《歐羅巴》。我譯時未求同意，恕罪！幸而還未失格，反替我們同胞得了光彩，這是應告訴而感謝你的。我想你也喜歡添這樣一位海外知音。〔註11〕

《歐羅巴》雜誌編者接受了羅曼‧羅蘭的推薦，雜誌於1926年5月15日、6月15日出版的第5、6兩期連載了《阿Q正傳》，這是第一次把中國現代文學介紹給歐洲的讀者。正因爲有羅曼‧羅蘭的稱讚，在上引的廣告中也作爲噱頭加以刊出。

客觀上講，《吶喊》初版之後的很快再版以及批評界的好評給了魯迅繼續創作小說的動力。從1924年到1925年間，他又創作了11篇短篇小說。具體的創作時間及發表刊物如下：

1、《祝福》，寫於1924年2月7日，《東方雜誌》第21卷第6號，1924年3月25日。

2、《在酒樓上》，寫於1924年2月16日，《小說月報》第15卷第5號，1924年5月1日。

3、《幸福的家庭》，寫於1924年2月18日，《婦女雜誌》第10卷第

〔註10〕 轉引自王錦厚《決不日夜記著個人的恩怨——魯迅與郭沫若個人恩恩怨怨透視》，第160頁，重慶出版社2010年版。

〔註11〕 轉引自王錦厚《決不日夜記著個人的恩怨——魯迅與郭沫若個人恩恩怨怨透視》，第164頁，重慶出版社2010年版。

3 號，1924 年 3 月 1 日。

4、《肥皂》，寫於 1924 年 3 月 22 日，《晨報副刊》，1924 年 3 月 27、
28 日。

5、《長明燈》，寫於 1925 年 2 月 28 日，《民國日報副刊》，1925 年 3
月 5 日至 8 日。

6、《示眾》，寫於 1925 年 3 月 18 日，《語絲》第 22 期，1925 年 4
域外 13 日。

7、《高老夫子》，寫於 1925 年 5 月 1 日，《語絲》第 26 期，1925 年
5 月 11 日。

8、《孤獨者》，1925 年 10 月 17 日寫畢，收入《彷徨》前未發表過。

9、《傷逝》，1925 年 10 月 21 日寫畢，收入《彷徨》前未發表過。

10、《弟兄》，寫於 1925 年 11 月 3 日，《莽原》第 3 期，1926 年 2
月 10 日。

11、《離婚》，寫於 1925 年 11 月 6 日，《語絲》第 54 期，1925 年 11
月 23 日。

主觀上看，《吶喊》之後，魯迅思想上陷入了苦悶彷徨之中，他看不到有
更好的出路，出路似乎總是在未來，而不是現在。於是，當這 11 篇小說完成
之後，魯迅以「彷徨」為名結集了自己的第二本小說集，列為他所主編的「烏
合叢書」之一種，於 1926 年 8 月由北新書局初版問世。〔註 12〕

「五四」風暴過後，隨著《新青年》陣營的分裂，新文化陣營也隨之分裂。
魯迅在《〈自選集〉自序》中所說的「《新青年》的團體散掉了，有的高升，有
的退隱，有的前進，我又經驗了一回同一陣戰中的夥伴還是會這麼變化，並且
落得一個『作家』的頭銜，依然在沙漠中走來走去，不過已經逃不出在散漫的
刊物上做文字，叫作隨便談談。……得到較整齊的材料，則還是做短篇小說，
只因為成了遊勇，布不成陣了，所以技術雖然比先前好一些，思路也似乎較無
拘束，而戰鬥的意氣卻冷得不少。」〔註 13〕正因為以胡適等人組成「現代評論
派」，以「多研究些問題，少談些主義」走入學術一途，而陳獨秀、李大釗等

〔註 12〕《彷徨》初版後也頗受讀者歡迎，1927 年 1 月再版，以後幾乎每年都有再版，
作者身前共印行 15 版次。

〔註 13〕魯迅《〈自選集〉自序》，《魯迅全集》第 4 卷，第 469 頁，人民文學出版社 2005
年版。

人則投生於實際的革命活動中，處於中間的魯迅覺得在原來的陣地上只剩下他一個人孤軍混戰，產生了布不成陣的遊勇那樣「孤獨」和「彷徨」。小說集《彷徨》的作品表現了他在這一時期的心情，在小說的扉頁上，魯迅引用了屈原《離騷》中兩段文字，這也側面傳達出魯迅當時的心裏狀態：

> 朝發韌於蒼梧兮，夕余至乎縣圃；欲少留此靈瑣兮，日忽忽其將暮。

> 吾令羲和弭節兮，望崦嵫而勿迫；路漫漫其修遠兮，吾將上下而求索。

1933 年 3 月 2 日，魯迅將《彷徨》送給日本人山縣初男，在書上題寫了一首詩：「寂寞新文苑，平安舊戰場，兩間餘一卒，荷戟獨彷徨。」這首詩無疑也是魯迅自我解剖了當年寫《彷徨》時期的心情。

《彷徨》小說集出版前，還特別請陶元慶製作了封面。畫面中三個人並排坐著看落日，不知所措的樣子，整幅畫採用了魯迅最喜愛的版畫形式，構圖簡潔，在一種誇張變形中傳達出了深邃的內蘊，不但與小說集的題目十分契合，與魯迅小說的調子也頗為合拍。魯迅對此書的封面十分滿意，在 1926 年 10 月 29 日寫給陶元慶的信中說：「《彷徨》的書面實在非常有力，看了使人感動。但聽說第二板的顏色有些不對了，這使我很不舒服。上海北新的辦事人，於此等事太不注意，真是無法可想。」〔註14〕11 月 22 日，他又給陶元

〔註14〕魯迅《261029 致陶元慶》，《魯迅全集.》第 11 卷，第 592 頁，人民文學出版社 2005 年版。

慶的信上說：「這裡有一個德國人，叫 Ecke，是研究美學的，一個學生給他看《故鄉》和《彷徨》的封面，他說好的。《故鄉》是劍的地方很好。《彷徨》只是椅背和坐上的圓線，和全部的直線有些不調和。太陽畫得極好。」〔註15〕魯迅請陶元慶畫封面，實在是他懂得他繪畫的藝術。在《〈陶元慶氏西洋繪畫展覽會目錄〉序》中，魯迅指出陶的畫「在那黯然埋藏著的作品中，卻滿顯出作者個人的主觀和情緒，尤可以看見他對於筆觸、色彩和趣味，是怎樣的盡力與經心，而且，作者是夙擅中國畫的，於是固有的東方情調，又自然而然地從作品中滲出，融成特別的豐神了，然而又並不由於故意的。」〔註16〕正是因為著者和封面畫者的共同努力，使得封面與小說集的內容共同構成一個具有獨特內蘊的的闡釋文本。

與《呐喊》一樣，收入《彷徨》的小說也是「取材多採自病態社會的不幸的人們」〔註17〕。具體來看，主要還是以表現農民和知識分子兩類人物為主。《祝福》寫出了祥林嫂這個淳樸善良的農村勞動婦女的深沉的悲劇，揭露了封建宗法制度與意識形態織成的網正無情地加害中國農村婦女。《離婚》中的愛姑儘管大膽潑辣，敢於反抗，但最終還是失敗，表明封建勢力的太過強大以及農民缺少民主主義覺悟。魯迅對農民特別是農村婦女的關注，深刻地揭示了她們精神上的「病苦」，哀其不幸。而《在酒樓上》、《孤獨者》、《傷逝》、《肥皂》、《幸福的家庭》、《高老夫子》、《長明燈》等都是以知識分子為主人公。既諷刺了四銘、高爾礎這樣的假道學，又刻畫了呂緯甫、魏連殳這樣失敗的理想主義者，探索了他們內心的深沉的痛苦。《傷逝》是魯迅僅有的描寫青年愛情題材的小說，儘管小說中的男女主人公掙破了家庭與世俗，但是他們經受不住沉重的社會的壓力，一張解聘的小紙條便絕了他們的生路，輕而易舉地把他們逼向了死地。魯迅對筆下的知識分子既有批判，又有同情，怒其不爭。與《呐喊》相比，《彷徨》「意義深刻化，技巧純熟化，而《彷徨》中一種從容的態度與厚重的氣息為《呐喊》所無。」〔註18〕

〔註15〕魯迅《261122 致陶元慶》，《魯迅全集》第 11 卷，第 628 頁，人民文學出版社 2005 年版。
〔註16〕魯迅《〈陶元慶氏西洋繪畫展覽會目錄〉序》，《魯迅全集》第 7 卷，第 272 頁，人民文學出版社 2005 年版。
〔註17〕魯迅《我怎麼做起小說來》，《魯迅全集》第 4 卷，第 526 頁，人民文學出版社 2005 年版。
〔註18〕徐仲年《重讀〈呐喊〉與〈彷徨〉》，《流離集》，第 183 頁，重慶正中書局 1939 年版。

魯迅先生的小說第二集

「**彷徨**」已出版了！

大家熟讀「吶喊」以後，等候他的第二集出版已長久長久了。聽到這個消息，一定很想先視爲快的。內容共計十一篇：祝福，在酒樓上，幸福的家庭，肥皂，長明燈，示衆，高老夫子，孤獨者，傷逝，弟兄，離婚，篇篇精彩。

北新書局出版

在新文學史上，《吶喊》和《彷徨》常放在一起加以評論，它們的出現是中國現代小說的開端和成熟的標誌。魯迅以「表現的深切」（獨特的題材、眼光與小說模式）和「格式的特別」（創造形式的先鋒）創造了《吶喊》和《彷徨》這兩部極具思想內涵和藝術特色的小說集。以《吶喊》和《彷徨》的成就顯示了現代小說在魯迅手中開始，又在魯迅手中成熟。嚴家炎主編的《二十世紀中國文學史》中對魯迅作爲新文學開路人有一個極高的評價，把它用在小說領域也可作如是觀：「魯迅的富有創造力而又非常多樣化的文學創作，不僅爲各種相關的文體開拓了廣闊的天地，而且從總體上爲中國現代文學的發展奠定了厚實的基礎。許多後起的現代作家，都是在魯迅開創的基礎上，接受其影響，又從風格體式上發展出新的不同的方面，這幾乎構成了中國現代文學的一種獨特的現象。魯迅是中國新文學創建初期，歷史所能尋找到的一位最好的開路人。」〔註19〕

〔註19〕嚴家炎主編《二十世紀中國文學史》（上冊），第175頁，高等教育出版社2010年版。

沈從文的處女集《鴨子》

　　這是沈先生的創作集。內分戲劇，小說，散文，詩歌四輯。係沈先生把他近年來勞力經營的作品經過一番精選後集成的。沈先生的作品，在國內各種刊物上，已經見過不少，並且深受讀者的歡迎。他的作品有幾種特點：富有獨創的精神，文筆靈活而細膩，內容清新而饒興趣，描寫鄉村景物，兒童生活，青年男女的心理等等，尤爲擅長。這在本集的九篇短片小說裏極易看出。他的戲劇傾於表演，他的散文富有詩意，至於他的作品的價值究竟如何，留給讀者諸君讀後來下更深的批評吧。

廣告載《北新周刊》20 期，1927 年 1 月 1 日

　　1923 年 8 月下旬的某一天，經過了 19 天的旅程後，年僅 21 歲的沈從文終於到達了北京。從此，「開始進到一個使我永遠無從畢業的學校，來學那課永遠學不盡的人生了。」〔註1〕由於考入大學的努力相繼失敗，只好寄居於學校外邊的公寓裏。他開始去圖書館看書，去大學旁聽。在一些文學青年的影響下，開始學習寫作，並在 1924 年 12 月中上旬的《晨報・北京欄》上發表了自己的處女作，由此拉開了向文壇進軍的序幕。作爲一名從窮鄉僻壤來的「鄉下人」，沒有經歷過正規的大學教育，更沒有留學海外的顯赫經歷，要想在二三十年代精英彙萃的中國文壇有一席之地，難度可想而知。要在文壇嶄露頭角，除了自身努力寫出好作品之外，朋友的幫助必不可少，而最捷徑的當然是能得到名人的提攜。法國批評家皮埃爾・布厄迪所說的文學場實際上

〔註 1〕沈從文《從文自傳》，第 147 頁，上海開明書店 1934 年版。

也是一種權力場，而作爲文學場中的著名作家、名人擁有比普通人更大的權力。能得到著名作家或名人的垂青無異於擁有了進入文學場的「入場券」。章克標在《文壇登龍術》中就說：「名人是各方面的領袖人物，你倘能認識一二個名人，你的成功就有不可限量的希望。」〔註2〕而沈從文是幸運的，他得到了許多名人的幫助和提攜，文壇之路也越走越寬。

郁達夫是沈從文在北京結識的第一個文壇名人。1924 年冬，沈從文抱著試一試的心情給素未謀面的知名作家郁達夫寫了一封傾訴自己苦況的信，連自己都沒想到，郁達夫竟然冒著大雪到公寓裏來看望他（11 月 12 日）。郁把自己的圍巾送給他，並邀他去公寓附近的小飯館吃了一頓。郁還在《晨報副鐫》（11 月 16 日）上發表了替沈從文的遭遇鳴不平的著名文章《給一位文學青年的公開狀》。文章中，郁讚揚了沈從文堅忍不拔的雄心，並爲他提出了擺脫目前困境的三條路。由於是郁達夫的文章，自然會獲得大量的讀者。讀者也知道了北京還有一個身處困境但仍堅持不懈地寫稿投稿的文學青年。此後，郁達夫又將沈介紹給《晨報副刊》新主任劉勉己和瞿世英，兩人答應給沈從文的習作以發表的機會。本年 12 月下旬，《晨報副刊》就有沈署名爲休芸芸的作品接連刊發了。北京大學哲學系林宰平教授也開始注意到他，5 月 3 日的《晨報副刊》上發表了林宰平署名唯剛的文章《大學與學生》，文中認爲沈是個學生，稱讚他是一個天才青年，並說他的《遙夜》全文俱佳，實在能夠感動人。沈很快就寫了《致唯剛先生》，發表在 5 月 12 日的《晨報副刊》上，說明自己並不是個大學生，而不過是一個爲生計所苦的流浪者，只想把自己生命所走過的痕跡寫在紙上。林宰平教授先生看到了他的這篇文章後，深爲他的才華及求索精神所打動，託人找到沈從文，請他到家裏談談。在具體瞭解沈當時的處境後，還找人幫忙爲他找到了一份圖書館的差事。同時，林還多次向徐志摩、陳西瀅等人推薦沈從文。林不但是沈作品的第一個公開的欣賞者，也是是沈從文進一步結交徐志摩、胡適等北京文壇名流的領路人。

如果說與郁達夫的相識，使沈從文堅定了文學之路，與林宰平的相識卻使沈的文學之路發生了重大轉機。但是，真正把沈推上文壇，並逐漸引起出版社、批評家注意的還是徐志摩。徐是沈從文真正進入文壇的領路人。1925年 9 月的某一天，沈從文前往徐志摩家拜訪，徐立即發現了沈的才氣，且看出了他的特色。此時，徐剛剛接編《晨報副刊》，他很自然地就把沈從文視爲

〔註2〕章克標《文壇登龍術》，第 108 頁，四川文藝出版社 1999 年版。

自己刊物的固定作者了。所以，在改版《晨報副刊》的發刊詞《我爲什麼來辦我想怎麼辦》中，就把沈從文列入他的青年朋友的第一個。能得到徐的欣賞並有發表的園地，沈從文的創作欲大大激發了出來。在徐志摩接編《晨報副刊》的最初兩個月裏，沈一共發表了 12 篇文章。這樣密集的發文頻率，只有徐志摩這樣的編輯才能這麼做。在 11 月 11 日《晨報副刊》發表沈從文的《市集》時，編輯徐志摩還爲該文寫了一段附記《志摩的欣賞》，稱讚這篇散文是「多麼美麗多麼生動的一副鄉村畫」。同時，經徐的介紹，沈又結識了陳西瑩、凌叔華、林徽因、葉公超、楊振聲、朱光潛等人，成爲了北京文人圈子的一員。

在北京居期間，沈從文認識了丁玲、胡也頻、劉夢葦、馮至、楊暉、黎錦明、陳煒謨、趙其文、蹇先艾、陳翔鶴、張采眞、焦菊隱、司徒喬等一些文學青年。與這些朋友相識，不但擴大了自己的交際範圍，也使他自己找到了文藝上的歸宿感。由於共同的文學追求，沈從文與蹇先艾、張采眞、于賡虞等於 1926 年 10 月 15 日創立了「無須社」，借北京《世界日報》的副刊，編輯、創辦了《文學》周刊。在《〈文學周刊〉創刊前言》中表達了無須社同仁的文學主張：「我們既有著個人的夢，所以我們的色彩和調子不會一樣，因爲自己的表現，正是文藝的眞理。我們以爲自己學力不足，只有博覽；不能自立一家之言，只有譯。這是研究學術、介紹學術的忠實態度。此外，對於批評，也要特別留意。批評不是標榜與攻擊的武器，而是眞正文學趣味的欣賞與表白。」〔註3〕沈從文後來在《記丁玲》中也談到他參加的第一個文學社團：「於是便有人提議如何來辦個刊物，成立個社，這社從『未名社』得到暗示，便取名『無須社』。社名含義既極其幽默，加入份子也不從任何方式定下標準，故這社實在也不成個什麼東西。」〔註4〕儘管沈從文說他並沒有深入參加無須社的活動，但沈在《文學》周刊僅 10 月就刊了三篇作品，分別是《此後的我》、《記陸弢》、《讀夢葦的詩想起那個「愛」字》。此外，還搭著出「無須社叢書」的便車，問世了自己的處女集《鴨子》。

《鴨子》列爲無須社叢書第一本，是一本包含多種文體作品的集子，無序跋，正文包括戲劇九篇：《盲人》、《野店》、《賭徒》、《賣糖復賣蔗》、《霄神》、

〔註3〕轉引自范泉主編《中國現代文學社團流派辭典》第 156 頁，上海書店 1993 年版。

〔註4〕沈從文《記丁玲》，第 121～122 頁，上海良友出版公司 1934 年版。

《羊羔》、《鴨子》、《蟋蟀》、《三獸窣堵波》（附文《關於〈三獸窣堵波〉》）；小說九篇：《雨》、《往事》、《玫瑰與九妹》、《夜漁》、《代狗》、《臘八粥》、《船上》、《佔領》、《槐化鎮》；散文七篇：《月下》、《小草與浮萍》、《到北海去》、《遙夜（一及二）》、《水車》、《一天》、《生之記錄》；詩五首：《殘冬》、《春月》、《薄暮》、《螢火》、《我喜歡你》。該集於 1926 年 11 月由北新書局初版，北新書局還專為該集寫了廣告（如上）。32 開本，共 285 頁。該書的封面非常簡單，只畫了三隻鴨子嬉水，點出了書的題目。書名和出版年代用了很小的宋體字，連著者姓名都沒有標出。

《鴨子》可謂沈從文早期文學創作的精華。由於還處於初學階段，所以各種文體都想努力嘗試一番，《鴨子》就是沈從文嘗試各種文體的見證。戲劇嘗試方面，以喜劇為主，無論是《夜店》、《鴨子》，還是《蟋蟀》、《羊羔》等，內容都鮮活有趣，富有鄉野和小市鎮的生活氣息，人物對話、心理描寫等都鮮明生動。「他的話劇……是一種地道的中國式喜劇，人物語言沒有知識分子腔，完全是市井俚語，非常生活化；表現人物，展開戲劇情節，大都借鑒傳統戲曲或地方戲曲的經驗，特別是刻畫人物的內心活動，大都用人物獨白，惟妙惟肖把角色的內心隱密和性格特點表現出來了，與地方戲中丑角慣用的『背躬』如出一轍。」〔註5〕小說方面主要有兩種類型：一是軍隊生活，如《佔領》、《船上》；二是鄉土和往事的回憶，如《夜漁》、《玫瑰與九妹》、《臘八粥》、《屠桌邊》、《代狗》、《槐化鎮》，展示了湘西民族和苗族的奇特風情。作品多用方言，他早期的小說「不過是一種特殊民情、風俗、自然風光的表象展覽，——一種素樸而簡陋的憶往的記實，多數甚至算不得小說。自然主義的印象捕捉構成它們的基本特色」。〔註6〕散文方面無論是《月下》、《到北海去》，還是《遙夜》、《水車》，文筆都很優美，格調清新活潑，具有憂傷的調子，表達出自己處北京艱難生活的種種情狀。但大多浮於表面的抒寫，

〔註 5〕王保生《沈從文評傳》，第 73～74 頁，重慶出版社 1995 年版。
〔註 6〕凌宇《從邊城走向世界》（修訂本），第 176 頁，嶽麓書社 2006 年版。

－118－

缺少深廣社會人生內容，思想藝術上還不夠深沉。所收的詩歌無論從思想內容還是形式方面，都具有古典詩詞的影響，《殘冬》、《春月》、《薄暮》中無論是意境還是遣詞造句上都具有古典詩詞的韻味。總體上看，《鴨子》裏的作品初具作家創作風格的特色，正如廣告所說，「富有獨創的精神，文筆靈活而細膩，內容清新而饒興趣」，但大多還是顯得比較稚嫩和粗糙，它還只是沈從文日後創作的準備階段。

由於沈從文的文學創作還處於習作階段，《鴨子》出版後反響一般，沒有再版。目前能找到了只有一篇批評文章，就是徐霞村的《沈從文的〈鴨子〉——未必如此雜記之四》。徐主要對該書中的戲劇、小說和散文發表了看法。認爲沈從文的戲劇特色不像廣告中說的是「便於表演」，沈的戲劇的價值不在舞臺方面，而是在人物對話。「那些對話是那樣流利，以至能給你一種完全出於自然的印象，叫你找不出一點生硬的痕迹。一字字地在你耳邊震蕩，如同麻雀的叫聲那麼清脆。」而能寫出這樣好的文字，一半歸結爲作家對於土語的靈活運用。而小說方面，認爲沈從文的小說的主要特點就是細膩，能從小地方著筆。對於沈的散文，他覺得沈從文「受過《聖經》的影響，除了他的對話的流利和敘述的細膩外，還有抒情的深刻一個特點。它們使我們知道，在著者的天眞的面孔後還藏著深刻的悲哀。」〔註7〕大體而言，徐霞村還是較爲準確地指出了沈從文早期戲劇、小說和散文創作的特色，給予了中肯的評價。

> 鴨子
>
> 沈從文戲曲小說集　實價七角
>
> 道是沈先生的創作集。內分戲劇，小說，散文，詩歌四班，係沈先生把他近年來努力經營的作品，經過一番繼續築成的。沈先生的作品，在國內各種刊物上，已經見遇不少，并凡深受讀者的歡迎。他的作品有種種特點：富有獨創的精神，文筆靈活而細膩，內容清新而饒興趣，描寫鄉村景物，兒童生活，青年男女的心理等等，尤爲擅長，還在本集的九篇短篇小說裏描局着出。他的戲劇傾向於我演，他的散文富有詩意。至於他的作品的價值究竟如何？留給讀者諸君體驗來下更深的批評吧。
>
> 北新書局。

〔註 7〕徐霞村《沈從文的〈鴨子〉——未必如此雜記之四》，《北新》第 34 期，1927
年 4 月 16 日。

劉大白的新詩集

郵吻　劉大白著　開明書店 1926 年 12 月初版

《郵吻》是劉大白先生著的詩集，劉先生是當代的熱情詩人，著有《舊夢》詩集，風行全國。近更將《舊夢》以後所作，彙爲此集，爲黎明叢書之一。全書函詩三十一篇，都是精粹之作。上等毛邊道林紙精印，三十二開本，一百餘頁，實價大洋五角。

廣告載《新女性》第 2 卷 4 期，1927 年 4 月 1 日

郵吻　劉大白著　五角　開明書店 1927 年 7 月再版

這是《舊夢》以後的詩集，亦即是劉先生的第二詩集。他的詩情感深有含蓄，音節極爲響亮，讀起來朗朗可聽，沁人心腑。

廣告載《中學生》第 1 期，1930 年 1 月 1 日

劉大白先生詩集五種

《再造》　《丁寧》　《賣布謠》　《秋之淚》　《郵吻》

是革命者，是音韻學者，是文藝批評家，是詩人，劉氏確不愧爲多方面的人物。劉氏的詩作亦是多角的。有冷淡的理知，同時有奔騰的熱情，如鋒利的巨劍，同時亦如婉轉的柔絲。有灑落的豪語，同時亦有纏綿的膩情，眞是才人無所不可的了。劉氏的最初詩集《舊夢》停版多年，最近乃新加刪訂，補入新作，成《再造》以下四集，合《郵吻》共爲五集。愛好新詩的應該讀這位當代詩人的詩作。實價《郵吻》五角，《賣布謠》二角，《再造》《丁寧》《秋之淚》各七角。

廣告載《中學生》第 1 期，1930 年 1 月 1 日

　　劉大白（1880～1932），原名金慶棪，字伯貞，浙江紹興人。辛亥革命後，更改姓名爲劉靖裔，字大白，曾用筆名漢胄。他是一個極富傳奇的人物。自幼讀詩誦經，習儒家經典，專研八股，對舊學也有過研究，長於韻文和小品。辛亥革命之前，參加了光復會，走上民主革命的道路。在家鄉紹興與同盟會會員王世裕合編《紹興公報》，爲革命搖旗吶喊。袁世凱篡權後，報社因主張討袁而受到查封，1913年劉大白爲逃避迫害而流亡日本。1916年，袁世凱稱帝失敗後回到國內，受聘爲《杭州報》主筆。1918年，受好友蔣夢麟的影響，決心投身教育，擔任浙江省立第一師範學校國文教員，與經亨頤、陳望道、夏丏尊等合稱「五四浙江四傑」。1920年，浙江一師受到當局的壓制，校長被撤職，劉大白也憤而離開，後輾轉春暉中學、浙江第五中學、衙前小學等學校任教。1924年，劉大白經邵力子的推薦，到復旦大學文科部任中國文學系主任兼實驗中學主任，同時還兼任上海大學教授。同時還擔任中國國民黨上海政治分會教育委員會委員。1928年，受蔣夢麟的邀請，辭去復旦教職，擔任浙江省教育廳秘書長兼浙江大學校長。1929年，蔣夢麟升任教育部部長，劉大白也成爲了當時民國的教育部常任次長。1930年，蔣夢麟辭去部長職務，劉大白也離職回到杭州。1932年2月13日病逝。除了以上的革命、教育、仕途經歷外，劉大白還是新文化運動的先驅，在20世紀中國文學史上，他還有詩人、散文家、文學史家、文藝理論家等身份。儘管劉大白只活了52歲，但是這短短的一生中因其豐富的社會經歷和各方面的成就編織成了他奇異瑰麗的一生。拙文僅就其白話詩人身份談及其詩歌成績。

　　劉大白16歲起開始做舊體詩，至今留下的舊體詩有近400首，其中收入《白屋遺詩》的有376首；但在民國六年，胡適之陳獨秀等人在《新青年》上發表許多文學革命的論文，率先問世的《嘗試集》也給敏感的詩人以強烈的震

撼，所以他說：「民國八年以後，……當時我底文學觀念已經變遷。」〔註1〕
從那時起，他就開始作新詩了。「自誓決拋棄舊詩詞，而戛戛獨造新詩，以期
自成一格，有所貢獻。」〔註2〕由於他擔任《民國日報》編輯之便，他的新詩
作就源源不斷地問世，在短短三年時間裏，他創作了400餘首新詩。1922年3
月，在朋友們的建議下，他決定把自己創作的詩歌精選一番，按順序編成集子，
提交到商務印書館出版，這就是他的第一本白話新詩集《舊夢》。經過二十個
月的漫長等待之後，詩集於1924年3月初版。由於他加入了文學研究會，該
詩集也被列為文學研究會叢書。全書包括「舊夢」、「風雲」、「花間」、「紅色」
4輯。收《舊夢》、《小鳥》、《風雲》、《盼月》、《花間》、《紅色的新年》、《勞動
節歌》等186首。

書前有《舊夢卷頭自題》、周作人和陳望道的序、沈玄廬寫的《題舊夢和
舊夢以外》以及詩人自己寫的《舊夢付印自記》。周作人在《序》中以同里的
資格發表了自己對於該詩集的看法：「據我看來，至少在《舊夢》這一部分內，
他竭力的擺脫舊詩詞的情趣，倘若容我的異說，還似乎擺脫的太多，使詩味
未免清淡一點，——雖然這或者由於哲理入詩的緣故。」〔註3〕陳望道在《序》
則對詩集的出版過程給予了說明：

> 大白這部詩集，本來早就可以出版了：去年三月間，他容納了
> 朋友們底催促把各詩稿彙集之後，便由杭州封寄給我。來信說因為
> 相知較深的緣故，要我代他，將有十分不滿意之處的幾首刪了，又
> 轉託友人怡怡先生畫了封面在上海付印。我於是轉託一層便應允
> 了，而且怡怡先生也應允了；對於刪詩的一層，我卻不敢從命。後
> 來經他懇切要求，總算勉強應允了他，但反覆看了許久，也只替他
> 刪去了一首。他覺得不滿意，這又從新取去，自己大加刪削，又添
> 了些新作的，結果便成了這一部《舊夢》。

此外，他還揭示出詩人外冷內熱的性情以及詩集在擺脫因襲的努力。「他於藝
術生活現實生活，都覺得常有因襲的重擔壓著他；他覺得盡力掙扎，有時還
不免被壓住了，動彈不得。所以他最憎恨自己因襲的經歷，嘗把彼此之猛獸，
嘗對我歎息擺脫不能盡淨。……即於這詩集，他自己最感著不滿足的，也在
這一點。而他底詛咒一切舊有的不良，據我所知道也便是從這一點出發。他

〔註1〕劉大白《舊詩新話》，第215頁，上海開明書店1928年版。
〔註2〕兆良《記詩人劉大白》，《茶話》第20期，1948年1月10日。
〔註3〕周作人《序》，《舊夢》，上海商務印書館1924年版。

在這一點上，有驚人的膽量，兼有驚人的毅力和能力。」〔註4〕詩人在《付印自記》中也坦白了自己詩中存在的問題：「我自己知道，我因爲沉溺於舊詩詞中差不多有三十年的歷史，所以我底詩傳統的氣味太重。由舊入新的過渡時代的詩人，本來都不免了這一點；……可是別人詩裏傳統的氣味，都是漸減漸淡，以至於無的；我卻做不到這樣，差不多循環地復現著，至今不曾消滅，這也許可算得我底詩中最可指謫的一端了。」〔註5〕

劉大白先生詩集五種

再造　丁寧　賣布謠　種之淚　郵吻

是革命者，是音韻學者，是文藝批評家是詩人氏確不愧爲多方面的人物氏的詩作亦是多角的。有冷淡的理知同時有奔騰的熱情，如鋒利的鉅劍同時亦如婉轉的柔絲。有洒落的豪語，同時亦有纏綿的膩情眞是才人無所不可的了。氏的最初詩集舊夢停版多年，最近乃新加刪訂補入新作成再造以下四集合郵吻共爲五集。詩的應該一讀這位當代詩人的詩作實價郵吻五角愛好新詩的讀者，舊布謠二角再造丁寧秋之淚各七角。

〔註4〕陳望道《序》，《舊夢》，上海商務印書館1924年版。
〔註5〕劉大白《付印題記》，《舊夢》，上海商務印書館1924年版。

從 1922 年到 1926 年間，劉大白的新詩創作熱情開始消退，再加上在中學、大學裏擔任課程，教務繁重，使得它的詩歌創作數量也急劇下降，四年時間共約有 200 餘首。1926 年底，詩人決定把《舊夢》以後一部分詩稿結集起來，作爲「黎明社叢書」第二種，以收入詩集第一首《郵吻》爲詩集書名，書前有詩人寫的《郵吻付印自記》。《郵吻》於 1926 年 12 月由開明書店推出。這可算是劉大白的第二本白話新詩集。開明書店出版的《郵吻》應該說是讓劉大白頗爲滿意，書店在《中學生》、《青年界》等刊物上爲該書刊出宣傳廣告，如上引的廣告中有「情感深有含蓄，音節極爲響亮，讀起來朗朗可聽，沁人心腑」之讚語，出版後的銷售情況也頗爲可觀，1927 年 7 月再版一次，到 1933 年 10 月，印行至第四版。

正因爲《郵吻》在開明書店受到了重視，這使詩人想到了自己第一本詩集《舊夢》在商務印書館的遭遇，所以他在《郵吻付印自記》中詳細記錄了《舊夢》的出版過程、編校質量、以及出版後的不幸，不滿之情溢於言表。也正因爲《舊夢》在商務印書館的遭遇以及《郵吻》在開明書店的際遇，所以這客觀上促使他在 1929 年下半年把《舊夢》分解成《丁寧》、《再造》、《秋之淚》和《賣布謠》四本詩集而提交上海開明書店出版。在他寫的後記《撕碎了〈舊夢〉》中則交代了《舊夢》分解成四本詩集的心路歷程：

> 五年前的《舊夢》，如今把它撕碎了。
>
> ……
>
> 印成的《舊夢》，有些是模糊的，有些是零亂的，有些是顛倒的，有些是舛錯的，有些是駢衍的，有些是漏略的；它底排列，它的剪裁，它的裝束，沒有一點不給人們以不愉快的印象。……
>
> ……
>
> 這些撕碎了的舊夢之影，不論是甜的苦的辛的酸的，畢竟是舊時生活的斷片，常常在心海中浮沉著，不能把它們完全泯滅了；……於是，斟酌著，刪除了些，添補了些，移動了些，訂正了些，重新排列，重新剪裁，重新裝束，把撕碎的《舊夢》，作成現在的《丁寧》、《再造》、《秋之淚》。至於《賣布謠》，本來是舊夢底餘影，在《舊夢》中已經是另成一群的，撕碎了《舊夢》以後，也憶舊使它另成一群了。

具體來看，分成的四集都按時間編年，按出版的時間先後順序爲：(1)《再造》，

收詩時間起訖為 1921～1922 年，分再造之群 62 首，淚痕之群 141 首，花間的露珠之群 12 首，流螢之群 10 首。1929 年 9 月初版。（2）《丁寧》，收詩時間起訖為 1919～1921 年，分丁寧之群 58 首，舊夢之群 101 首，小鳥之群 4 首，1929 年 11 月初版，1933 年 10 月三版發行；（3）《賣布謠》，收詩時間起訖為 1920～1922 年，分賣布謠之群 10 首，新禽言之群 12 首，1929 年 11 月初版，1931 年 10 月三版發行；（3）《秋之淚》，收詩時間為 1921～1923 年（其中少量地收有幾首近作，即 1926 年的小詩《孤樹》、1928 年的《墜淚》和 1919 年的譯詩《靜女》），分花間之群（收詩 45 首，譯詩 4 首），看月之群 10 首，秋之淚之群 45 首，落葉之群 33 首，快樂之船之群 18 首，春底復活之群 14 首，孤樹之群三首。1930 年 1 月初版，1930 年 8 月再版。

作為「由舊入新的過渡時代的詩人」劉大白，畢生所出的白話新詩集共出了六種（也可以說是只有《舊夢》和《郵吻》兩種），創作的時間大約在 1919 到 1928 年間，《舊夢》和《郵吻》代表其詩歌創作的前後期，詩歌數量有 600 餘首，詩歌題材廣泛，內容紛雜，風格多樣。從內容上看，其白話詩大體可以分為三類：一是反映當時社會現實、同情和歌頌勞苦工農、嚮往光明和鼓吹社會革命的詩歌，主要以詩集《賣布謠》為集中體現。1920 年 6 月，劉大白在《星期評論》上發表了《賣布謠》，被時人譽為「五四」以來我國用新詩形式表現農民疾苦的第一位詩人。此後，他又創作了《田主來》、《掛掛紅燈》、《脫卻布褲》、《生命之泉》等反映勞苦大眾生活的白話詩。二是說理的詩歌。劉大白在《〈舊夢〉付印題記》中就坦承：「朋輩中批評我底詩的頗多；最中肯的，有兩句話：一、以議論入詩；二，以哲理入詩。」〔註 6〕「五四」時期，新舊思想激烈交鋒，青年群起而探索人生、社會真理，這自然會產生文學以哲學為本質，與哲學相伴隨的要求。加之富於哲理的泰戈爾小詩與日本俳句介紹到中國新詩界，更起了推波助瀾的作用。如《淚痕之群》、《秋之淚之群》、《如此》、《門前的大路》、《再造》、《生命底箭》等詩無不是具有議論說理的特點。三是抒情詩，在《舊夢》、《郵吻》中抒情詩佔了很大的篇幅。在新舊交替的時代，詩人既有直面現實的激昂，也有哀傷滿腹的悲傷，還有個人感情生活的低訴，這些情感化為詩中，詩歌中感情的抒發就體現得十分強烈。如《哀樂》、《紅色的新年》、《舊夢》、《丁寧》、《愛的根和核》等等。特別是後期的創作，由於個人轉向內心世界後，他的詩盡情展示了內心的茅盾、苦

〔註 6〕劉大白《付印題記》，《舊夢》，上海商務印書館 1924 年版。

悶以及絕望的情緒，抒情的成份更多。如《整片的寂寥》、《寂寞》、《時代的錯誤》等等。

趙景深認為：「劉大白所代表的自然是第一期的新詩，也就是從舊詩脫化到新詩過渡期間的詩，也就是胡適所說剛放了腳的纏腳婦人。」〔註7〕作為中國新詩的倡導者和奠基人之一，他從舊營壘走向新陣營本身就證明了新文化運動的成功，儘管它的白話新詩難以完全脫去舊有形式的束縛，不少新詩中還有舊詩詞的格律和氣氛，但他的詩也具有字句清新雋逸，意致纏綿和委婉，境界高超，思想前進等特點，他的白話新詩實踐極大地衝擊了封建思想和僵化文言文的束縛，其歷史功績不應該隨著他的早逝而遺忘。在劉大白死後，有人對劉大白其人其詩有一個十分中肯的評價，特轉錄如下：

> 他在現代中國詩壇上的地位，比一般漫無思想，雕琢字句的文字匠高得多。雖然它並非偉大不可攀及的詩哲詩聖，但是他的努力，他的詩行，較比同時代的中國詩人，是更盡了時代的任務。他的詩沒有胡適式的淺薄，沒有新月派的空虛，沒有模仿法國象徵派的怪狂，沒有普羅作家的空喊口號，他由他自己的風格，他有他自己的情調，一般人不注意及至，也是很使人納罕的事。〔註8〕

〔註7〕趙景深《劉大白的詩》，《文藝茶花》第2卷第9期「紀念劉大白先生特刊」，1934年4月。

〔註8〕張露薇《論劉大白的詩——紀念大白先生的死》，《北平晨報・時代批評欄》，1932年4月6日。

梁實秋早期散文集《罵人的藝術》

罵人的藝術 秋郎著 實價三角半 聞一多畫封面 新月書店1927年10月初版

十六年夏季，主撰時事新報青光的秋郎，成了上海最流行的謎語，人人問「誰是秋郎」。

天天早上你起來，他給你一頓最滋補的早餐——一頓大笑，漸漸你又覺得那笑裏還帶著一絲絲的苦味兒，辣味兒。只要你肯用思想，便能發現你笑的，也許就是你自己，原來他給你的不是適口的早餐，乃是一貼攻砭性的毒藥。

於是人人便要問，誰是秋郎？

秋郎只是一個罵人的藝術家，他自己說：「有因為罵人挨嘴巴的，有因為罵人吃官司的，有因為罵人反被人罵的，也都是不會罵人的原故。」秋郎挨過嘴巴沒有，吃過官司沒有，被人罵過沒有，我們姑且不管。他的筆鋒，他的幽默，他的人生批評，卻早已替所謂小報界開了一個新紀元了。

《罵人的藝術》雖是一集小品，但是它有它的大貢獻。

廣告載《新月》第 1 卷 3 號，1928 年 5 月 10 日

梁實秋（1903～1987），原名梁治華，字實秋，筆名子佳、秋郎、程淑等，出生於北京，祖籍浙江餘杭。在六十餘年的的文學生涯中，留下了散文《罵人的藝術》、《雅舍小品》，翻譯作品《阿伯拉與哀綠綺思的情書》、《莎士比亞全集》，文學批評集《浪漫的與古典的》、《文學的紀律》等一大批作品。是 20 世紀中國文學史上著名的散文家、文藝理論批評家、翻譯家。儘管在 1922 年就與聞一多合著出版了《〈冬夜〉〈草兒〉評論》贏得了文壇好評，以後也以

文學批評家為文壇所熟知，但其創作最先還是從散文開始的。如現存 1919 年清華學生刊物《癸亥級刊》上就有梁的散文《戲墨齋叢話》、《驅蚊檄》等文章。而梁實秋單獨出版的第一本作品也還是散文，就是 1927 年 10 月由上海新月書店出版的《罵人的藝術》。

1926 年 7 月，梁實秋學成回國。因梅光迪的大力推薦，在南京東南大學謀得了一份教職。1927 年春，北伐軍進入南京，東南大學解散，改為中央大學，由於梁實秋未得到續聘，只得轉而赴上海謀求工作機會。在上海求職期間，得到友人張禹九的介紹，從 1927 年 5 月 1 日開始，進入《時事新報》主編《青光》副刊。由於要對副刊內容進行改變，使之由鴛鴦蝴蝶派的天下變成新文藝的園地，原來的稿件能用的極少，新來的投稿時間上也來不及。「約稿不大容易。能寫的人未必肯寫，肯寫的人也不一定就能寫出可用的稿子。既約了而不用，得罪人。」〔註 1〕所以，作為主編的梁實秋只得親自上陣，唱獨角戲，以充版面。梁在晚年曾對此事有如下回憶：「我每天要給《青光》寫一篇短文，約在千字以內，有時只有四五百字，算是『專欄』，以諷刺現實生活為主。上海這個地方，光怪陸離，可諷刺的對象俯拾皆是。寫作的材料從不缺乏。而且材料不離現實，容易引起大家注意。」〔註 2〕為了造成副刊作者多，以免給人唱獨角戲的印象，梁實秋只得不停變換筆名，如有秋郎、諧庭、慎吾、徐丹甫等。但秋郎筆名出現的頻率最高，讀者很快記住了，所以在上海成為最流行的謎語：誰是秋郎？可見，梁實秋主編《青光》不久，作為秋郎的梁實秋在上海文壇可謂聲名鵲起。

作為「海龜」的梁實秋，職業的興趣主要還是在高校任教。主編《青光》副刊只是他作為玩票的一時興起。報紙天天出，副刊也要天天編，真要長期主持下去，既要編又要寫，一個人唱獨角戲其實是一件很費心力的一件事。所以，當他在上海暨南大學謀到了新的教職之後，無暇兼顧副刊工作，只得

〔註 1〕梁實秋《我與〈青光〉》，臺北《文訊》第 22 期，1986 年 2 月。
〔註 2〕梁實秋《副刊與我》，《梁實秋文學回憶錄》，第 45 頁，嶽麓書社 1989 年版。

在 1927 年 8 月初辭職不幹。這次主持副刊工作不到 100 天,但他在副刊上寫了 89 篇短文,寫作不可謂不勤奮。

△△△

罵人的藝術 實價三角半

秋郎著（聞一多發封面）

十六年夏季,主撰時事新報青光的秋郎,成了上海最流行的謎語。人人問「誰是秋郎?」

天天早上你起來,他給你一頓最滋補的早餐——一頓大笑。漸漸你又覺得那笑裏邊帶着一絲絲的苦味兒,辣味兒;只要你肯用思想,便能發現你笑的,也許就是你自己。原來他給你的,不是適口的早餐,乃是一帖攻砭性的毒藥。

於是人人更要問誰是「秋郎」?秋郎只是一個罵人的藝術家。他自己說,「有因為罵人挨嘴巴的,有因為罵人的,的有因為罵人反被人罵的,這都是不會罵人的原故。」秋郎吃官司,吃過官司沒有。郎挨過嘴巴沒有,我們姑且不管,他的人生批評,卻早人罵過沒有,他的幽默,他的筆鋒,他替所謂小報界開了一個新紀元了,但已是它有它的大賞獻。「罵人的藝術」雖是一集小品,但

就在梁實秋主編《青光》期間,他又與徐志摩、潘光旦、胡適、余上沅等歐美同學一起創辦了新月書店,創辦了刊物《新月》月刊。顯然,他們創辦書店及刊物自然是便利自己文章及圖書的問世。所以,當梁實秋辭去《青光》主編之後,利用自己的書店出版發表於副刊上的文章自然是順理成章的事。儘管梁實秋在《自序》中交代了為什麼印行此書的緣由:「這些不曾用心寫的東西,不值得再來印行。但是我想:一個夙性嚴重的人忽然發瘋一般作了三個月不嚴重的文字,在我自己是一件可紀念的事;同時還有遠道的朋友因為實在買不到時事新報,看不見我的文字,我很想給他們看看。所以我決計把那些龐雜的短文聚集起來,刪去了一大半,把比較通順的留在這裡。」利用新月書店的便利,此書很快就進入了編選出版程序。在結束編務之後,梁就開始選擇他發表在副刊上的短文,選出 47 篇。從《自序》的寫作時期看,梁在 8 月下旬完成了編選任務,一個多月之後,以《罵人的藝術》為名的散文合集初版問世。

《罵人的藝術》是梁實秋早起散文的代表作,初步顯露其散文領域的創作才華和風格。此時期的梁實秋,從國外留學回來不久,加之新婚燕爾,可

謂春風得意。儘管在東南大學的任教因戰爭被迫中斷，但在居上海之後，編副刊，創辦書店及雜誌，忙得不亦樂乎。在主編副刊期間，心情相當愉悅。儘管主持《青光》還要承擔部分撰稿任務，也讓他頗為輕鬆。由於在域外感受了域外的文明，來到上海這個光怪陸離的世界，自然讓他有一個鮮明的比較。選入該集的文章，以描摹事態人情、社會風尚居多，以灑脫的筆調，或針砭時弊，或幽默諷刺，寄寓了作者自己藝術人生的理想追求。如《罵人的藝術》，作者選取了罵人之一典型的人際活動，不但沒有對此活動表示反感，反而列出了罵人藝術的十條，不但能感受到作者的幽默感，而且也能感到他對人際社會生活藝術化的一種追求。對社會各種世相的介紹和描寫中，作者善於觀察和思考，他能從現象中揭示一些不為人注意的真理。如在《名片》中他對官僚和通洋務者名片的介紹就很有一些新意：

> 官僚的名片，時行的事單印姓名，不加官銜。其實官做大了，人就自然出名，官銜的名片簡直用不著。惟獨有一般不大不小的人物，印起名片來，深恐自己的姓名太輕太賤，壓不住那薄薄的一張紙，於是乎把古往今來的官銜一齊的印在名片上，望上去黑糊糊的一片，就好像一個人的背上馱起一塊大石碑。
>
> 身通洋務，或將要身通洋務的先生，名片上的幾個英文字是少不得的。「湯姆」「查理」都成，甚而再冠上一個聲音相近的外國姓。
>
> 因為名片也者，乃是一個人的全部人格的表現。

由於作者有家學淵源，古典文學功底深厚，加之又留學美國多年，在其散文中穿插各種掌故軼事、民俗風情、旁徵博引，古今中外的知識在散文中信手拈來，用得恰到好處，讀來給人以知識的享受。此外，在散文的語言上別具一格，在文白語言的靈活運用上，把歐美語言的剛直嚴密、雍容幽默，以及北方方言的親切平白風趣有機地結合在一起。如從《吃》就可領略作者文章的知識性和語言風格之一斑。

> 據說飲食男女是人之大欲，所以我們既生而為人，也就不能免俗。然而講究起吃來，這其中有藝術，又有科學，要天才，還要經驗，盡畢生之力恐怕未必能窮其奧妙。聽說美國哥倫比亞大學師範院（就是杜威克伯屈的講學之所），就有好幾門專研究吃的學科。甚矣哉，吃之難也！
>
> 我們中國人講究吃，是世界第一。此非一人之言也，天下人之

言也。隨便那位廚師，手藝都不在杜威克伯屈的高足之下。然而一般中國人之最善於吃者，莫過於北京的破旗人。從前旗人，坐享錢糧，整天閒著，便在吃上用功，現在旗人雖多中落，而吃風尚未盡泯。四個銅板的肉，兩個銅板的油，在這小小的範圍之內，他能設法調度，吃出一個道理來。富庶的人，更不必說了。

該書封面由聞一多設計，頗有些後現代的風格，一個斷臂的維納斯和一個手持長矛，面帶笑容的勇士組成，勇士似乎在阻止維納斯進入他的領地。傍邊是紅色的「罵人的藝術」五大大號字。結合作者在《自序》中說的一段話可理解此封面的寓意：「這集裏面沒有『文學』，沒有『藝術』，也沒有『同情』，也沒有『愛』，更沒有『美』。裏面有的，只是『閒話』，『絮語』，『怨怒』，『譏諷』，『醜陋』，和各式各樣的『笑聲』」〔註 3〕。初版問世之後，市場前景非常不錯。1928 年 3 月再版，到 1929 年 10 月就已經印刊出了第四版的廣告。以後每年都有再版。據作者回憶，此書還曾被盜印過。可見梁實秋的第一本散文集還是深受讀者喜愛的。《生活周報》第 5 期的「介紹好讀物」欄，對此書曾有如下的評語：「罵人的藝術不是一件值得提倡的事情，但是如果罵得有理在痛罵之中便寓有督促痛改的效用，在相當的限度內卻也未嘗不可加以歡迎，況且這本書裏不是漫罵，乃是婉諷，還含有各式各樣的笑聲，所以很值得看，全書一百三十四頁，包括四十七篇短文，雖不能說篇篇都很精彩，但可說有許多能使你看了不能自主的對著自己發笑。」〔註 4〕

此書是一位年僅 24 歲的青年人在倉促中的即興所作，思想膚淺，內容淺薄是難免的。著者晚年也覺此書「十分膚淺，悔其少作」。但是，正因為年輕，從這些文章中可見其才華初露、銳氣十足，不能強求此時的他寫出中年的雅舍散文。或者說，正因為此時期散文創作的不成熟，才為三十年代末成熟的散文奠定了堅實的基礎。從《罵人的藝術》到《雅舍小品》，可以清晰地梳理出梁實秋散文創作的發展脈絡。

〔註 3〕梁實秋《自序》，《罵人的藝術》，上海新月書店 1927 年版。
〔註 4〕轉引自《罵人的藝術》四版廣告，《新月》第 2 卷 10 期，1929 年 12 月。

陳西瀅轉譯的《少年歌德之創造》

少年歌德之創造　Andre Maurois 著　西瀅譯　新月書店 1927 年 11 月初版
　　附有精美插圖十七幅　實價甲種七角半　乙種六角

　　歌德的名著《少年維特之煩惱》，曾經郭沫若先生譯成中文，幾乎是少年人誰都讀過的書了。而且幾乎誰都聽說過，歌德寫這本書時，是在他自己嘗到了戀愛的創痛之後，所以「少年維特之本事」可以算是歌德自己的經驗。

　　那麼，讀者也許要問了，少年維特就是少年歌德麼？要是歌德就是維特，怎樣歌德又沒有自殺？讀者又不免要問，少年維特的思想行動我們已經知道了，他的創造者少年歌德的思想行動到底是怎麼樣的呢？他自己究竟有了什麼經驗？他爲什麼寫少年維特之煩惱？寫的時候他又是怎樣的情形？……在西瀅先生譯的這本小說裏，種種問題都有了答案。

廣告載《新月》第 1 卷 4 號，1928 年 6 月 10 日

　　《少年維特的煩惱》是德國文學家歌德早期寫作的一部書信體小說，由小說主人公維特給好友威廉所寫的近百封長短不一的抒情書簡集成的形式，寫了一位平民出身的維特在一次舞會上認識了聰明俏麗的綠蒂，儘管綠蒂已經訂婚，但兩人一見傾心，雙雙沉入感情的激流之中。綠蒂未婚夫阿爾伯特的歸來使維特煩惱、失望、哀歎自己的不幸，他接受了公使秘書的職位離開了綠蒂。但在任秘書期間，同僚們追求地位的欲望、上司的迂腐固執使他煩惱，上流社會的傲慢自大、盛氣凌人又使他自卑憤怒。一年後，處處碰壁的維特再度見到了已爲人妻的綠蒂，看著她那平庸的生活和內心隱藏的要求，極度失望，他給綠蒂留下了一封信後就開槍自殺了。該小說於 1774 年秋天在

萊比錫書籍展覽會上面世，立刻引起了極大的反響，讀者受到了強烈的震動，一股「維特熱」也迅速形成，在社會上產生了極大的影響。維特自殺時的裝束成了青年人的「時裝」，許多人重複維特的話，模仿維特的行爲舉止，有的人甚至乾脆步維特的後塵，用一顆子彈結束自己的生命。這是第一部讓歌德在德國幾乎一夜成名的小說，它的出版也是德國文學史上一件跨時代的大事。

《少年維特的煩惱》是德國狂飆突進運動的產物，小說以濃鬱的詩意和噴湧的激情敘寫了維特的痛苦、憧憬和絕望，將他個人戀愛的不幸放置在廣泛的社會背景中，對封建的等級偏見、小市民的自私與守舊等觀念作了揭露和批評，熱情地宣揚了個性解放和感情自由。勇敢地喊出了那個時代的青年要求擺脫封建束縛，建立平等的人際關係，實現人生價值的心聲，生動地反映了青年們的感情，憧憬和痛苦，表現出一種抨擊陋習、摒棄惡俗的叛逆精神，因而更具有進步的時代意義。小說一問世就觸發和引爆了淤積在青年一代人心中對現實不滿的火藥，同時也表達了青年一代既憎惡社會又找不到出路的苦悶彷徨情緒，這正是當時形成感傷主義思潮的現實基礎。

小說第一版出版於 1774 年（1787 年歌德出版了小說的修訂版）。同年就出現了一部法語譯本。1775 年德語本重印了七次。此後出現了荷蘭語譯本（1776 年），英語譯本（1779 年），意大利語譯本（1781 年）和俄語譯本（1788 年）。儘管在歐洲傳播甚廣，但直到 20 世紀初，中國文壇開始介紹歌德及其作品。1903 年上海作新社出版了趙必振先生據日本大橋新大郎《德意志文豪六大家列傳》譯編的《可特傳》，文中簡要介紹了《烏陸特陸之不幸》（即《少年維特之煩惱》。最早節譯此書的是馬君武，在 1920～1903 曾譯過《少年維特之煩惱》裏的一節詩文，題作《阿明臨海岸哭女詩》。而第一個把全書完整地翻譯成中文的是郭沫若。1922 年 4 月，上海泰東書局出版了郭沫若的譯本《少年維特之煩惱》，一年餘連出四版，1924 年 8 月出第八版，到 1930 年 8 月，該書先後印行達三十二版，成爲 20 世紀 20 至 30 年代最爲暢銷的外國作品。

小說出版後不但在中國引起了巨大的轟動，還在青年中出現了一股維特熱。經過五四洗禮的中國年輕讀者，他們談論著此書，爲維特和綠蒂兩個人物形象所吸引，他們傳唱著《綠蒂與維特》之歌，暢論婚姻自主、戀愛自由，陶醉於男女神聖愛情的理想之中。30 年代，柳無忌在《少年歌德與新中國》中指出歌德是「今日中國的喉舌，像在當時他是本時代的喉舌一樣。凡歌德

在這篇小說裏所宣泄的,正是現代中國青年所感覺到、所希望宣泄的。今日之中國青年,也在狂飆裏掙扎著。暴風烈雨正要推翻陳舊的傳統基礎,把『過去』的殘餘都一概摒棄。」〔註1〕葉靈鳳曾以過來人的身份分析了此書在二三十年代受到青年讀者歡迎的原因:「此書雖然故事情節很簡單,但由於是書信體,許多情節要靠讀者自己用想像去加以貫穿,然而她的敘述卻充滿情感,文字具有一種魅力,使人讀了對書中人物發生同情,甚至幻想自己就是維特,並且希望能有一個綠蒂。而且在私衷暗暗的決定,若是自己也遇到這樣的事情,毫無疑問也要採取維特所採取的方法。這大約就是當時所說的那種『維特熱』,也正是這部小說能迷人的原因。」〔註2〕

事實上,歌德的這篇小說在情節上具有極強的自傳性,它是歌德的一段戀情故事:當歌德在韋茨拉爾(Wetzlar)的帝國最高法院實習期間,他結識了年輕的夏洛特·布夫,並愛上了她。但夏洛特已經和一位名叫約翰·克里斯蒂安·凱斯特納(Johann Christian Kestner)的法律工作者訂了婚。在夏洛

〔註1〕柳無忌《西洋文學研究》,第191頁,中國友誼出版公司1985年版。
〔註2〕葉靈鳳《讀書隨筆》(二),第422頁,生活·讀書·新知三聯書店1988年版。

特的父親看來，凱斯特納顯然比年輕、有著藝術方面抱負的歌德更加穩重可靠；歌德倉促地離開了夏洛特。後來，他又認識了一位樞密顧問的女兒馬克西米利安娜·馮·拉·羅歇。歌德把兩個女子給他留下的印象融合到了綠蒂的形象中。歌德在四周的時間內寫出了這部書信體小說，以抵消愛情的痛苦並使自己從自殺的念頭中擺脫出來。由於《少年維特之煩惱》在中國廣為流傳，讀者對小說的本事自然也會產生興趣，所謂「讀其書，窺其人」，何況是歌德其人的戀愛故事更為青年讀者所欲瞭解。而記載歌德戀情故事的《少年歌德之創造》自然也就有了翻譯出版的必要。所以，陳西瀅選擇翻譯法國莫洛瓦的傳記體小說《少年歌德之創造》是很有出版眼光的。

由於陳西瀅不通德語，這部小說是從英譯本轉譯而來。從小說的發表來看，陳西瀅開始翻譯此書的時間應該為 1926 年，此時中國還處於「維特熱」的高潮。由於他是《現代評論》的編輯，利用自己掌握的《現代評論》，從第 5 卷 108 期（1927 年 1 月 1 日）開始，譯稿分期在刊物上連載，直到第 5 卷 119 期（1927 年 3 月 19 日）結束，每期連載一章，共十期（只有 112 和 113 期沒有）。其中前兩次是以《少年歌德之煩惱》為名，從第三次開始更名為《少年歌德之創造》，譯者還專門作了說明：「《少年歌德之煩惱》這一個題目，仔細想來，似乎不大確切。因此從本章起改用上面這一個題目。」在初次連載的正文前還有譯者序言，如下：

這篇文字寫的是《少年維特之煩惱》的本事，原來的題目就是 Les Suffrances du TewneWerther，是 Tawrois 新著的 Meipe 一書裏的 Le Premler Cercle ou le Creafcwr。

「人們說他那樣的沉溺在愛情裏，只要遇見了一個他喜歡的女子，他就想求她的親睞，要是他失了敗呢，他畫一幅她的像，這樣就把他的熱欲消滅了。」意大利畫家裴立波立比傳司脫拉司堡。

譯者陳西瀅在英國及歐洲遊學十年，對於歐洲各地的風俗人情、歷史典故瞭如指掌，他的翻譯水平自然比一般人高出不少，就《少年歌德之創造》而言，譯文流暢、準確，做到了「神似、意似、形似」，是難得的高質量的譯文。所以，該小說自《現代評論》連載開始，就受到了文壇的關注。高長虹在 1927 年 1 月 26 日寫下了《寫給〈少年歌德之創造〉》，對這篇小說表示了歡迎：「《莽原》上跑了羅蘭，歌德卻從《現代評論》上來了。我們今年的翻譯界總還算不很寂寞。我很喜歡看那篇少年歌德之創造，比羅蘭傳也許更喜

歡看些。爲什麼呢？因爲那裡述說的是我自己。」〔註3〕小說在刊物上連載結束後，迅速納入新月書店的出版程序，於 1927 年 11 月初版問世，全書 124 頁，書前有譯者序，新月書店也爲該書寫了廣告詞。此書問世後很受讀者歡迎，1928 年 3 月再版，1930 年 4 月三版。叫見，讀者對於《少年維特之煩惱》的本事還是頗爲感興趣的。

〔註 3〕高長虹《寫給〈少年歌德之創造〉》，《走到出版界》，上海泰東書局 1928 年版。

新格律詩的範本：《死水》

死水　聞一多著　新月書店 1928 年 1 月初版

王爾德說：藝術是一個善妒的太太，你得用全副精神去服侍她。

如今國內最能用全副精神來服侍這位太太的要算聞一多先生了。《死水》如果和一般的作品不同，我們敢大膽地講一句，只因爲這是藝術。

聞先生的詩是認眞做的，他的詩也應該認眞去讀。非這樣讀，不能發現《死水》裏的寶藏。研究新詩的人不要忘了這裡有一個最好的範本。本書封面，是聞一多先生自作的，新穎且別致，是現代新書中第一等的裝幀。

廣告載《新月》第 1 卷第 4 號，1928 年 6 月 10 日

1919 年 11 月，在清華學校讀書的聞一多首次寫作了新詩《雨夜》、《月亮和人》兩首。從此以後，他的新詩源源不斷的創作出來。由於聞一多參與了《清華周刊》的編輯，其部分詩作得以陸續在該刊上刊出。1922 年赴美留學前，聞一多的新詩已有相當數量，他萌發了將這些詩收集起來加以付印的想法。但他還是頗爲猶豫，「後來我想想很不好，因爲從前我太沒預備。什麼雜誌報章上從得未見過我的名字，忽然出這一本詩，不見得有許多人注意」〔註1〕到美國後，對祖國、家人的思念又激發了他的詩情，曾五晝夜作詩 50 首。爲了在歸國後讓自己在文學界有個名聲，他於 1922 年底精心挑選了已寫出的部分詩歌彙成一部詩集，詩集名擬定爲《紅燭》，分作《序詩》、《李白篇》、《雨夜篇》、《青春篇》、《孤雁篇》、《紅豆篇》，共 103 首。編定完成後，他寄給了好友梁

〔註1〕聞黎明、侯菊坤：《聞一多年譜長編》，第 165 頁，湖北人民出版社 1994 年版。

實秋，請他代爲辦理出版事宜。後經郭沫若的推薦，《紅燭》被上海泰東書局接受，並於1923年9月出版。《紅燭》是聞一多大學生活期間詩歌創作的一個總結。《紅燭》出版後，聞一多在文學方面暫告一段落，他把更多時間用在美術方面。

1925年6月，聞一多留學歸來，但國內高壓的政治、國土淪喪、民生疾苦的現實，他的詩情又一次被換起。同時，由於新詩在發展道路上出現了情感和形式過於自由化的傾向，這使得聞一多頗爲不滿。1926年4月1日，他與徐志摩、饒孟侃、孫大雨、劉夢葦、于賡虞等以「詩鐫」爲陣地，提倡新格律詩，就是以「理性節制情感」爲美學原則，追求詩歌的「音樂美」、「繪畫美」、「建築美」，力圖糾正新詩的發展道路。利用《詩鐫》這一陣地，聞一多創作了《欺負著了》、《比較》、《死水》、《黃昏》、《春光》等詩作，也發表了新詩理論文《詩的格律》、《〈詩與歷史〉附識》等。《死水》一詩發表後，迅速在文壇引起了反響，它的格式極爲整齊，每行均爲九字，每段韻腳不同，詩句用兩個字或三個字構成音尺，收尾處爲雙音詞，讀起來悅耳動聽，極富有音樂氣息，被詩壇公認爲新格律詩的代表作。《詩鐫》之後，聞一多仍有《心跳》、《荒村》、《罪過》、《一個觀念》、《發現》等詩作在《時事新報・學燈》上發表。1927年7月，徐志摩、聞一多、潘光旦、張嘉鑄、饒孟侃等人創辦了新月書店。爲了擴大影響，打開銷路，書店在創辦之初，徐志摩等人及其朋友的的著譯先得到了出版機會。聞一多也利用書店合夥人之便，決心選編出自己的第二本詩集。由於《死水》一詩名氣頗大，同時「死水」象徵黑暗醜惡的現實，藉此表達作者的憎惡，故詩集以「死水」爲名。

《死水》初版於1928年1月由新月書店推出，書店特爲此書在《新月》上刊登了宣傳廣告（見上），共收詩28首，絕大所數爲詩人1925年回國後所作，這是詩人回國後面對「死水」的中國社會的現實發出的詛咒和抗議，也是他從夢幻到現實之後痛苦的心音。與《紅燭》相比，《死水》在藝術上成熟多了，在保持了《紅燭》的古典美的基礎上，形式上有了新的創格，即所謂新的格律詩。在內容上，《死水》消退了《紅燭》中那種含有幻想成分的浪漫色彩，主要反映詩人對祖國和人民的眞摯的愛，對黑暗社會的醜惡勢力的恨，以及因詩人看不清祖國前途找不到出路的苦悶和憤激。具體來看，從《口供》到《夜歌》的18首詩，沿著《紅燭》的路子，表達個人的苦悶彷徨、對社會黑暗的詛咒。從《心跳》到《聞一多先生的書桌》的10首詩內容上有了突破，

詩人把目光投向了社會，面向大眾。感情更凝練，思想更多面、複雜、矛盾。如果說《紅燭》主要表現詩人在五四時期的追求、進取的風采，《死水》則深蘊著對黑暗現實的不滿和由此引起的憤激之情，《死水》比《紅燭》更接近生活，更接近現實，但這兩本詩集共同貫穿著一條愛國主義的紅線。收入詩集的《死水》無疑使這本詩集中最有影響的詩篇，它內容上不但集中表現了詩人的對現實的詛咒和對國家的摯愛，而且形式上的成功實踐而成為新格律詩的典範之作。詩集《死水》踐行了新格律詩的美學原則和審美特徵，也成為了「新格律詩」的代表詩集。

由於聞一多留學美國主攻美術，對書籍的裝幀也頗感興趣。回國後他曾為潘光旦的《馮小青》、梁實秋的《浪漫的與古典的》、徐志摩的《落葉集》、《巴黎的鱗爪》和《瑪麗瑪麗》等圖書設計封面，為《晨報副刊》設計刊頭等。當他出版自己的第二部詩集時，自然要為其設計封面。﹝註2﹞《死水》的封面和封底都用了無光的黑紙，只在封頁右上方做了一個長方形的金框，內中橫豎著「死水」兩個鉛印的字，框外下方是作者姓名。整個封面只用了

﹝註2﹞聞一多曾為《紅燭》設計封面，但最後因為圖畫過於洋化而不用。但他曾暗下決心在自己出第二本集子時，一定要「弄出一本真正的 Artistic(美術的)書來」。

金黃與濃黑兩色，金色是最明亮、最光輝的顏色，給人溫暖和舒服的感覺，黑色象徵了黑暗、醜惡，痛苦、死亡，與金色形成了鮮明的對比。黑色和金色對比呈現在封面上，形象地體現了《死水》主題精神內涵。襯頁則用線描畫出在飛矢中頑強前進的成排騎士，手持長矛盾牌，戰馬亦身著鎧甲。這種封面與環襯的強烈的動與靜對比，表現了詩集的基調。整個詩集，以重磅厚紙裝訂，以濃黑的油墨五號宋體字印刷，清晰醒目，典雅端莊。〔註 3〕總體上看，本書從封面、襯頁、紙張、印刷裝訂等體現了詩人完整的藝術構思。這些副文本的設計以及構思中體現了詩人的良苦用心。聞立鵬曾如此評價《死水》的封面與詩歌內容的關係：「作爲詩人，他把自己對美的追求、對醜惡的憎恨用文字凝練爲詩句；作爲畫家，他把這種情緒與思想寄託色彩形體的表現之中。這都是藝術家心血的結晶，人格的昇華。他們相得益彰，合二爲一。」〔註 4〕《死水》眞不愧爲現代新書中第一等的裝幀。

　　《死水》初版問世後，在文壇引起了反響。朱湘在 1928 年 5 月 18 日寫給朋友的信中曾論及《死水》：「《死水》裝訂雅致。《你指著太陽起誓》、《也許》、《死水》、《洗衣歌》是集中最好的詩。其次算《我要回來》之第二章。《夜歌心跳》、《天安門》。」〔註 5〕沈從文在《論聞一多的〈死水〉》中對聞一多的詩給予了頗高的評價：「《死水》一集，在文字和組織上所達到的純粹處，……重新爲中國建立一種新詩完整風格的成就處，實較之國內任何詩人皆多。《死水》不是『熱鬧』的詩，那是當然的，過去不能使讀者的心動搖，未來也將這樣存

在。然而這是近年來一本標準詩歌！」此外，他還指出《死水》集詩歌的特色：「作者是用一個畫家的觀察，去注意一切事物的外表，又用一個畫家的手腕，在那些儼然具不同顏色的文字上，使詩的生命充溢的。」〔註 6〕邵冠華在

〔註 3〕聞立鵬《聞一多的書籍裝幀藝術》，《讀書》1983 年第 10 期。
〔註 4〕聞立鵬《聞一多的書籍裝幀藝術》，《讀書》1983 年第 10 期。
〔註 5〕朱湘《聞一多的死水》，《青年界》第 5 卷第 2 號，1934 年。
〔註 6〕沈從文《論聞一多的〈死水〉》，《新月》第 3 卷第 2 期，1930 年 4 月。

《論聞一多的死水》中也有很高的評價：「聞一多的詩是認眞做的，他的第二部詩集《死水》顯然地比較他的《紅燭》進步多了，深沉的表現了漸漸的使他走上圓熟的道路。」但是，他也指出了《死水》的缺點：呆舊的字太多和詩行太過整齊。〔註7〕蘇雪林在《論聞一多的詩》中把《紅燭》和《死水》進行了比較：「這五年的短時期技藝顯著了驚人的進步：譬如《紅燭》注重色彩，《死水》則極其淡遠；《紅燭》尚有錘鍊的痕迹，《死水》則到了爐火純青之候；《紅燭》大部分為自由詩，《死水》則都是嚴密結構的體制；《紅燭》十九可以懂，《死水》則幾乎全部難懂了。」同時，它還認爲「《死水》字句都極精煉，然而不教你看出他的用力處，這是藝術不易企及的最高的境界」。〔註8〕

毫無疑問，聞一多的詩集《死水》在20世紀中國文學史產生了很大的影響，在新詩發展史上具有重要的地位。李廣田在《〈聞一多選集〉序》中曾有十分精準的評價：「詩集《死水》的出版，在當時的文藝界發生了很大的影響。一方面是由於作者對現實的態度，這種抗議的態度使他的詩有了新的內容。另一方面則由於他的詩的形式。自『五四』以來中國的新詩已經有了將近十年的歷史，十年之內，新詩由萌芽而壯大，脫離了舊形式的束縛，自然要求新形式的建立，而到了聞先生，可以說已經是一個相當成熟的時期。」〔註9〕而《死水》所開闢的路子，影響頗多後來者如陳夢家、方瑋德、艾青、臧克家、田間等人的詩歌創作。臧克家在《〈死水〉定我詩終生》中就專門談及其思想內容與題材以及藝術表現等方面對自己的全面影響：「接觸了《死水》以後，聰明孔打開了，知道應該寫什麼，不應該寫什麼了。我決心走《死水》開闢的路子，以它爲榜樣，努力追攀。」〔註10〕

〔註7〕邵冠華《論聞一多的死水》，《現代文學評論》第1卷第2期，1931年5月10日。

〔註8〕蘇雪林《論聞一多的詩》，《現代》第4卷第3期，1934年1月1日。

〔註9〕李廣田《〈聞一多選集〉序》，《聞一多選集》，開明書店1951年版。

〔註10〕趙明順、劉培平編《戰士‧學者‧詩人——臧克家先生百年誕辰紀念文集》，第512頁，山東大學出版社2005年版。

淩叔華問鼎文壇的小說集《花之寺》

花之寺　淩叔華著　上海新月書店 1928 年 1 月初版

　　寫小說不難，難在作者對人生能運用他的智慧化出一個態度來。從這個態度我們照見人生的眞際，也從這個態度我們認識作者的性情。這態度許是嘲諷，許是悲憫，許是苦澀，許是柔和，那都不礙，只要它能給我們一個不可錯誤的印象，它就成品，它就有格：這樣的小說就分著哲學尊嚴，藝術的奧妙……

　　《花之寺》是一部成品有格的小說，不是虛僞情感的泛濫，也不是草率嘗試的作品，它有權利要求我們細心的體會……

　　作者是有默的，最恬靜最耐尋味的默，一種七絃琴的餘韻，一種素蘭在黃昏人靜時微透的清芬……

（節錄自徐志摩本書序文）

廣告載《新月》第 1 卷 12 號，1929 年 2 月 10 日

　　1924 年 1 月 13 日的《晨報副刊》發表了淩叔華的小說處女作《女兒身世太淒涼》。從此，一個女小說家開始在文壇冉冉升起。本年，她又接連發表了《資本家之聖誕》（《晨報副刊》3 月 23 日）、《我那件事對不起他？》（《晨報六週年增刊》12 月）。如果說 1924 年還是淩叔華創作小說的試筆階段，那麼從 1925 年 1 月開始，她小說創作迎來了持續的爆發期，再加上《現代評論》周刊的適時創辦又爲淩叔華源源不斷的小說創作提供了發表的園地，僅 1925 年就發表了小說 9 篇，創作不可謂不勤。此後的 1926、1927 年裏，小說源源不斷地問世，並得到了周作人、徐志摩、陳西瀅等人的好評，作爲小說家的

凌叔華逐漸爲文壇所知。1927 年 7 月，徐志摩、胡適、潘光旦、梁實秋等人在上海創辦新月書店，與新月社同仁關係密切的凌叔華，編選自己的小說集拿去新月書店出版自然也是理所當然的事，這就有了凌叔華的第一本小說集《花之寺》的問世。

小說集《花之寺》初版於 1928 年 1 月，封面由江小鶼作，以三枝開著花的花枝爲主體，雅淡相宜。小說集主要收集了從 1925 年 1 月至 1926 年 6 月期間發表的小說，共 12 篇。具體篇目（按小說目錄）及發表時間如下：

1、《酒後》，發表於《現代評論》第 1 卷 5 期，1925 年 1 月 10 日。

2、《繡枕》，發表於《現代評論》第 1 卷 20 期，1925 年 4 月 20 日。

3、《吃茶》，發表於《現代評論》第 1 卷 15 期，1925 年 3 月 21 日。

4、《再見》，發表於《現代評論》第 2 卷 34 期，1925 年 8 月 1 日。

5、《茶會以後》，發表月《晨報副刊》，1925 年 10 月 19 日。

6、《中秋晚》，發表於《晨報副刊》，1925 年 10 月 1 日。

7、《花之寺》，發表於《現代評論》第 2 卷 48 期，1925 年 11 月 7 日。

8、《有福氣的人》，發表於《現代評論一週年增刊》，1926 年 1 月 1 日。

9、《太太》，發表於《晨報七週年紀念增刊》，1926 年 1 月 1 日。

10、《說有這麼一回事》，發表於《晨報副刊》，1926 年 5 月 3 日。

11、《等》，發表於《現代評論》第 3 卷 70 期，1926 年 4 月 1 日。

12、《春天》發表於《現代評論》第 4 卷 79 期，1926 年 6 月 20 日。

爲什麼要單單把這一年半的作品結集出版？著者之夫陳西瀅在《編者小言》中解開了謎底：

> 凌叔華出這一年半的作品，雖然題材不一，作者的態度風格可以清清楚楚的得到認識。在《酒後》之前，作者也寫過好幾篇小說。我覺得它們的文字技術還沒有怎樣精鍊，作者的也是這樣的意思，所以沒有收進來。在《春天》之後，作者也曾發表過好幾篇文字，可是我又覺得她的的風格漸漸有轉變的傾向——那好像在《春天》就可以覺察出來的吧——只好留著將來另行收集了。

應該說，收入小說集的十二篇小說主要以女性爲描寫對象（主要以太太和少女兩類）。這些女性慵懶、嬌憨、春困、秋愁，乃至一舉一動，一笑一顰，

既有傳統的美人形態，又具有現代女性的風致，準確地把握住了她們的精神世界。著者不是對她們表示欣賞，而是嘲諷、憐憫、感歎並予以警示。在小說的主題上也較爲統一，主要探究了社會轉型期女人的憂慮和恐懼。魯迅對她的小說評價頗高：「她恰好和馮沅君的大膽、敢言不同，大抵很謹慎的，適可而止地描寫了舊家庭中的婉順的女性，即使間有出軌之作，那是爲了偶受著文酒之風的吹拂，終於也回覆了她的故道了。這是好的，——使我們看見和馮沅君、黎錦明、川島、汪靜之所描寫的絕不相同的人物，也就是世態的一角，高門巨族的精魂」。〔註1〕作者用素描的描寫手法來表現人物，風格樸素，筆致秀勁。她的作品看似平淡無奇，實則精雕細琢，別具藝術魅力。她以獨特取材，獨特視點和獨特的表現方法，爲中國的現代文學作出了獨特的貢獻。

收入小說集的《酒後》是凌叔華小說的成名作，發表後曾得到周作人的好評，後並翻譯介紹到日本，又被丁西林改編爲戲劇，產生了廣泛的影響。按常理，這部小說集應以《酒後》爲名，但確定爲《花之寺》實際上是有深意的。還是從小說《花之寺》的發表說起。1925 年 11 月 7 月《花之寺》在《現代評論》第 2 卷 48 期發表，11 月 14 日在《京報副刊》就發表了晨牧的文章《零零碎碎》，暗指凌叔華的小說乃抄襲之作，「現在某女士竟把柴霍甫的《在消夏別墅》抄竄來了⋯⋯這樣換湯不換藥的小說，瞞得過世人的嗎？」〔註2〕凌叔華的夫君陳西瀅懷疑此事是魯迅在幕後搗鬼，於是他在《現代評論》（第 2 卷 50 期，11 月 21 日）的「閒話」欄裏發表了一篇談抄襲和剽竊的文章，既影射了魯迅抄襲的行爲，也爲凌叔華的小說進行了辯解。開頭就說：「現在著述界盛行『剽竊』或『抄襲』之風，這是大家公認的事實。一般人自己不用老筋去思索研究，卻利用別人思索或研究的結果來換取名利，到處都可以看到。」他不談文學創作界而界定爲著述界的抄襲或剽竊，自然是想對他在《致志摩》的信中指責魯迅的《中國小說史略》抄襲日本人鹽谷溫的《支那文學概論講話》一事進行確認。如果這一句還看不出作者所指何人，但下面這句則公開了所指的對象：「他們俯伏了身軀長大了眼睛，在地面上尋找竊賊，以至整大本的剽竊，他們倒往往視而不見，要舉例麼？還是不說吧，我實在不

〔註1〕魯迅《中國新文學大系・小說二集・導言》，《魯迅全集》第 6 卷，第 258 頁，人民文學出版社 2005 年版。
〔註2〕晨牧《零零碎碎》，《京報副刊》1925 年 11 月 14 日。

敢開罪『思想界的權威』」〔註3〕顯然,「思想界權威」就是暗指魯迅。在攻擊了魯迅之後,他又對凌叔華的小說進行了辯解:「至於文學,界限就不能這樣的分明了。許多情感是人類所共有的,他們情之所至,發爲詩歌,也免不了有許多共同之點,把好花來比美人,不僅僅中國人有這樣的觀念,西洋人,印度人也有同樣的觀念,難道一定要說誰抄襲了誰才稱心嗎?人類的悲歡離合,總不出幾個套數,因爲兩種作品的套數相同,就指爲『抄襲』,這種批評家的宏博也不亞於上說的小孩。」魯迅當然也明白了這文章的所指,他在《不是信》一文中回應了陳西瀅的攻擊,但對於凌叔華是否有「抄襲」或「剽竊」一事,他卻只是說「自己並不看這些小說」,顯然他不願糾纏於此。

　　事實上,凌叔華的小說創作從題材、情節、結構、藝術風格等方面深受契訶夫(即柴霍甫)影響。《花之寺》的情節確明顯受契訶夫的《在避暑山莊裏》的影響。兩位女主人個都是才智過人,分別導演了一出家庭喜劇,各自假託一個不知名女士給自己的丈夫寫情書,並約定在某年某月在某時某地見面。凌叔華也向契訶夫一樣,嘲笑了那些道貌岸然的正人君子,指出了幸福家庭的潛在危機。但凌叔華在小說中表現出了自己獨特的創造才能,使小說具有東方色彩,散發出濃鬱的中國氣息。有論者指出:「凌叔華廣泛地接受契訶夫的創作經驗,並成功地將它們與自己的情趣、秉性、審美理想和生活體

驗完美地熔於一爐,才能另闢蹊徑,在冰心、丁玲之外自成一家,構築了新文學園地裏的一道獨特風景。」〔註4〕正如陳西瀅指出契訶夫的 Ciagale 和曼殊菲爾的 Marriakea la Mode,儘管兩部小說也是同樣的主旨,但「我們萬不能說曼殊菲爾是抄襲契訶夫,因爲契訶夫的小說裏是純粹的俄國人,曼殊菲爾的是純粹的英國人,契訶夫的人物有他們特別的個性,曼殊菲爾的人物也有

〔註3〕陳西瀅《閒話》,《現代評論》第 2 卷第 50 期,1925 年 11 月 20 日。
〔註4〕吳惠敏《試論契訶夫對凌叔華小說創作的影響》,《外國文學研究》1999 年 1 期。

他們的個性，所以，雖然那兩篇小說說的是同樣的事，讀者得的是差不多的感想，它們簡直是兩件極不相同的東西。」〔註5〕可見，作者確定以《花之寺》爲小說集的題目既含有對於指責者的回應，也有對自己小說獨創性的自信。

上引的廣告文字實際上是徐志摩爲該小說集所作序的部分文字。在這則廣告（《新月》第 1 卷 12 號）刊出時，在文木特別注明「節錄徐志摩本書序文」。徐志摩作爲《新月》的編者，在刊出這「節錄徐志摩本書序文」時，斷不會將別人的文字誤認自己名下，而且從這斷片的遣詞造句上看，確也是徐志摩的風格。用極具抒情的筆調，以一種滲入內心的溫情，緩緩的語速表達出一分眞誠，給人一份心情的寧靜和超遠，可看作一篇傑出的微型書評。但遺憾的是，這篇序言沒有隨小說集一起問世，在徐志摩所出版的各種作品中都不見此序的全文，現在只剩下序言的片段。而且，從現存徐志摩的全部文字看，爲別人的書作序，這是徐志摩唯一的一次，由此可見，徐志摩與凌叔華兩人友誼之深。

小說集出版之後，迅速在文學界引起了注意，這本小說集的批評文字也見諸報端。吳宓化名佚名在《大公報‧文學副刊》發表了書評《花之寺》，對作者的獨特追求頗爲讚賞：「《花之寺》之作者似無爲『大文豪』等等之野心，故其書中無大悲劇以震駭人之耳目，亦不願爲嚴正之道德家及狂誕之諷刺作家。故其小說不議論人生哲學，亦永不嘲笑其主角，獨以閒雅之筆寫平淡之生活中最富有趣味性之數段，以自成其風格。」〔註6〕沈從文在《論中國創作小說》中對該小說也有很高的評價：「作者的描畫，疏忽到通俗的所謂『美』，卻從稍稍近於樸素的文字裏，保持到靜謐，毫不誇張地使

現代文藝叢書第四種

△花之寺 凌叔華著 實價一角半

（江小鶼畫封面）

「寫小說不難，難在作者對到人生能運用他的智慧化出一個態度來。從這態度我們認見人生的實際，也從這個態度我們認識作者的性情。這態度的裝嚴，許是悲憫，許是苦諧，許是柔和，卻都不礙，祇要它能給我們一個不可錯誤的印象。它歐庇金，它歐有格；這樣的小說就分各哲學的書殿，藝術的奧妙……

「『花之寺』是一部成品有格的小說，不是熱低憤熟的狂泫，也不是作偽裝欸的作品，它有權利來求我們愛心的體合。……一個作者是有數的，最低都是新辣味的戰，一種七絃琴的餘韻，一種素淡淡得人靜時微微的怨力。」

—節錄徐志摩本書序文—

〔註 5〕陳西瀅《閒話》，《現代評論》第 2 卷 50 期，1925 年 11 月 21 日。

〔註 6〕佚名《花之寺》，《大公報，文學副刊》1928 年 4 月 9 日。

角色出場，使故事從容地走到所要走到的高點去。每個故事，在組織方面，皆有縝密的注意，每一篇作品，皆在合理情形中『發展』與『結束』。在所寫及的人事上，作者的筆卻不爲故事中卑微人事失去明快，總能保持一個作家的平靜，淡淡的諷刺裏，卻常常有一個悲憫的微笑影子存在。」〔註7〕錢杏邨在《花之寺——關於凌叔華的考察》中以階級的立場對這部小說給予了適度地好評：「凌叔華這部小說，是在描寫資產階級的太太們的生活和各種有趣味的心理。她的取材是出入於太太、小姐、官僚，以及女學生，以及老爺少爺之間，也兼寫到不長進的墮落的青年。她應用繪畫上素描的方法，來表現以上兩種人物，風格樸素，筆致秀逸。她的態度，當然是對這種種生活表示不滿，她表現了她們的醜態和不堪的內裏，以及她們的靈魂。」〔註8〕但戈靈的書評《花之寺》（《文學周報》第 347 期）則對小說的評價不高，認爲《花之寺》、《繡枕》《吃茶》、《茶會以後》《再見》等大都平淡無味，心理描寫也不夠深刻，寫作技巧也比較平庸。而只有《等》、《有福氣的人》《說有這麼一回事》三篇藝術比較成熟，「寫的是舊社會的醜態和人生的悲劇，大都是純粹的客觀的寫實，忠實地觀察，忠實地告訴了讀者，不虛浮，不誇張，給我們的印象雖不是銳利，卻是真切」〔註9〕。

〔註 7〕沈從文《論中國創作小說》，《文藝月刊》第 2 卷 4 期，1931 年 6 月 30 日。

〔註 8〕錢杏邨《花之寺——關於凌叔華的考察》，《海風周報彙刊》第 2 期，1929 年 1 月 7 日。

〔註 9〕戈靈《花之寺》，《文學周報》第 347 期，1928 年 12 月 9 日。

廢名小說集《桃園》的問世

桃園　廢名著　周作人跋　上海開明書店 1928 年 2 月初版

　　周作人先生說：「文藝之美，據我想形式與內容要各占一半，近來創作不大講究文章，也是新文學的一個缺陷。的確，文壇上也有做得流暢或華麗的文章的小說家，但廢名君那樣簡練的卻很不多見。」

　　「其次，廢名君的小說裏的人物也是頗可愛的。這裡邊常出現的是老人，少女與小孩。這些人與其說是本然的，無寧說是當然的人物；這不是著者所見聞的實人世的，而是所夢想的幻境的寫象，特別是長篇無題中的小兒女，似乎尤其著者所心愛，那樣慈愛地寫出來，仍然充滿人情，卻幾乎有點神光了。」

　　本書前由北京古城書店出版，現由著者重加訂正，本店發行仍售實價四角五分。

廣告載《新女性》第 3 卷第 12 期，1928 年 12 月 1 日

　　在中國新文學史上，廢名可算是一個奇人。不僅因為其長相頗為怪異，更因其行為、個性、思想以及文學成就在 20 世紀都堪稱獨異。廢名（1901～1967），原名馮北，字焱明，號蘊仲，學名文炳。湖北黃梅人，1922 年考入北京大學預科，在大學學習期間，參加語絲社，在周作人鼓勵和提攜下，開始在《努力周報》、《詩》、《文藝周刊》、《語絲》等刊物上發表小說、詩歌、散文。其小說成績最為突出，小說以「散文化」聞名，以田園牧歌的風味和意境在中國新文學史上別具一格，被視為京派小說的鼻祖。對沈從文、汪曾祺、李健吾、何其芳、李廣田等作家均產生過影響，堪稱「作家的作家」。但他的

小說數量並不多，短篇小說集有《竹林的故事》、《桃園》、《棗》三種，長篇小說有《橋》、《莫須有先生傳》二本。

　　小說集《桃園》為廢名第二本小說集，最先由北京古城書店出版於 1928 年 2 月。收入作品十篇，都寫作於 1927 年，曾在《語絲》、《小說月報》、《北新》上發表過。按目錄順序如下：

　　　　1、《張先生與張太太》，《語絲》第 124 期，1927 年 3 月 25 日。

　　　　2、《文學者》，《語絲》第 127 期，1927 年 4 月 16 日。

　　　　3、《晌午》，《語絲》，第 136 期，1927 年 6 月 18 日。

　　　　4、《石勒的殺人》，《語絲》第 125 期，1927 年 4 月 日。

　　　　5、《追悼會》，《語絲》第 130 期，1927 年 5 月 7 日。

　　　　6、《審判》，《語絲》第 127 期（發表時題名為《是小說》，收入初版時改為現名），1927 年 4 月 16 日。

　　　　7、《浪子的筆記》，《語絲》第 129 期，1927 年 4 月 30 日。

　　　　8、《一段記載》，《語絲》第 128 日，1927 年 4 月 23 日。

　　　　9、《桃園》，《小說月報》第 19 卷第 1 期，1928 年 1 月 10 日。

　　　　10、《菱蕩》，《北新》第 2 卷第 8 期，1928 年 2 月 16 日。

此時的廢名是一位退學的大學生，居無定所，寄居過周作人家，又住過北平西山，借住章川島家，經濟上肯定頗為吃緊。這可從周作人的《懷廢名》中得到證實：「民國十六年張大元帥入京，改辦京師大學堂，廢名失學一年餘，及北大恢復乃復入學。廢名當初不知是住公寓還是寄宿舍，總之在那失學的時代也就失所寄託，有一天寫信來說，近日幾乎沒得吃了。」﹝註1﹞這些作品在報刊發表後（廢名幾乎是在寫出這十篇後，還未等至最後兩篇《桃園》、《菱蕩》在期刊上刊出就交付到古城書社了）立即收集成冊目的是想換點稿費，以緩解生活的窘境。但是，古城書社是一家小出版社，沒有自己的發行體系，故初版後的銷售情況並不好，而且編校質量不高，這使得廢名產生了另找出版社重新出版的想法。

　　由於與周作人的密切關係，廢名託周作人幫他聯繫一家出版社，周作人找到了剛開辦不久的開明書店。當然，重新找一家出版社出版自然也有賺取稿費的目的，這也可從周作人寫給俞平伯、廢名的信中見出端倪：

　　1928 年 8 月 15 日周作人致信俞平伯：「廢名君現仍住在八道灣，因為他

﹝註1﹞周作人《懷廢名》，廢名《談新詩》，北平新民印書館 1944 年版。

忽然有決心不南旋了，仍有上西山修道之意，大約北新老闆如肯給他寄一點錢來，就將入山去矣。」

1928 年 9 月 5 日周作人致信廢名：「文炳兄：開明來信雖云可以預支，但未定數目，故未即寄，現去信說及，大約二十日以內可以來了罷，數目大約只百元以內，因今日來信有『如不過多』之語也。」

1928 年 10 月 20 日周作人再次致信廢名：「文炳兄，……開明已去信，令其寄款至此處，前此雖云寄出恐或未可知也。」

可見，周作人不但把《桃園》推薦到了開明書店，而且就預支稿費曾多次寫信給開明書店。其目的自然是想通過重版《桃園》而獲得稿費，以此來緩解廢名的經濟壓力。此外，爲了使《桃園》產生大的社會反響，周作人還爲此書寫了《跋》。1928 年 10 月，再版本《桃園》由開明書店推出。此書的封面設計由擔任開明書店的「音樂藝術編輯，並負責全店書籍裝幀」〔註2〕的錢君匋設計。封面設計簡潔淡雅，書內排版亦疏朗開闊，形式殊美。書末的周作人的《跋》係手迹製版。

小說集《桃園》屬於廢名創作系列小說的第二本，從小說集《竹林的故事》，到《桃園》，以及後來的《棗》、《橋》和《莫須有先生坐飛機》等，大都以自己的故鄉湖北黃梅作爲題材或背景。展示的大都是鄉土的老翁、婦人和小兒女的天眞善良的靈魂，給人一種淨化心靈的力量。沈從文在《論馮文炳》一文中對廢名作品中作爲文學世界的故鄉有如下描述：「作者的作品，是充滿了一切農村寂靜的美。差不多每篇都可以看得到一個我們所熟悉的農民。在一個我們所生長的鄉村，如我們同樣生活過來的活到那地上。不但那農村少女動人清朗的笑聲，那聰明的姿態，小小的一條河，一株孤零零的長在菜園一角的葵樹，我們可以從作品中接近，就是那略帶牛糞氣味與略帶稻草氣味的鄉村空氣，也是彷彿把書拿

〔註 2〕錢君匋自撰《錢君匋年表》，上海魯迅紀念館編《錢君匋紀念集》，中國福利會出版社 2007 年版。

來就可以嗅出的。」由於廢名受佛教以及禪宗思想的影響，他的這類小說籠罩了一種出世的色彩，濡染了淡淡的憂鬱與悲哀的氣氛。〔註3〕這第二部小說集雖藝術技巧頗爲嫻熟，但卻表現了一種悲哀的色調。以小說集中影響最大的《桃園》爲例。小說情節是這樣的：王老大，一個喪偶的中年人，以種桃爲生。他有一個13歲的女兒阿毛，性格文靜而多愁善感，體弱多病。一天，王老大問病中的女兒想吃點什麼，阿毛只說了句「桃子好吃」，王老大如遭「霹靂」般震驚，他於次日到街上買了三個鮮紅的玻璃桃子。但桃子在捧回家的路上，被一個孩子不小心全打碎了。這篇小說沒有如《竹林的故事》那種安然恬淡，而是處處滲透著無可名狀的哀傷。父親整天忙於種桃，卻疏忽對女兒的照顧，當他想要補償自己對女兒的虧欠時，但意外地被打碎了。這也預示了王老大的醒悟爲時已晚。

作爲廢名小說的知音，此前周作人就爲廢名第一本小說集寫了《序》，對廢名的小說表示了喜愛：「馮文炳君的小說是我所喜歡的一種。我不是批評家，不能說他是否誰水平線以上的文藝作品，也不知道是哪一派的文學，但是我喜歡讀他，這就是表示我覺得他好。」〔註4〕而在廢名第二本小說集《桃園》再版時，他又爲其寫了《跋》，在文中他對廢名的小說給予了中肯的分析和評價。這對難以理解廢名小說的讀者來說，顯得極爲必要。首先，他指出廢名小說筆法的簡練，儘管會被人說成晦澀，「但在我的喜含蓄的古典趣味（又是趣味！）上覺得

這是一種很有意味的文章。」其次，他認爲廢名小說裏的人物都很可愛。「這裡邊常出現的是老人，少女與小孩。這些人與其說是本然的，無寧說是當然的人物；……在《桃園》裏有些小說較爲特殊，與著者平常的作品有點不同，但是，就是在這裡，例如張先生與秦達材，他們即使不討人家喜歡，也總不

〔註3〕沈從文《論馮文炳》，《沫沫集》，上海大東書局1934年版。
〔註4〕周作人《〈竹林的故事〉序》，廢名《竹林的故事》，北京新潮社1925年出版。

招人家的反感，無論言行怎麼滑稽，他們的身邊總圍繞著悲哀的空氣。廢名君小說中人物，不論老的少的，村的俏的，都在這一種空氣中行動，好像是在黃昏天氣，這時候朦朧暮色之中一切生物無生物都消失在裏面，都覺得互相親近，互相和解。」〔註5〕

上面已談到，《桃園》的再版儘管有經濟上的考慮，但是初版的編校質量較差也是重要原因。廢名原本以為開明的再版能使一些校對錯誤得以改正，但後來的事實卻是讓廢名頗為不滿。為此他還專門寫了一篇《關於校對》，列舉了此書在兩家出版社出現的校對失誤：

> 記得古城付印時，由該社某君校對，我還從鄉下趕進城來索校稿一閱，其中《桃園》一篇，書一二一頁八行，有「你不會去記文草」一句，他大概以為這個「記」字是我寫錯了，替我塗了，改為「你不會去詢問草」，其實我沒有寫錯，實是「記問」，而且執筆時這兩個字費了我一點心，想出來了覺得稱意，所以我又改還了我的原樣。今日打開開明再版本一看，居然又是「詢問了」，能不說是又是一位校對先生有意替我改的嗎？當然不好怪人，只是自己窘。……
>
> 〔註6〕

可見，校對不領會作者的意思很容易犯錯誤。好在這樣的瑕疵並未影響開明版的《桃園》成為最好的版本，此版本後來又不斷再版，到1933年6月，印行到第四版。

《桃園》小說集出版後，批評文字也很快出現了。如有拙亭的《關於廢名〈桃園〉之批評》（《開明》第1卷10號，1929年4月10日）、毛一波的《〈竹林的故事〉和〈桃園〉》（《真善美》第5卷第2期，1929年12月16日）。此後，隨著他的《棗》、《橋》以及《莫須有先生傳》的陸續問世，在三十年代又有沈從文的《論馮文炳》，魯迅的《中國新文學大系·小說二集·導言》、以及余拯的《馮文炳的小說》等批評文字，這些文章對廢名的小說給予了十分精到的分析，也使廢名的小說得到了更多讀者的閱讀和認同。

〔註5〕周作人《〈桃園〉跋》，廢名《桃園》，上海開明書店1928年版。
〔註6〕廢名《關於校對》，《語絲》第4卷49期，1928年12月17日。

柳氏父子編《曼殊全集》

蘇曼殊全集

一二三集出版了　柳亞子編　平裝每集一元　精裝每集一元五角

曼殊大師是曠代的薄命詩人，他的天才的卓越，辭藻的倚麗和情感的豐富凡稍讀過他的作品的人，都可以同樣的感覺到，他的詩集是我們近百年來無二的寶貴的藝術品，他的譯品是眞正教了我們會悟異鄉的風味，他的說部及書箚都無世俗塵俗氣，殆所爲一卻扇一顧，傾城無色者，現經柳亞子先生廣爲搜輯，遂成此集，爲曼殊作品之最完全者，分爲曼殊著作及附錄兩部，裝訂成五冊，前三冊是曼殊自己的作品，日內可以出齊，附錄二冊，是曼友人寄贈哀悼之作，及後人研究曼殊的文字，十月內可出齊，凡愛讀曼殊作品，不可不手置一編也。

廣告載《語絲》第 4 卷第 35 期，1928 年 8 月 27 日

蘇曼殊（1884～1918），原名玄瑛，字子谷，籍貫廣東中山縣。他是清末民初的一位奇人，既是一個詩人，一個畫家，也是一個和尚。他的身世隱秘，成長淒苦，遭遇獨特，經歷豐富而性格複雜；他爲情所困所苦，乃至爲情英年早逝，落得一個「情僧」的身後名。他是一位奇才，一生能詩擅畫，通曉日文、英文，在詩歌、小說以及翻譯等領域皆取得了成就。他的詩以愛情詩爲最高，有「卻扇一顧，傾城無色」「嚼蕊吹香，幽豔獨絕」之譽。小說創作上，他寫出了《斷鴻零雁記》、《絳紗記》、《碎簪記》等愛情題材小說，作品多以悲劇結尾，對後來「鴛鴦蝴蝶派」小說以及浪漫主義文學產生了較大影響。翻譯領域，翻譯過《拜倫詩選》和雨果的《悲慘世界》，是清末民初三大

翻譯家之一（其他兩位是嚴復和林琴南）。在繪畫方面，自創新宗，筆法蕭疏淡遠，意境空靈飄逸，有《曼殊遺畫》留世。此外，他是南社的重要成員，參加了革命活動，交結了眾多革命志士。還與章太炎、劉師培、陳獨秀、柳亞子、李叔同等人交往甚密，在佛學上他著有《梵文典》等。由於戀情所帶來的身心傷害以及無節制的狂飲暴食，終因積病而卒，享年 35 歲。

在清末民初的文壇上，由於蘇曼殊在多個領域取得的顯著成就以及個性的狂放不羈、行爲乖張，在當時的名氣非常大。他的身世、特殊的經歷以及他的戀愛故事，早已在當時的讀者心目中留有深刻印象。他的詩歌、散文、翻譯和繪畫在當時也很受人追捧。據章父《〈燕子龕詩〉跋》中所說：「當世宰官大夫、騷人墨客、儒道野老、志士婦女，莫不愛慕延佇，側席相待，願扳留供飯，被襟致契而不可得。」〔註1〕儘管身前發表、出版的文字不少，但還有大量的文字並未結集出版。故死後其友人紛紛撰文呼籲出版其全集。而同爲南社社友的柳亞子及其子柳無忌在研究以及搜集整理蘇曼殊所留下的文字上用力最勤，《曼殊全集》就是他們父子研究和整理曼殊文字的見證。

作爲南社的盟主，柳亞子一直留心於對南社文獻的保存、整理和評價，而他認爲最能代表南社文學成就的是蘇曼殊和林庚白。所以，對於他們所留下的文字不但極爲重視，而且開始研究。如撰寫了《蘇玄瑛傳》、爲《燕子龕遺詩》作序，並出資贊助印行等，但全力投入曼殊的研究以及整理其文字資料還是在其子柳無忌的鼓勵下開始的。柳無忌曾回憶了其父開始投入蘇曼殊研究的情形：「事實上，這事情還是由我發起的。那年暑假，從北京清華學校回家，正值父親厭倦政治活動，在鄉下閒著過隱居的生涯，於是我慫恿他同做曼殊研究的工作。我們傾囊倒篋地把父親歷年來所藏有關曼殊的文件資料，全部找出來。」這樣，父子二人在曼殊的研究和資料整理上都取得了顯著的成績。如 1926 年 7 月柳無忌寫出了《蘇曼殊年譜》，回到學校後繼續搜集整理蘇曼殊的文字資料，後又陸續出版了《蘇曼殊年譜及其他》、《曼殊逸

〔註 1〕柳亞子編《曼殊全集》（4），第 96 頁，上海北新書局 1928 年版。

事》和《蘇曼殊詩集》。柳亞子在 1926 年裏陸續寫成了《蘇玄瑛新傳》、《蘇玄瑛新傳考證》、《蘇曼殊作品索引》、《曼殊年月考》、《關於蘇曼殊的畫》等一些列文章。在研究過程中，父子二人又通力協作〔註2〕，搜集整理出了《曼殊全集》（儘管著名僅爲柳亞子，但全集序則是柳無忌寫的）。

出於柳無忌編撰的關於蘇曼殊的書都在北新書局出版，這套全集選擇在北新書局出版自然也就理所當然了。當然這裡或許還有另一個原因，即書局老闆李曉峰也是一個曼殊作品的愛好者。在全集序的最後，柳無忌這樣寫道：「李小峰先生爲愛讀曼殊著作，及一切研究曼殊作品的緣故，答應把此書印得精緻美觀些，售價低廉些，除了感謝外，我又有什麼可講呢？」這一段文字告訴我們一個信息，北新書局的老闆李小峰也是一個曼殊迷。他自然樂意爲自己喜愛的詩人出一套全集。除了柳亞子和柳無忌爲全集的編撰付出了精力之外，在全集序中，柳無忌還特別感謝了一些爲全集的出版盡了力的朋友：「陳林率君於裝訂及種種方面給與了不少的幫助，陳寅恪先生爲解釋許多梵文疑問，沈尹默先生允爲題字，周作人先生承爲校閱一過，我對於他們及別的熱心讚助諸君，都是無任感激。」〔註3〕

《曼殊全集》共 5 冊，分曼殊著作三冊及附錄兩冊，歷時一年餘出齊。第一冊初版時間爲 1928 年 2 月 1 日，爲詩集、譯詩集、文集（序跋類與雜文類）、書箚集；第二冊初版時間爲 1928 年 7 月 1 日，爲雜著集及譯小說集，收有《嶺海幽光錄》、《燕子龕隨筆》，翻譯小說《悲慘世界》、《娑羅海濱遁迹記》。第三冊初版時間爲 1928 年 8 月 1 日，爲小說集，收有小說《斷鴻零雁記》、《天涯紅淚記》、《絳紗記》、《焚劍記》、《碎簪記》、《非夢記》。第四冊初版時間 1928 年 12 月 10 日，第五冊初版

蘇曼殊全集

柳亞子編　一二三集出版了

精裝每集一元五角　　下裝每集一元

曼殊大師是曠代的薄命詩人，他的天才的卓越，同籤的倜儻和情感的鬱鬱，凡我讀過他的作品的人，都可以同樣的感受到，他的詩集是我們近百年來無二的寶貴的藝術品，是真正契合我們會悟異鄉的風味，他的說部及書札都無世俗應俗氣，殆所謂爲曼殊作品之最完全者，現輯柳亞子先生廣爲搜輯，遂成此集，分冊是蘇著作及附錄兩部，裝訂成五冊，前三冊是曼殊自己的作品，且內可以出齊，附錄二冊，是曼友人寄贈哀悼之作，及後人研究曼殊的文字，十月內均可出齊。凡愛讀曼殊詩作品，不可不手置一編也。

上海北新書局發行

〔註2〕柳無忌有如下回憶：「1927 年，我編印《蘇曼殊年譜及其他》。次年，先父柳亞子和我自己合編一部《曼殊全集》（五冊）。這兩種上海北新書局出版的集子在當時備受歡迎。」見柳無忌的《亦詩亦畫話曼殊》，《教授·學者·詩人柳無忌》，柳光遼，金建陵，殷安如主編，社會科學文獻出版社，2004 年版，第 187 頁。

〔註3〕柳無忌《蘇曼殊全集序》《曼殊全集》第 1 冊，上海北新書局 1928 年版。

時間 1929 年 4 月 1 日，兩冊主要收入研究文章及酬唱詩、悼詩，另有章太炎、劉季平、陳獨秀、柳亞子等當時名人的回憶懷念文字，詩詞、序跋等，此外，各冊還附有許多珍貴的作者照片、詩文手稿和書畫作品。這套全集出版前，在《語絲》曾多次刊出廣告（如上引廣告），對曼殊及其作品以及編者均有精妙介紹。此外，爲了擴大影響，書局還在《申報》（1929 年 6 月 3 日第五版）上刊出《蘇曼殊全集》出版廣告。摘錄部分內容如下：

> 曼殊大師是曠代的薄命詩人，天才卓越，情感豐富，又生就一副浪漫的性情，頗足以代表革命前後的文藝界的風氣，其詩「凄麗清新，秀絕塵寰」，書箚「造語俊絕，雋永有味」，散文「濃纖合度，雅而不俗」，小説「哀婉凄惻，寄託深遠」，譯品「按文切理，語無增飾，陳義悱惻，事辭相稱」，博得全文藝界之欣賞，老幼讀者之讚歎，惟其遺文散逸極多，坊間所集又多眞僞莫辨，其至友柳亞子先生有鑒於此，特廣爲搜輯，流傳者加以整理，遺失者勉力征集，復考其身世，集其軼事，旁及友人唱和之作，近人紀念考證之文，窮年經月，遂成此集，堪稱曼殊作品之最完美者，分裝五冊，前三冊是曼殊自己的作品，凡詩文書箚隨筆小説譯品靡不畢羅，附錄二冊，是曼殊友人寄贈哀悼之作，及後人研究的文字，全集二千餘頁，插圖百餘幅，裝訂精美絕倫，凡關心近代文藝及愛讀曼殊作品者，不可不手置一編也。
>
> ……（下略）

由於曼殊作品本身的魅力，再經過書局的宣傳，這套裝幀精美、定價低廉的全集出版後銷售情況非常好，如第一冊到 1929 年 6 月就印行了四版，共計 10600 冊。第二冊到 1929 年 6 月印行了三版，共計 9600 冊。柳亞子在事後對該全集的銷售情況也有回憶，「《曼殊全集》的銷售情況很好，到 1933 年印行《曼殊全集》普及版時，共買了一萬多部，以致引起書業同行的眼紅氣脹。」〔註4〕

柳氏父子編撰《曼殊全集》的問世及暢銷使出版界又出現了第二套《蘇曼殊全集》，封面上印有「襟霞閣普及本」字樣，此全集由上海中央書店印行，1936 年 2 月 4 版，校訂者儲菊人。全書 4 冊。第 1 冊爲蘇曼殊詩文集及《蘇

〔註 4〕柳無忌編《柳亞子文集·蘇曼殊研究》，上海人民出版社，1987 年版，第 432 頁。

曼殊詩考》和《蘇曼殊年譜》兩個附錄。第 2 冊為蘇曼殊小說集。第 3 冊為蘇曼殊書信集。第 4 冊為蘇曼殊譯作集。與柳亞子編的《全集》對照，只書信等內容有所增加。儘管注明是第 4 版，估計是出版社玩的伎倆，這套全集流行並不廣。最為權威，流傳最廣還是柳亞子父子編的《全集》。1933 年，普及版《曼殊全集》由上海開華書局印行，在第五冊增收了柳亞子《蘇曼殊傳略》、《重訂蘇曼殊年表》兩文，改正了以前有關曼殊血統，稱其父母均為日人的錯誤。1985 年，北京中國書店據上海北新書局本影印《蘇曼殊全集》。2007 年 5 月，當代中國出版社又發行了《蘇曼殊全集》，根據北新書局版本轉為簡體字，並作了精心校對，同時給詩詞加了標點，並將原來的二、三兩冊合為一冊，使全集由原來的五冊成為四冊。

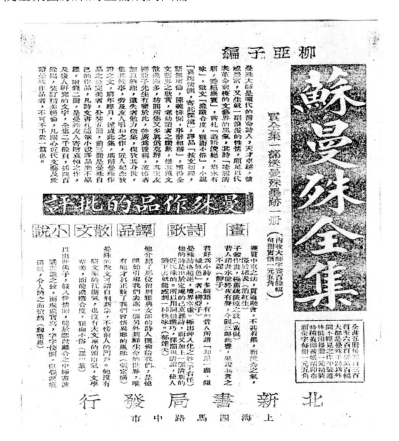

蘇雪林的結婚紀念冊《綠天》

綠天　綠漪女士結婚紀念冊

司徒喬作封面　葉靈鳳作插畫　上海北新書局 1928 年 3 月初版

　　這一本集子是《小小銀翅蝴蝶的故事》、《鴿兒的通信》,《小貓》,《我們的秋天》,《綠天》,《厄》,《收穫》等七篇文字的合訂本。這七篇文字都是描寫她結婚後的生活,有的是寫閨房逸致,有的是寫的別後離情,有的是寫的家庭瑣事,有的是寫的田野風光,新婚後生活的各方面都極細膩極動人地留下一個照片。

　　綠漪女士對於新舊文學都有過精密深刻的研究;加以她的一枝天賦的生花妙筆,一幅多情的銳敏眼光,無論什麼事物,到了她的眼裏,流入她的筆端,就都成了旖旎風流的妙文,使人讀之得到一種清醒的陶醉。因為她的表情是既深又厚,她的文筆卻既淡且疏。這裡的幾篇也有在《北新》上發表過的,也有在《語絲》上發表過的,讀者想還味到讀時的雋永餘味,不以我們這些話過誇吧。

廣告載《北新》第 2 卷第 8 號,1928 年 2 月 16 日

　　1925 年夏,28 歲的蘇雪林從法國輟學回國。其未婚夫張寶齡也從美國麻省理工學院畢業回國。遵從母親的意願,蘇雪林與訂婚十餘年的張寶齡完婚。在鄉下度完蜜月後,張寶齡返回上海繼續任職於江南造船所,而蘇雪林則在上海一時無事,抽空讀讀書。後經她在北京女高師的老師陳中凡介紹,聘其擔任蘇州景海女子師範的國文系主任併兼東吳大學詩詞選課程。為了不使兩地分居,夫君張寶齡隨後也來蘇州東吳大學任教,他們二人就在東吳大學天

賜莊的一幢中西合璧的房子裏定居下來。由於他們都是海歸，在知識結構、科學研究上都經歷了嚴格的科班訓練，所以在大學教學上的壓力並不大，又加上是新婚不久，二人的感情恩愛有加，應該說蘇州時期他們是過著自由並愉悅的婚後生活。

正是在這樣的心境下，蘇雪林在教學之餘開始試著寫一些反映他們夫妻生活的散文。《綠天》應該就是他們剛住進天賜莊後不久的文字，字裏行間充溢著一位少婦和夫君單獨生活的樂觀和快慰。但寫出《綠天》之後，由於在上課中對李商隱戀愛事迹的好奇激起了她研究的興趣，蘇雪林中斷了散文的的寫作，而是開始涉足學術研究。撰寫並發表了《李義山與道士戀愛事迹考》後，又不斷查閱、補充資料，費時數月完成了一本七萬字的小書《李義山戀愛事迹考》，後於 1927 年 11 月由北新書局出版。當蘇雪林完成此書後，讀到了

友人章廷謙為紀念自己的新婚寫了一本美文體的《月夜》。受此啓發，她決定仿此作品也寫一本自己的結婚紀念冊。一旦決定寫，蘇雪林就全力投入，這可從這些文章的發表時間可以看出其寫作的勤奮了。《鴿兒的速信》發表於《北新》第 2 卷 1 期（1927 年 11 月 1 日）；《小小銀翅蝴蝶的故事》發表於《北新》第 2 卷 3 期（1927 年 12 月 1 日），《我們的秋天》（一）發表於《語絲》第 4 卷 2 期（1927 年 12 月 24 日）；《我們的秋天》（二）發表於《語絲》第 4 卷 3 期（1927 年 12 月 31 日）；《小貓》發表於《北新》1928 年 2 卷 5 期（1928 年 1 月 1 日）。

由於出版《李義山戀愛事迹考》，蘇雪林與北新書局建立了良好的關係，這本散文集自然也樂意送交該社出版，很快這本以《綠天》為書名，署名綠漪女士的散文集就在 1928 年 3 月初版問世。全書的目錄如下《綠天》、《鴿兒的通信》、《小小銀翅蝴蝶的故事》、《我們的秋天》、《收穫》、《小貓》。其中《綠天》和《收穫》是首次問世。全書 124 頁，無序跋文字。書封面由司徒喬作，

書中還有兩幅由葉靈鳳作的插圖，分別爲《睡蓮》和《夜遊》。北新書局還爲該書作了宣傳廣告（如上引），儘管文字簡短，但對蘇雪林這部散文的內容和寫作風格均作了極精到的介紹。由於著者在書中流露出的童心以及眞摯的思想感情，打動了廣大讀者特別是青年的朋友的心，引起了共鳴。此書初版後，銷路頗佳，以致於作者都有點意外：「這本書出版以後，居然發行了六版，其中有幾篇被選爲中學國文教材，故讀者對於我別的著作，並不留意，於《綠天》、《棘心》，則知者甚多，今日三四十歲以上的人，於此二書，殆皆曾經寓目」。〔註1〕應該說，《綠天》的問世奠定了蘇雪林作爲散文家的地位，1935年阿英在編選《現代十六家小品》時，蘇雪林與冰心作爲僅有的兩位女性散文家入選。

在書前的扉頁上，有獻詞：給建中——我們結婚的紀念。可見，作者聲稱此書是獻給丈夫，權作「新婚的紀念」。全書六篇散文，共四萬餘字，《綠天》、《鴿兒的通信》是直接描述自己的婚後的快樂生活。其餘四篇描寫的對象則是自然界動植物的繁殖狀況，但卻用花草蟲來象徵著人類，象徵著自己和他的丈夫的生活狀況。如《小小銀翅蝶的故事》，以高傲芳潔的蝴蝶自比，表現出對濁世的摒棄，《禿的梧桐》、《金魚的劫運》、《溪水》、《畫》等通過對自然界景物的細緻體察，寓意想像與意趣盎然的描寫，揭示了作者豐富的內心世界和不凡的藝術氣質。張若谷就說：「全書內容與外式，都是以眞美善——文字的三大要素爲依歸。」〔註2〕作者以率眞、清新、雋永的文字，描繪出了一幅幅有詩情的圖畫，給人強烈地體會到作者性靈的眞善美。有論者對該散文集給予了高度評價：「《綠天》中每一篇散文都是貯滿著

〔註1〕蘇雪林《自序》，《蘇雪林文集》（第1卷），第218頁，安徽文藝出版社1996年版。

〔註2〕轉引自草野《現代中國女作家》，第73頁，北平人文書店1932年版。

詩意，抒寫作者對大自然的愛心，無論是青山綠水，還是森林大地，花鳥蟲魚，無不讓人感到林林總總的大千世界是一座美的樂園，給人以性靈的愉悅和美的享受。她的散文在當時徹底打破了美文不能白話的迷信，眞正夠資格稱得上是美文。」〔註3〕

不得不承認，作者在這本散文集裏對自己婚姻生活的描寫有些虛構的部分。她在五十年代爲此書增訂本〔註4〕寫的《自序》中也說「裏面所說的話，一半屬於事實，一半則屬於上文所謂『美麗的慌』」。後又在《我寫作的動機和經過》中則如實作了坦白：「我寫《綠天》也算是受了『創作衝動』的驅使。《李詩考證》用『雪林』二字發表，《綠天》則捏了個『綠漪』的筆名，可見我那時寫作不是爲了什麼名了。書中描寫過去的生活大半是『美麗的慌』，有幾篇實錄，也經過若干誇大。『修辭立誠』古有明訓，我這樣自欺欺人，也許有些道學先生要罵我不該。不過人生這樣痛苦，這樣枯燥，我們不借文藝的靈讓自己陶醉一下，又怎麼辦？」〔註5〕應該說，蘇雪林和丈夫張寶齡的婚姻一開始就是個錯誤，兩人的性情不合，專業上也無共同語言，一個學文，一個學工。在婚前的通行中，他們也沒有戀人的柔情密語，婚後也是離多聚少，即使在蘇雪林寫作《綠天》諸篇的時間裏，兩人的感情已開始出現裂痕。《綠天》裏愉悅的婚姻生活並沒有出現，只是著者的一廂情願罷了。或許正是因爲婚姻的不幸福，在一種心理代償的作用下，她在文學創作中更要表現自己的幸福生活。

關於蘇雪林，她還有一個「反魯鬥士」的頭銜。但是在魯迅逝世之前，蘇雪林沒有表現出反魯的傾向，而對魯迅還表示過敬仰。這可從《綠天》出版之後，蘇雪林送書給魯迅先生一事作爲證明。《綠天》1928年3月初版後，蘇雪林在四月上旬就送了一本毛邊本給魯迅。在扉頁上用黑色鋼筆寫了：「魯迅先生校正　學生蘇雪林謹贈　七、四，一九二八」。版權頁的留印處還加蓋了「綠漪」的朱紅印章。後又在1934年11月5日《國聞周報》上，蘇雪林還

〔註3〕沈暉《蘇雪林——文壇的一棵長青樹》，《蘇雪林文集》（第1卷），第5頁，安徽文藝出版社1996年版。

〔註4〕1955年，蘇雪林親自校訂該書，由原來的四萬字增益爲13萬字，分爲三輯。第一輯所收爲原書所有諸篇，作者對諸篇都有不同程度上的增改。第二輯所收爲民國廿三年與康同遊青島所寫的《島居漫興》與《勞山二日遊》等紀念錫慶的文字。第三輯所收繫用童話體裁所寫的三篇文字。校訂本列入「今日婦女社」叢書之一，由光啓書局出版。

〔註5〕蘇雪林《我寫作的動機和經過》，《文學界》（專輯版）2008年第12期。

發表了《〈阿Q正傳〉及魯迅創作的藝術》，對魯迅的作品以及他運用文字的
能力給予了很高的評價，並表示了推崇之意。而魯迅先生對蘇雪林也表示過
關注和欣賞。如他在1928年3月14日寫給川島的我信中，就提到了蘇雪林
的《綠天》：「中國文人的私德，實在是好的多，所以公德，也是好的多，一
動也不敢動。白璧德 and 亞諾德，方興未艾，蘇夫人殊不必有杞天之慮也。該
女士我大約見過一回，蓋將出『結婚紀念冊』者歟？」在現存魯迅的藏書中，
不但存有蘇雪林贈送的《綠天》，魯迅還買過一本，曾讀過一遍。此外，在魯
迅的藏書中，還存有蘇雪林的《李義山戀愛事迹考》和《唐詩概論》，這也表
明魯迅還是一直關注著蘇雪林的研究和創作。但魯迅一去世，蘇雪林公開打
出了反魯的旗幟。1937年3月，在當月1日與16日出版的《奔濤》第1期和
第2期上，她接連發表寫給胡適和蔡元培的兩封信——《關於當前文化動態
的討論》和《與蔡子民先生論魯迅書》，正式向魯迅發難。以後的辱罵、攻擊、
詆毀無所不用其極，乃至胡適都曾嚴厲批評她。但她不但沒有收斂，反而變
本加厲，不但寫了《魯迅傳論》、《我論魯迅》等大量文章，就是在日記中也
隨處可見反魯的言辭。梁實秋對魯迅有一個片面的評價：「他有文學家應有的
一支筆，但他沒有文學家所應有的胸襟和與心理準備，他寫了不少的東西，
態度只是一個偏激。」〔註6〕這句話用來評判蘇雪林反魯確實是再好不過了。

〔註6〕梁實秋《關於魯迅》，《梁實秋文集》第1卷，第620頁，鷺江出版社2002年
版。

于賡虞的散文詩創作

魔鬼的舞蹈　于賡虞著　北新書局 1928 年 3 月初版　實價三角

　　這是一部散文詩集，作者從自己苦厄的經過裏，將生之靈魂的顏色，情調表現在極哀婉、美麗的文字裏。有時這宇宙像是墓墟有時地獄好似天堂，裏邊有著慘動的幻戀。人，都有一個生命，其意義建設在自己生活的狀態。作者在生命之旅途上，因感受創痛過深，有時究不惜使人類、神祇毀滅於他的寶劍！在這集子裏，作者從頹敗的慘叫裏，顯示著極沉痛的生命，但這生命有激烈的破壞的熱情。

廣告載《北新》第 2 卷第 13 號，1928 年 5 月 16 日

孤靈　于賡虞著　北新書局出版　實價四角

　　這本散文詩中所表現的情思，是十分的宏深與淒豔，讀了後使我們得到之天國的啓示，死之地獄的戰慄。最近法國大批評家杜密克 Doumic 先生，批評于先生的《骷髏上的薔薇》的法譯說：「這是一篇天才的作品。詩人有創造性的靈魂，把他手下一切生物上弄得顫動。並且，詩人歌詠著人類之戰慄。」於此，可知于先生的詩中所表現的情調及創作的藝術了。

廣告載《北新》第 3 卷 8 號，1929 年 5 月 1 日

孤靈　于賡虞著　北新書局出版

　　本書乃于賡虞先生第四本詩集，充滿了哀淒的情調。我們看過于先生許多格律整齊的詩，但散文詩卻要算此爲第一本，請諸君看過後，給他一個新的評價。

廣告又載《申報》1930 年 9 月 14 日

1917 年 5 月，在《新青年》第 3 卷第 3 號上刊登了劉半農的《我的文學改良觀》，文中提倡詩體革新，增多詩體。「試以英法二國為比較，英國詩體極多，且有不限音節不限押韻之散文詩。」「彼漢人既有自造五言詩之本領，唐人既有自造七言詩之本領，吾輩豈無五言七言之外，更造他種詩體之本領耶。」可見，散文詩作為一種新詩詩體革新實驗得到新文學先驅的重視。稍後，在《新青年》第 4 卷第 1 號（1918 年 1 月 15 日）發表了沈尹默、劉半農、胡適三人的九首新詩，而其中的沈尹默的《月夜》、《鴿子》、《人力車夫》三首便是最早的散文詩視作。在《新青年》第 5 卷第 2 號上，沈尹默的《三弦》和劉半農的《曉》作為散文詩的成熟作品得到了新詩界的廣泛認同。經劉半農、沈尹默等人的提倡和實驗，周作人、魯迅、郭沫若、沈兼士、許地山、徐玉諾、徐志摩、朱自清、冰心、高長虹、王任叔等一大批作者開始嘗試散文詩的創作，形成了二十年代散文詩創作的高潮，催生出了《野草》（魯迅著）、《將來之花園》（徐玉諾著，詩與散文詩合集）、《情詩》（王任叔著）、《空山靈雨》（許地山著）等一大批中國現代散文詩的代表性作品。

在二十年代散文詩創作熱潮中，于賡虞是其中重要的作者之一，但由於其歷史的種種誤會，其在新文學史上可謂「孤獨身後事，寂寞身後名」，其在散文詩領域的成就也鮮為人所知。在我看來，在二十年代，于賡虞是少有的在散文詩理論和創作頗有成就的作者，他一共出版了《魔鬼的舞蹈》和《孤靈》兩部散文詩集，在詩集《《世紀的臉》序》中他又對散文詩發表了自己獨特的見解，這篇序是中國散文詩早期的一份重要理論文獻。

于賡虞認為：「詩人作詩，乃主觀情感的抒寫，而非客觀的事物之描摹，因為詩人永遠立於主人之地位。」〔註1〕但只有情感還不夠，必須要有思想，即「要以偉博的哲學思想溶化於沉著的情感，表現於詩歌。」〔註2〕思想在詩歌中的重要與其關係是：「從生命之迅速、躍動、欲求中所壓抑出來生命汁，即所謂詩歌核心的情感，這樣色彩濃烈，動即迸射的情感，滲透與偉大，沉著，獨立的思想中，既詩歌的淵泉。」〔註3〕而于則把這種能包含思想情感的

〔註 1〕 于賡虞《詩之藝術》，解志熙，王文金編校《于賡虞詩文輯》，第 584 頁，河南大學出版社 2004 年版。

〔註 2〕 于賡虞《詩歌與思想》，解志熙，王文金編校《于賡虞詩文輯存》，第 537 頁，河南大學出版社 2004 年版。

〔註 3〕 于賡虞《詩歌與思想》，解志熙，王文金編校《于賡虞詩文輯存》，第 538～539 頁，河南大學出版社 2004 年版。

最好的詩歌形式定位於散文詩。于賡虞生前出版了六部個人詩集,詩合集一部,其中散文詩集兩部,分別是《魔鬼的舞蹈》和《孤靈》,約占其全部作品的三分之一。

　　《魔鬼的舞蹈》是于賡虞第一本散文詩集,收散文詩 20 首,共 98 頁,為「無須叢書之一」,上海北新書局 1928 年 3 月出版。扉頁上有「獻與廬隱女士」的字樣,詩集無序言,但有一則引言:「糾思心以爲纕兮,編愁苦以爲膺,折若木以拂日兮,隨飄風之所以。——屈原《悲回風》」這則引言無疑是理解此詩集的切入口,引用屈原的詩句,無疑是在表達自己的苦悶彷徨,孤淒絕望,現實的黑暗,理想的被毀等情緒,正如上引廣告中的「從自己苦厄的經過裏,將生之靈魂的顏色,情調表現在極哀婉,美麗的文字裏,有時這宇宙像是墓墟有時地獄好似天堂,裏邊有著慘動的幻戀。」被當時讀者稱爲「是淚痕縷縷,是痛苦者的聖經」〔註4〕實際上更多是個人情感的無關欄的泛濫,在思想的表達上還不夠明顯。如本集第一首《天使在流雲》,開首就是「只

―――――――――――――――――――――
〔註4〕王文金《于賡虞年譜簡編》,解志熙,王文金編校《于賡虞詩文輯存》,第866頁,河南大學出版社 2004 年版。

我疲憊的旅人，因過量悲淒之重壓，遂倒臥在古墓之側。無限的寂靜，冥漠裏飛雁南去，烏鴉歸林，蒼黃的面顏上漫著慘寂之淚痕。」疲憊的旅人無疑是詩人自我的形象，我心情是「過量悲淒」，並且已不堪這種苦悶心情的重壓。只好孤獨地「倒臥於古墓之側」，當看到「飛雁南歸，烏鴉歸林」，而自己卻是孤獨地在外飄零，怎不令人觸景生情，於是，臉上出現「慘寂之淚痕」。在第二段，直接點明我就是「這樣漂泊千古，彷徨千古而無歸宿的人！」接著，詩人陷入回憶中，想到了「往日被劫的青春」、「愛戀」、「往日的摸索」，感歎「一切如一黑色的夢幻——」，「廿餘載漂泊的生命，在此不知名的荒途裏，隨夕陽慢慢被夜色吞沒！」詩人又在「星月冷朦，霜已重，落葉荒草顫慄於夜風」和「夜色業已重重」的夜裏「作懺悔的號咷的痛苦」。我已經對又一次的「黑暗難途的摸索」不報多大的希望，我的青春已被毀，熱血已流盡。「我力已疲，心靈之泉已枯」，「飢餓，乾渴，疲病」。而且「無村落與酒店客留我這頹敗的旅人！」最後。詩人徹底絕望，「一切似一飛逝的利箭，落於時間慘黑的深淵，幻然，黯然，眼瞎了，耳聾了，已不復能分辨夜色，慘首。」更有甚者，當我絕望的「眼淚滴落於荒草上」時，魔鬼的天使卻在幸災樂禍地「抱著薔薇笑於流雲……」

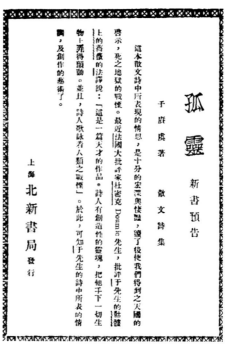

　　全詩選取一個孤苦、絕望的旅人為主人公，再現他反叛之後的孤獨無助，最後的結果只有倒斃在孤寂的荒野裏。這首詩表達出詩人苦苦追求生命的真諦，但現實往往對其有強大的阻止和壓迫。個人的苦鬥，換來的最終還是絕望。這很容易讓我們想到魯迅的小說《藥》，夏瑜的反抗不但不被理解，反而被加以譏笑，作為茶餘飯後的談資。作者感情悲傷，表現出強烈的個體生命體驗。從苦悶的情蘊中自然傳達出一種思想。但正如詩人自己都承認：「《魔鬼的舞蹈》只是為寫《孤靈》的練習」。〔註5〕該集更多的詩停留在個人苦悶情緒的抒發，在思想層面表現得還很淺薄，多流於情感的宣泄和戰叫，同時，字裏行間和諧的音節還沒能得到充分的體現。

　　1930 年 8 月，于賡虞又出版了他的第二本散文詩集《孤靈》，收散文詩 31 首，共 138 頁。在詩集的正文前，作者特作一小序，交代：「這部散文詩集就是我的厄運之象徵，在厄運中我把它寫成；在厄運中它又在印刷局遭了火災。」〔註6〕全集仍以「我」為抒情主人公，也多以抒發個人的內心情緒為主。但在抒情的同時體現出作者深刻的思想，並力求在感情中體現思想，這在其宣傳廣告中也特別指出：「這本散文詩中所表現的情思，是十分的宏深與淒豔，讀了後使我們得到之天國的啟示，死之地獄的戰慄。」同時，在語言表達上，注意了音節的合理安排，讀來使人感到節奏勻稱，富有韻律美，力圖達到散文詩的理想境界。

　　如《影》一首，詩題下面首先是三行小詩：

　　　　皎月高懸，群星寂然，只有一人穿過了黑暗，

　　　　背後的荒林已不再寂寞，發出宏深的惋歎，

　　　　為了那是一個危境，我的傷足已不止的寒戰！

這裏交代了「我」目前的處境，儘管穿過了黑暗，但也付出了慘重的代價。但接下來的正文表明我又陷入絕境，眼前出現的是「不能超越的峻山，左右乃不能飛渡的洪流」，詩人不禁慘喚：「天，這是地獄，樂園？」只見骷髏的高山，面目猙獰，鮮血彙成洪流在我行路的兩邊。但這血流和骷髏山竟然有著我可憐的青春，「他負著可怕的骷髏，足踏著血流的巨川，足欲前，口語言」。接著，詩人一連用了四個以「他」開首的詩句，「他就是我的靈魂，他經過了毒刺了人間，他受過了透骨的苦寒，他也曾經歌頌薔薇，向少女求歡，但終

〔註 5〕于賡虞·《〈世紀的臉〉序語》，《世紀的臉》，上海北新書局 1934 年版。

〔註 6〕于賡虞《〈孤靈〉小序》，《孤靈》，上海北新書局 1930 年版。

於受了重毒而離開人間！」青春在這毒刺的人間受了重毒而萎頓了消失了。詩人深切地表達出青春消失的慘淡，對現實提出了抗議：「這不是人類的世界，這裡沒有金瓦的宮殿，沒有可鬥爭的王冠，神胎，蛆蟲，草花，陽光，均已壓於山底，沈於血淵。」這是一個不溶於青春的世界。最後，他把這一切歸結為世界的巨魔在作祟，「他主宰著這血的洪流，無邊的骷髏山，我被一條無頭的刑鏈枷著，我失去了自由，毀滅了生命，「永遠，永遠與血流及骷髏為伴。」詩人感歎：「我尚未到老年，但青春之夢早已飛遠。」

全詩最後，又是三行短詩結束，與前面呼應。如下：

> 皎月高懸，群星寂然，是我在苦悶之獄中爭戰，
> 骷髏的眼睛深陷，血流無語的飛濺，我不惋歎，
> 為了這是一個絕境，我將淚滴滴落於身邊的寶劍！

儘管青春之夢已逝，人類世界也不容青春的生存，但我決不惋歎，我仍將手執寶劍在苦悶之獄中爭戰。這讓我們想到「刑天舞干戚，猛志固常在」的至死不渝的反抗精神，也讓我們看到魯迅那種「荷戟獨彷徨」的孤獨者，領略了其「反抗絕望」的生命哲學。而這種思想內涵無疑與作者的情感緊密地結合起來了，達到了從情感中體現深刻的詩學追求。

從全詩的韻腳上看，首尾兩節短詩的「懸」、「然」、「暗」、「陷」、「濺」、「歎」、「戰」、「劍」押「an」韻。第一段中的「前」「山」「喚」「天」「遠」「閃」「邊」也押「an」韻。從詩句上，長短適宜，並錯落有致。還有詞的重疊，如「飛閃，飛閃」、「花乎花乎」等增加了一種韻律的流動感，節奏感強，讀來鏗鏘有力，確實達到了「將思想溶化在感情裏，在字裏行間蘊藏著和諧的音節」的最高境界。但正如于賡虞自己也認為「《孤靈》並未達到這種理想境界」〔註7〕《孤靈》中還有部分詩仍停留在《魔鬼的舞蹈》一集的風格上，只有情感宣泄，而無思想的體現，在詩的韻腳、字句、節奏方面儘管有自覺的努力，但還沒有達到完全和諧的境界。

在對於散文詩的理論探討上，于賡虞也有自己獨特的認識，在詩集《〈世紀的臉〉序》中，他對散文詩表達出這樣的意見：「在情思上，散文詩介乎感情與思想之間，而偏乎思想；在文字上，散文詩介乎詩辭與散文之間，而偏乎散文。所謂偏乎思想與散文者，仍含有詩之感情與詩之辭藻，不過思想與散文的成分較多耳。詩與散文詩的最大區別，就在作散文詩者，在文字上有

〔註7〕于賡虞《〈世紀的臉〉序語》，《世紀的臉》，上海北新書局1934年版。

充分運用的自由（不受音律的限制），在思想上有更深刻表現的機會（不完全屬於感情了）。」寫散文詩就是要力圖達到「乃於美的近於詩辭的散文，表現人類深邃的情思。」同時，他認為散文詩的最高境界是「能將思想溶化在感情裏，在字裏行間蘊藏著和諧的音節。」〔註8〕《魔鬼的舞蹈》和《孤靈》無疑是于賡虞散文詩理論的大膽實踐，大大開拓了散文詩的發展空間。他提出的思想化的散文詩，和諧化的音節等觀點，把對散文詩的認識達到了新的高度。同時，對如何把思想和情感體現在散文詩中，如何用長短不一的句式體現出和諧的韻律等方面也進行了大膽的實踐，其中的成敗得失都可謂為現代散文詩以及新詩的發展提供借鑒。

〔註 8〕于賡虞《〈世紀的臉〉序語》，《世紀的臉》，上海北新書局 1934 年版。

老舍闖入文壇的兩部小說

老張的哲學　老舍著　文學研究會叢書　商務印書館 1928 年 1 月初版

　　《老張的哲學》，爲一長篇小說，敘述一班北平閒民的可笑生活，以一個叫老張的故事爲主，復以一對青年的戀愛穿插之。在故事的本身，已極有味，又加以著名的諷刺的情調，輕鬆的文筆，使本書成爲一本現代不可多得之佳作，研究文學者固宜一讀，即一般的人們亦宜換換口味，來閱看這本新鮮作品。

趙子曰　老舍著　文學研究會叢書　商務印書館 1928 年 4 月初版

　　《趙子曰》這部作品的描寫對象是學生的生活，以輕鬆微妙的文筆，寫北平公寓生活，非常逼眞而動人，把趙子曰等幾個人的個性生活活生生浮現在我們讀者的面前。後半部卻入於嚴肅的敘述，不復有前半部的幽默，然文筆是同樣的活躍。且其以一個偉大的犧牲者的故事作結，很使我們有無窮的感喟。這部書使我們始而發笑，繼而感動，終於悲憤了。

廣告載《時事新報》1928 年 10 月

　　1923 年，中學教員舒慶春結識了在燕京大學任教的英籍教授易文思。在接觸中，易文思對這個勤奮且有紮實學識的年輕人有很好的印象，加之舒慶春還積極推進基督教在中國的傳播，更讓易頗有好感。在 1924 年上半年，他向倫敦大學東方學院的代表林・伍德推薦舒前往英國擔任中文教師。7 月中旬，東方學院同意接受他爲中文講師，任期 5 年，年薪 250 英磅，出發前與林・伍德簽署了任教五年的合同。9 月中旬，孤身一人的舒慶春到達了倫敦大學東方學院。爲了學好英語，他在任教期間開始大量地閱讀英文小說原著，

起初還是沒有想到寫作，從讀到寫的轉變，他自己有個說明：「到異鄉的新鮮勁兒漸漸消失，半年後開始感覺寂寞，也就常常想家。……那些事既都是過去的，想起來便像一些圖畫，大概那些色彩不甚濃厚的根本就想不起來了。這些圖畫常在心中來往，每每在讀小說的時候使我忘了讀的是什麼，而呆呆的憶及自己的過去。小說中是些圖畫，記憶中也是些圖畫，為什麼不可以把自己的圖畫用文字畫下來呢？我想拿筆。」〔註1〕但是，拿起筆之後，對於如何寫舒慶春卻完全不懂，中國小說的形式不感興趣，外國小說知道的也不多，只好隨便寫，管他像樣不像樣。形式上決定後，而內容上呢，也是想起什麼就寫什麼，簡直沒有中心，浮在記憶上的那些有色彩的人與事都隨手取來，沒等把他們安置好，又去另拉一批，人擠著人，事挨著事，全喘不過氣來。為了故弄弦虛，他還給此小說稿加了一個自認為高明的題目「老張的哲學」。正是這樣漫無目的寫著玩，閒著就寫點，有事便把它放在一旁，寫作進度十分緩慢。而寫作用的稿紙也是用三個便士一本的作文薄，鋼筆橫寫，不甚整齊，這樣拖拖拉拉地寫作，大約在 1925 年下半年完成了《老張的哲學》的初稿。

既然是寫著玩，舒慶春自然沒想到要發表，他原本打算寫完放入抽屜，閒時拿來自我賞玩一下而已。沒想到一個偶然的的機會改變了這一切。他事後回憶了這一過程：「許地山兄來到倫敦；一塊兒談得沒有什麼好題目了，我就掏出小本給他念兩段。他沒給我什麼批評，只顧了笑。後來，他說寄到國內去吧。我倒還沒有這個勇氣；即使寄去，也得先修改一下。可是他既不告訴我哪點應當改正，我自然聞不見自己的腳臭；於是馬馬虎虎就寄給了鄭西諦兄——並沒掛號，就那麼卷了一卷扔在郵局。兩三個月後，《小說月報》居然把它登載出來，我到中國飯店吃了頓『雜碎』，作為犒賞三軍。」〔註2〕這確實是一個極為偶然的機會，如果舒慶春沒有在倫敦遇見許地山，如果許地山不是文學研究會成員，如果鄭振鐸沒能看中老舍的小說，等等，這些如果只要缺少了一個，作為小說家的老舍就有可能不會出現。而當老舍成為作家之後，我們會發現這偶然的機會確實改變了他後來的人生道路，也改變了中國新文學。

《老張的哲學》共 45 章，以一個叫老張的故事為主，他貫穿著全部情節。

〔註1〕老舍《我怎麼樣寫〈老張的哲學〉》，《宇宙風》第 1 期，1935 年 9 月 16 日。
〔註2〕老舍《我怎麼樣寫〈老張的哲學〉》，《宇宙風》第 1 期，1935 年 9 月 16 日。

他是北京西北郊二郎鎮的知名紳士，他身兼兵、學、商三種職業，信仰回、耶、佛三種宗教；他信奉的是「錢本位而三位一體」的人生哲學。但他的自信在「學務大人」面前一敗塗地，爲此他開始向「自治運動」中角逐政界。爲了奪取「北郊自治會」的主導權，他拉攏孫八，在各派周旋，最後當上自治會會長。後來，老張因一個盟兄作了師長而當上了某省的教育廳長，還娶了兩個妾。情節輔線則是王德和李靜、李應與龍鳳兩對青年的戀愛悲劇。王德和李應是老張所辦學堂的學生，王德與李應的姐姐李靜從小要好，李應與救世軍軍官龍樹古的女兒龍鳳產生了愛情。老張以欠錢爲由要娶李靜，並要挾龍鳳嫁給孫八。儘管最後兩人都未得逞，但是兩對戀人卻因此分開了。王德一天瘦似一天，李靜含恨去世，龍鳳嫁給了一個富人，只剩李應孤單一人。小說描寫了 20 年代北京學界、政界和宗教界三個社會生活層面，初步展現了老舍獨特的幽默風格和語言特色，是老舍獨特藝術個性的起點。

 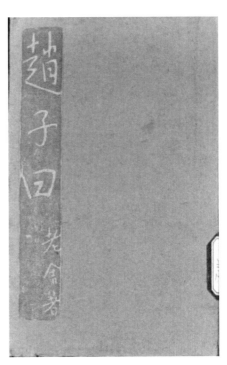

　　老舍第一部小說《老張的哲學》發表在《小說月報》的過程儘管有偶然的成份，但是小說藝術水準確實是決定其問世的最主要的因素，這也是偶然中有必然。這可從《小說月報》編輯收到小說後的評價可以找到證據。在《小

說月報》第 17 卷第 6 號（1926 年 6 月）的《最後一頁》中，鄭振鐸預告了下
一期的主要內容，其中對《老張的哲學》評價是這樣的：「舒慶春君的《老張
的哲學》是一篇長篇小說，那樣的諷刺情調，是我們作家們所尙未彈湊過的。」
〔註 3〕從《小說月報》第 17 卷第 7 號開始連載《老張的哲學》，直到 12 號連
載完畢。〔註 4〕在《小說月報》第 17 卷第 12 號的《最後一頁》中，編輯鄭振
鐸又特別提到了《老張的哲學》並預告了老舍的第二部小說《趙子曰》。內容
如下：

> 今年所登的創作《老張的哲學》，特別的可以使我們注意。在半
> 年之內，能夠完全把它登完，這是我們很高興的事。明年老舍還有
> 一部《趙子曰》，一部比《老張的哲學》更重要更可愛的長篇，將在
> 本報發表。〔註 5〕

　　應該說，正因爲老舍的第一部小說能在頗具影響的《小說月報》上連載，
不但使老舍加入了「文學研究會」，成爲其 167 號會員，更使老舍有了繼續寫
小說的動力。《趙子曰》就是這激勵下的結果。儘管這兩本小說在結構上、人
物上，事實上都有差別，但是在精神上實在是一貫的。「沒有『老張』，絕不
會有『老趙』。『老張』給『老趙』開出了路子來。在當時，我既沒有多少寫
作經驗；又沒有什麼指導批評，我還沒有見到『老張』的許多短處。它既被
印出來了，一定是很不錯，我想。怎麼不錯呢？這很容易找出；找自己的好
處還不容易麼！我知道『老張』很可笑，很生動；好了，照樣再寫一本就是
了。於是我就開始寫《趙子曰》。」〔註 6〕在 1926 年年底，這部仍然用練習薄
作稿紙的小說已經寄給了鄭振鐸。所以，鄭在本年的最後一期預告將再次連
載老舍的第二部小說。

　　正因爲第一部的成功，使得老舍力圖在第二部寫得更好，至少在結構上，
確比第一部顯得緊湊了許多。編輯鄭振鐸也對《趙子曰》評價頗高，在《小
說月報》第 18 卷第 1 號（1927 年 1 月）的《最後一頁》中有如下評價：

> 從第三號起，將登一部長篇小說《趙子曰》，那是一部篇幅很長
> 的作品，也許至年底才能完全結局。《趙子曰》的作者爲寫了《老張

〔註 3〕鄭振鐸《最後一頁》，《小說月報》第 17 卷第 6 號，1926 年 6 月 10 日。
〔註 4〕《老張的哲學》連載開始時，作者署名爲「舒慶春」，從第二期開始署名爲老
　　　舍。
〔註 5〕鄭振鐸《最後一頁》，《小說月報》第 17 卷第 12 號，1926 年 12 月 10 日。
〔註 6〕老舍《我怎眼寫〈趙子曰〉》，《宇宙風》第 2 期，1935 年 10 月 1 日。

的哲學》的老舍君，而這部《趙子曰》較之《老張的哲學》更爲進步，寫的不是那一班教員閑民，寫的乃是一班學生，是我們所常遇見，所常交往的學生。老舍君以輕鬆微妙的文筆，寫北京學生生活，寫北京公寓生活，是很逼眞很動人的。把《趙子曰》幾個人的個性尤能浮現於我們讀者的面前，後半部的《趙子曰》卻入於嚴肅的敘述，不復有前半部的幽默，然文筆是同樣的活躍，且其以一個偉大犧牲者的故事作結，是很可以使我們有無窮的感喟的。這部書使我們始而發笑，繼而感動，終而悲憤了。

正如鄭所作的預告，《趙子曰》從《小說月報》第 18 卷第 3 號開始連載，一直連載至本年的 11 號（其中第 9 號未刊）。

老舍著

老張的哲學 一冊定價一元

本書敘述北平一班閑民的可笑的生活，以一個叫老張的故事爲主復以一對青年的戀愛問題穿插之在故事的本身已極有味又加以著者諷刺的情調輕鬆的文筆使本書成爲一本現代不可多得之佳作。

趙子曰 一冊定價一元

本書的對象是北平的學生生活和公寓生活，用輕鬆微妙的文筆把趙子曰幾個人的個性描寫得活活的浮現在我們讀者的面前後半部却入於嚴肅的敘述，不復有前半部的幽默，然文筆是同樣的活躍且其以一個偉大的犧牲者的故事作結很使我們有無窮的感喟。

《趙子曰》共 23 章，是第一部正面表現「五四」運動退潮後學生運動的長篇作品。主要寫北京鐘鼓樓後天台公寓的大學生趙子曰、武端、莫大年、歐陽天風等幾個人荒廢學業、顚三倒四的生活。主人公趙子曰愛慕虛榮，受人奉承便得意忘形，連考試名列末榜，也自我安慰，愛在通宵達旦的打麻將中流水般地輸錢。他不務正業，在鬧學潮中受人慫恿，綁打校長，被學校除名。但他並不醒悟，受盡不逞之徒的要弄，繼續糊塗混世。歐陽天風趁學潮

之際，糾纏王女士，他發起女權發展會，乘機在當中搞鬼，侵吞公款。與趙子曰租住同一公寓的趙景純頗具正義感，他反對罷課，還勸趙子曰認眞讀書，認眞做事，他揭發歐陽天風的眞面目，勸說武端不要幹出賣民族利益的事情。爲了阻止守衛司令暗殺張教授等幾個名人，他決定幹掉這個司令，最後暗殺未成反被槍斃。趙子曰、莫大年和武端看淸了歐陽天風的眞面目，決心不辜負李景純的希望，或埋頭求學，或和軍閥去拼……作品諷刺了爲非作歹的惡少歐陽天風，讚揚了富有正義感的李景純，尤其是對以趙子曰爲代表的借解放自由而放浪的「新式人物」給予尖銳的嘲諷和針砭，表現了作者對虛榮、萎靡、混世市民文化心理的否定，反映了作者對民族自重自強意識的呼喚。

鄭振鐸不僅是《小說月報》的主編，也是「文學研究會叢書」的主編。當老舍的小說連載結束之後，他立即把它們作爲文學研究會會員的作品納入納入叢書出版。1928 年 1 月，《老張的哲學》作爲「文學研究會叢書」之一由商務印書館推出，4 月，《趙子曰》也作爲「文學研究會叢書」之一出版。由於老舍在英國，出版事宜自己不能親自參與，只得委託鄭振鐸以及出版社的編輯全權負責，以致兩部書前後都無老舍的序跋文字。兩書的封面裝幀相同，都比較簡單，在封面左側有一條紅底白字的手寫體書名，最下有「老舍著」三字。爲了促銷，葉聖陶還特地參考了鄭振鐸對兩部小說的評價撰寫了廣告〔註 7〕，刊載於《時事新報》等報刊和商務所出的圖書上。筆者認爲，《老張的哲學》和《趙子曰》的接連出版，宣告了一位小說家的誕生，也使老舍順利地問鼎新文學文壇。儘管老舍還身處英國，但在中國文壇上老舍這個筆名已被更多讀者、批評家所知悉了。

但這兩部小說初版後，並沒有在文壇迅速引起反響，直到 1929 年 2 月，朱自清以筆名「知白」發表了書評《〈老張的哲學〉與〈趙子曰〉》，他把廣告中說的「諷刺的筆調」和「輕鬆的文筆」作爲這兩部書的主要特色。他還把這兩部小說與「譴責小說」作比較，認爲這兩部小說以嚴肅的收場，便已異於「譴責小說」而成爲現代作品了。對於兩部書的人物，他也認爲老舍塑造

〔註 7〕陳福康在《民國文壇探隱》中收有《老舍最初兩部小說的廣告》一文，他認爲這兩則廣告爲鄭振鐸所寫。但是，鄭振鐸從 1927 年 5 月至 1928 年 6 月間一直在外國遊曆，似不可能爲兩部小說撰寫廣告。《葉聖陶集》第 18 卷中則收有這兩則廣告，商金林也認爲這兩則廣告爲葉聖陶所寫，但是沒有具體說明理由，筆者認爲，葉聖陶撰寫廣告這兩則廣告時，參考並引用了鄭振鐸對小說的評價。

比較成功，但認爲「書中人物的思想都是比較淺薄的；《老張的哲學》裏的不用說，便是李景純，那學哲學的，也不過如此。」對於兩部小說的結構，朱自清也認爲「大體是緊湊的」。但認爲兩書結尾都有毛病：「《老張的哲學》末尾找補書中未死各人的結局，散漫無歸；《趙子曰》末一段趙子曰向莫大年、武端說的話，意思不大明顯，不能將全篇收住。又兩書中作者現身解釋的地方太多，這是『辭氣浮露』的一因。而一章或一節的開端，往往有很長的解釋或議論，似乎是舊小說開端的濫調，往往是煞風景的。」〔註8〕單獨以一部小說爲對象的書評直到 1934 年才出現。1934 年 11 月 5 的《津彙月刊》上刊出了慰遲憩亭的《趙子曰》的書評，文章先總體上對老舍的作風和描寫技巧給予了有很高的評價。然後針對《趙子曰》一書，他則從背景、主人翁、節目、主旨、描寫、舉例、作者所提出的社會問題、滑稽的筆調等八個方面對小說進行了深入的分析。〔註9〕稍後不久，孫家琨又發表了《讀〈老張的哲學〉後》，論者對此小說評價也頗高：「這部書很有趣，味也厚。爲了這本書，使我跑上圖書館五六次，還沒有空兒呢。這足以表現了，它的尊貴和光榮。至於他它所以能受人們這樣的光顧，一方面因爲文辭的絕妙，自然會使你發笑，震撼，擔心，幽默……。總不會使你厭倦了它。一方面因作者布局方法周密，處處所見到的，很足以使讀者滿意。」〔註10〕儘管這兩篇書評都是發表在學校裏的刊物上，影響不大。但是這兩篇書評對於小說的分析和評論還是頗爲中肯的。

〔註 8〕知白《〈老張的哲學〉與〈趙子曰〉》，《大公報》1929 年 2 月 11 日。
〔註 9〕慰遲憩亭《趙子曰》，《津彙月刊》第 1 期，1934 年 11 月 5 日。
〔註 10〕孫家琨《讀〈老張的哲學〉後》，《津彙月刊》第 4 期，1935 年 3 月 15 日。

魯迅和郁達夫合編《奔流》

上海北新書局發行　《奔流月刊》

魯迅　郁達夫　主撰

凡例五則：

1、本刊揭載關於文藝的著作，翻譯，以及紹介，著譯者各視自己的意趣及能力著譯，以供同好者的閱覽。

2、本刊的翻譯及紹介，或爲現代的嬰兒，或爲嬰兒所從出的母親，但也許竟是更先的祖母，並不一定新穎。

3、本刊月出一本，約一百五十頁，間有圖畫，時亦增刊，倘無意外障礙，定於每月中旬出版。

4、本刊亦選登來稿，凡有出自心裁，非奉命執筆，如明清八股者，極望惠寄，稿由北新書局收轉。

5、本刊每本實價二角八分，增刊隨時另定。在十一月以前豫定者，半卷五本一元二角半，一卷十本二元四角，增刊不加價，郵費在內。國外每半卷加郵費四角。

廣告載《奔流》第 1 卷第 1 期，1928 年 6 月 20 日

1928 年年初，創造社、太陽社諸人以《創造月刊》、《太陽月刊.》、《文化批判》、《我們》、《流沙》爲陣地共同提倡「革命文學」。受國內外左傾思潮的影響，對中國當時的革命形勢和文學的發展作了錯誤的估計，他們對魯迅、茅盾、葉聖陶等一批新文學作家作品進行了批評甚至攻擊，魯迅、茅盾等被迫迎戰，這場圍繞「革命文學」論爭持續一年之久。在論爭過程中，尤以魯

迅所受攻擊最多。魯迅被迫以《語絲》為陣地進行迎擊。儘管魯迅名義上是《語絲》的編輯，但他並沒有多大的自主權，「凡社員的稿件，編輯者無取捨之權，來則必用，只有外來的投稿，由編輯略加選擇，必要時且或略有所刪除……（非社員稿件）但經舊的社員紹介，直接交到北新書局，刊出之前，為編輯者的眼睛所不能見者，也間或有之」。〔註 1〕正是由於《語絲》的同人性質以及編輯上的無能為力，使得魯迅萌生了另外創辦一個自己能掌控的刊物。

郁達夫因《廣州事情》與其他創造社成員的矛盾愈發激烈。1927 年 8 月 15 日，他在上海《申報》和《民國日報》上刊登啟事，公開宣佈與創造社脫離關係。在 1928 年開始的「革命文學」論爭中，他並不贊成創造社對魯迅的肆意攻擊和批判。由於魯迅與郁達夫已經形成的友誼，使得魯迅一旦萌生了辦刊物的想法，自然想到了與郁達夫合作。郁達夫 1928 年 3 月 6 日的日記有如下記載：「過魯迅處閒談，他約我共出一雜誌，我也有這樣的想法，就和他約定於四月六日回上海後，具體來進行。」〔註 2〕找到了合作者郁達夫之後，接下來的事就簡便多了。出版發行可以交給北新書局，雜誌的封面設計及書寫刊名自己可以承擔，利用自己所熟悉的一些作家朋友如柔石、楊騷、梁遇春、林語堂、胡風、張天翼、白薇、魏金枝、趙景深等可拉來稿件。魯迅還親自為此刊物寫了《凡例五則》作為廣告提前刊登在《語絲》上，以廣宣傳。1928 年 6 月 20 日，魯迅獨立自主編輯的第一個刊物《奔流》問世。

魯迅辦這個刊物的初衷是「想介紹些真正的革命文藝的理論和作品，把那些犯幼稚病的左傾青年，稍稍糾正一點過來」。〔註 3〕所以，魯迅在為《奔流》寫的《凡例》中前兩條都提到了翻譯，自然是想「把新鮮的血液輸到舊中國去，希望從翻譯裏補充點新鮮力量」。〔註 4〕而翻譯的重點以俄國和東歐、北歐諸國具有進步傾向的作家作品為主。推出了《伊孛生誕生一百年紀念增刊》、《萊夫·托爾斯泰誕生百年紀念增刊》和《譯文專號》。譯者主要有郁達夫、林語堂、魯迅、侍桁、金溟若、趙景深等。除了域外進步作家的作品之

〔註 1〕魯迅《我和〈語絲〉的始終》，《萌芽月刊》第 1 卷 2 期，1930 年 2 月 1 日。
〔註 2〕轉引自郭文友《千秋飲恨——郁達夫年譜長編》，第 836 頁，四川人民出版社 1996 年版。
〔註 3〕郁達夫《回憶魯迅·郁達夫談魯迅全編》，第 24 頁，上海文化出版社 2006 年版。
〔註 4〕許廣平《魯迅回憶錄》，第 152 頁，作家出版社 1961 年版。

外，魯迅還親自翻譯介紹了蘇俄的文藝理論、文藝政策。如從《奔流》創刊號起連載了魯迅翻譯的《蘇聯文藝政策——關於文藝政策評論會速記錄》（原名《俄國共產黨的文藝政策》）。這是魯迅系統介紹蘇聯革命文藝理論的開始。魯迅在《奔流》第 2 期的《編校後記》中表達了刊物翻譯介紹域外文藝作品及文藝理論的苦心：「一切事物，雖說以獨創爲貴，但中國既然是世界上的一國，則受點別國的影響，即自然難免，似乎倒也無須如此嬌嫩，因而臉紅。但就文藝而言，我們實在還知道得太少，吸收得太少。……那就只好挑幾個中國較熟悉的，或者較有意義的來說說了。」〔註5〕

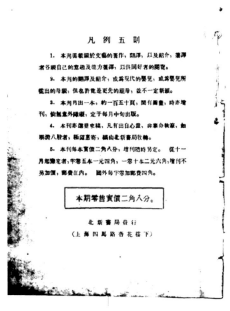

除了大量的翻譯作品及理論介紹之外，《奔流》對於本國作家的創作也給與了重視。新文學第一個十年期間，戲劇方面最爲薄弱，《奔流》上連續刊出了白薇的《打出幽靈塔》、楊騷的《空舞臺》、林語堂的的《子見南子》和柔石的《盜船中》等。詩歌方面刊載了有楊騷、蕭愚、卜英梵、李白英、裘柱常等人的詩歌。小說領域有許欽文、張天翼、柔石、白薇、繆崇群、羅西的小說。對於隨筆，主要有梁遇春的隨筆。但對於魯迅頗爲擅長和喜愛的雜感，

〔註 5〕魯迅《編校後記》，《奔流》第 1 卷 2 期，1928 年 7 月 20 日。

《奔流》卻沒有爲它留一席之地。即使因林語堂的《子見南子》引發的學校風潮,「曾搜集了一些公文之類,想做一個附錄來發表,但這回爲了頁數的限制,已經不能排入,只好等別的機會或別的處所了。這或者就寄到《語絲》去」。〔註6〕有研究者認爲《奔流》不刊發雜感,是與魯迅想把此刊物「辦成較爲純厚的,不以《語絲》那般犀利的文學刊物,希望它成爲不可遏制的奔流,將眞正的革命文學引進中國,潛移默化上進的青年。」〔註7〕

魯迅一向重視書刊的裝幀設計,重視插圖的精心選擇。親自設計雜誌封面,每一期的插圖也親自挑選。他認爲:「書籍的插圖,原意是在裝飾書籍,增加讀者的興趣的,但那分量,能補文字之所不及……這種畫的幅數極多的時候,即能只靠圖象,悟到文字的內容。」〔註8〕從《奔流》的插圖上看,絕大多數採用外國圖片,並且是配合文章穿插照片,使照片和文字密切配合,相得益彰。如在易卜生和托爾斯泰兩個專號的封面上印有作家的照片或畫像,還在正文裏配合內容編排若干插圖。其他期上也結合譯著內容的需要,選擇一些精美的插圖配合文字刊發。還盡量在《編校後記》中分別加以說明,以便幫助讀者欣賞和理解這些藝術品,期待給中國的藝術家們以有益的借鑒。除了多樣的插圖外,《奔流》上還登載了大量的圖書廣告,未名社、北新書局、朝華社、春潮書局、北平沉鐘社等的多樣的書刊廣告不但豐富了《奔流》的內容,也給讀者提供了大量的圖書銷售信息。

儘管刊物署名魯迅和郁達夫主編,但事實上主要的編輯工作由魯迅承擔。郁達夫回憶說:「說到了實務,我又不得不想起我們合編的那一個雜誌《奔流》——名義上,雖則是我們合編的刊物,但關於校對、集稿、算發稿費等瑣碎的事物,完全是魯迅一個人效的勞。」〔註9〕許廣平的回憶也證實了郁達夫所言不虛:「魯迅初到上海,以編《奔流》花的力量爲最多,每月一期,從編輯、校對,以至自己翻譯,寫編校後記,介紹插圖或親自跑製版所,及與投稿者通訊聯繫,代索稿費,退稿等等的事務工作,都由他一人親力親爲。」〔註10〕在魯迅的書信、日記中,也有他爲《奔流》忙碌的記錄。1928 年 8 月

〔註6〕魯迅《編輯後記》,《奔流》第 2 卷 4 期,1929 年 8 月 20 日。

〔註7〕陳樹萍《〈奔流〉:魯迅對「左翼文學」的塑造與期待》,《內蒙古大學學報》2004 年第 3 期。

〔註8〕魯迅《「連環畫」辯護》,《魯迅全集》第 4 卷,人民文學出版社 2005 年版。

〔註9〕郁達夫《回憶魯迅·郁達夫談魯迅全編》,第 26 頁,上海文化出版社 2006 年版。

〔註10〕轉引自《魯迅年譜》(3),第 72 頁,人民文學出版社 2000 年版。

2 日，魯迅在寫給章廷謙的信中解釋回信較遲的原因說：「實在是因為白天汗流，夜間蚊咬，較可忍耐的時間，都用到《奔流》上去了。」稍後 8 月 15 日在給章廷謙的信中又有「因為《奔流》，終日奔得很忙，可謂自討苦吃」的訴說。在 1929 年 3 月 5 日的日記中，又有「通夜校《奔流》稿」的記載。魯迅不但要編校其他作者的稿件，自己還要承擔部分作品的翻譯，此時他還要為《語絲》等其他刊物寫稿，又為《奔流》寫了《編校後記》（從第 2 卷 2 期起改稱《編輯後記》12 則。正是魯迅這樣廢寢忘食地為《奔流》忙碌，才保證了《奔流》的裝幀精美，編校精湛，內容豐富，每一期按時問世（《奔流》共 15 期，基本上保證每月的 20 日或 30 日出版，只最後一期延遲了半年時間才出版）。到了 1929 年下半年，由於北新書局不願承擔出版發行事宜，《奔流》在 1930 年 2 月出版了第 2 卷 5 期譯文專號後，無可奈何地結束了。

　　儘管郁達夫不是《奔流》的實際主編，他更多的是為刊物提供翻譯稿件，包括演講、論文、小說、雜記等方面的翻譯以及自己創作的隨筆等，以實際行動支持了《奔流》。由於郁達夫個性的疏懶，魯迅為了得到他的稿件常採用各種辦法來迫使他交稿。如 1928 年 12 月，郁達夫轉譯了高爾基的《托爾斯泰回憶雜記》（發表在第 1 卷第 7 期）。魯迅便在本期的《編校後記》中給予熱情的推薦。當韋素園看了這期刊物，從北京寫信談到高爾基在《雜記》的後邊還附有《關於托爾斯泰的一封信》，內容比《雜記》還重要，希望能譯出發表。魯迅為了鼓勵郁達夫譯出這封信，特地在第 1 卷第 10 期的《編校後記》中公開催稿：「說到那一封信，我即運動達夫先生一併譯出，實在也不只一次了。有幾回是誘以甘言，說快點譯出來，可以好好的合印一本書，上加好看的圖象。有一回，是特地將讀者稱讚疑問的來信寄去，給看看讀書界的期望是怎樣的熱心。見面時候談起來，倒也並不如那跋文所說，暫且不譯了，但至今似乎也終於沒有動手，這真是無可如何。現在索性將這情形公表出來，算是又一回猛烈地『惡毒』的催逼。」〔註11〕但是，郁達夫的疏懶如故，最後還是魯迅請柔石把高爾基的這封信譯出，並把它編入 1930 年 1 月出版的《萌芽》創刊號上。儘管這次催稿不成功，但魯迅還是繼續如故。由於郁達夫翻譯了阿河的小說《一個敗殘的廢人》，魯迅邀請郁達夫把德國作家寫的論文《阿河的藝術》翻譯出來，郁達夫總算翻譯出來了。魯迅把《阿河的藝術》和《一個敗殘的廢人》同期刊載譯文專號上，在《編輯後記》中還特別感謝了郁達

〔註11〕魯迅《編校後記》，《奔流》第 1 卷 10 期，1928 年 4 月 20 日。

夫的翻譯：「達夫先生譯這篇時，當面和通信裏，都有些不平，連在本文的附記上，也還留著『怨聲載道』的痕迹，這苦楚我很明白，也很抱歉的，因爲當初原想自己來譯，後來覺得麻煩，便推給他了，一面也預料他會『好，好，可以，可以』的擔當去。雖然這種方法，很像『革命文學家』的自己浸在溫泉裏，卻叫別人去革命一樣，然而……倘若還要做幾天編輯，這些『政策』，且留著不說破它罷。」〔註12〕

　　《奔流》作爲一個在「革命文學論爭」中產生的一個著名刊物，魯迅全程主持了該刊，並以自己的百般呵護使其持續到了「中國左翼作家聯盟的成立」，它是魯迅獨立思考「革命文學」的產物，在辦刊的過程中，不但使魯迅系統地學習了馬列主義著作，提高了馬列主義水平，更因其刊物的廣泛傳播，影響了一大批投身革命文學的的作家，是魯迅對革命文學的塑造和期待的歷史見證。郁達夫甚至認爲：「當編《奔流》的這一段時期，我以爲是魯迅的一生之中，對中國文藝影響最大的一個轉變時期」。〔註13〕筆者贊同一位研究者這樣評價《奔流》的歷史意義：「它不僅在當時爲中國人民特別是文藝界輸送了大量的精神食糧，培育了一大批革命新文藝的骨幹，推動了中國新文學的發展；同時也給以後的編輯工作樹立了光輝的楷模，積累了豐富的、寶貴的編輯工作經驗。」〔註14〕

〔註12〕魯迅《編輯後記》，《奔流》第2卷5號，1929年12月20日（實際上是1930年2月）。

〔註13〕郁達夫《回憶魯迅・郁達夫談魯迅全編》，第24頁，上海文化出版社2006年版。

〔註14〕李榮生《「從別國竊得火來……」——魯迅與〈奔流〉的編輯工作》，《齊齊哈爾師範學院學報》1986年第1期。

徐、陸合寫的戲劇《卞昆岡》

中國戲劇社叢書之一　卞昆岡　徐志摩　陸小曼合著

實價四角半　江小鶼封面及插圖　上海新月書店 1928 年 7 月初版

徐志摩先生的詩文我們都讀過了，但是我們還沒有讀過他的戲劇；陸小曼女士的崑曲皮黃我們都聽過了，但是我們還沒有讀過她的戲劇。《卞昆岡》這篇五幕悲劇，便是我們鑒賞他倆的戲劇的一個絕好的機會。

這篇戲劇曾經分期在《新月》上發表過，但這單行本是著者又細心修改過的，與初出世時很有不同，我們處處看得出修改的進步。加之余上沅先生又給寫了一篇跋，他們是請讀者到「後臺」去參觀了。

近來中國戲劇界沉悶極了，《卞昆岡》的印行，我們相信可以發生不少的重大影響。

廣告載《新月》第 1 卷 6 期，1928 年 8 月 10 日

經過兩年多的熱戀，徐志摩和陸小曼抵擋住了社會、家庭等各方面的壓力，終於在 1926 年 10 月 3 日舉行了結婚典禮。婚後，他們南下上海。陸小曼一到上海，很快就如魚得水，每天忙於社交，聽戲唱戲，更喜歡捧名角。為了博得妻子的歡心，徐志摩不時還婦唱夫隨。由於陸小曼患有暈厥症，為了減輕病發的痛苦，陸小曼開始吸食鴉片，從此上癮。事實上，徐志摩對戲劇是極為喜愛的，他不但針對一些戲劇理論和實踐發表過近十篇文章，在戲劇實踐上，徐志摩還積極推動了「中國戲劇社」的成立。他支持在《晨報副刊》上開闢《劇刊》（周刊，1926 年 6 月 17 至 9 月 23 日，共 15 期），並充任

主編（實際上主要由余上沅負責）。劇刊同人在大力提倡新式戲劇的同時，也肯定了舊劇值得繼承和借鑒的藝術傳統。在此期間，徐志摩不僅為辦好《劇刊》盡了力，也發表了《劇刊始業》、《托爾斯泰論劇一節》、《劇刊終刊》等文，對戲劇藝術理論也作了一定的貢獻，對於現代戲劇的發展貢獻了力量。正如他在《劇刊始業》中所說：「我始終只是一個搖旗吶喊的小兵。」為了讓陸小曼從終日沉溺於社交中解脫出來，讓陸小曼重新振作起來，同時也可發揚她熟悉戲劇的特長，徐志摩萌發了與陸小曼合寫話劇劇本的念頭。

　　合寫劇本的念頭大約在 1928 年初，在徵得陸小曼同意之後就開始醞釀。先由陸小曼提供故事情節，徐志摩搭起了結構框架。在家裏夫妻倆你一言我一語的推敲、演示。人物的對話主要由陸小曼負責，執筆由徐志摩完成。4月初，他們合寫的第一個劇本《卞昆岡》終於完成。由於徐志摩也是《新月》的主要撰稿者，他的這篇戲劇很快就在《新月》上得以連載。具體的連載時間是《新月》第 1 卷第 2 號（1928年 4 月 10 日）和第 3 號（5 月 10 日）。劇本講述的是在雲岡山維護、雕刻石佛的藝術家卞昆岡在妻子青娥病故後，與老母和兒子阿明相依為命。阿明有著一雙美麗的大眼睛，酷似青

娥。卞昆岡一看到兒子的眼睛，就想起了死去的妻子。為了使孩子有人照顧，他娶李七妹為妻，李七妹因妒忌卞昆岡念念不忘青娥，勾結情夫尤桂生弄瞎了阿明的雙眼。後來又因姦情敗露而殺害了他，卞昆岡也因承受不住這沉重的打擊而跳崖自殺。此劇受當時意大利戲劇氛圍的影響，頗有唯美主義氣息。全劇籠罩著一種憂鬱、悱惻和神秘的色調。劇中許多對話充滿詩情，劇中引用了徐志摩詩中著名的一首詩《偶然》，可見作者對此劇的偏愛。但劇中人物刻畫未能達到更深層次和更具可信性，如把卞昆岡描寫成一個優柔寡斷的知識分子，李七妹的轉變寫得過於突兀，阿明寫得過於成熟等。總之，此劇是一部較為嚴肅的劇作，在新月派的戲劇中也頗有代表性，也是徐志摩戲劇理論的集中體現。

　　劇本發表後，在社會上很快有了反響，中國戲劇社就準備把它搬上舞臺。

徐志摩在 1928 年 5 月 13 日的日記中就有記載：「慰勞會要排演卞昆岡，擬以毛劍佩去李七妹，王泊生去卞昆岡，顧寶蓮去阿明，蕭英去老敢，鄭正秋去瞎子，請上沅導演。」〔註 1〕在 6 月 17 日他寫信給陸小曼：「再泊生他們果眞演，來請你參觀批評的話，你非得去，標準也不可太高了，現在先求有人演，那才有看出戲的可能性，將來我回來，自然還演過。」〔註 2〕可見，劇本發表後確有戲劇團體想把此劇搬上舞臺。

中國戲劇社叢書之一

卞昆岡　徐志摩　陸小曼　合著

實價四角半

（江小鶼畫封面及插圖）

徐志摩先生的詩文我們都讀過了，但是我們還沒有讀過他的戲劇；陸小曼女士的崑曲皮黃我們都聽過了，但是我們還沒有讀過她的戲劇。「卞昆岡」這篇五幕悲劇，便是我們鑒賞他倆的戲劇的一個絕好機會。

這篇啟明曾經分期在「新月」上發表過，但單行本是著者又細心修改過的，與初出世時很有不同，我們處處看得出修改的進步。加之余上沅先生又給選本書寫了篇序，徐志摩先生自己又給寫了一篇跋，他們是請諸看到「後台」去參觀了。

近來中國戲劇界沉悶極了，「卞昆岡」的印行，我們相信可以發生不少的重大影響。

爲了讓更多地讀者讀到《卞昆岡》，單行本的出版也很快納入出版計劃。而作爲新月書店大股東的徐志摩自然要把此書納入新月書店出版。由於此前新月書店曾以「中國戲劇社叢書」名義策劃出版一套叢書，並於 1927 年 9 月出版過第一本《國劇運動》（余上沅編）。作爲曾經的「中國戲劇社」重要成員，徐志摩的這本《卞昆岡》自然要納入這套叢書。爲了表示愼重，徐志摩還對全劇進行了部分修訂。初版本與初刊本相比，修改的地方有十餘處，改動最多的地方在第一幕。修改的主要內容如下：第一，把阿明的年齡由五歲改爲八歲；把「媽」改爲「娘」。第二，在三處增加了部分內容。第一幕阿明出場的第一句話中增加了「（聞三玄聲）咦！他來了。（至木柵門）老周，你

〔註 1〕轉引自陳從周編《徐志摩年譜》，第 75 頁，上海書店 1981 年版（影印）。
〔註 2〕《徐志摩全集》第 6 卷，第 130 頁，天津人民出版社 2005 年版。

回來了。明兒見罷。」第一幕最末處又增加了阿明與昆岡的一組對話：

> 阿明：爸爸，咱們說著話這天都黑了，什麼都看不見了，我怪害怕的。

> 昆岡：有我呢，有你爸爸。……到時候了，你先去吧。

此外，在第二幕開始，石工甲的第一句話中又增加了一句「卞老師還是逼著我們做工」。對於句子的改換只有一處：在第一幕昆岡對李七妹的評價也進行了修改，把「瞧那樣兒可怪風騷的——」改成「瞧那樣兒可不怎麼樣——端正。」其他的修改處大多是個別字詞的刪增換。確實應證了廣告中說「單行本是著者又細心修改過的，與初出世時很有不同，我們處處看得出修改的進步。」該劇的初版本於當年 7 月問世，在《新月》上連續刊出了該劇的宣傳廣告。（文字內容見上引）

作為徐志摩的好友，戲劇領域的同道，余上沅為此劇本寫了序言。在序言中，余上沅談了自己對此劇的看法。在他看來，此劇彷彿有一點意大利的氣息，但他又認為：「這個彷彿是有限制的，並不是絕對的。雖然《卞昆岡》也多少有些古典的體制，可它並不是死守那文藝復興以後的呆板理論，並且，我還以為作者在動筆以先並不曾想到過任何戲劇理論。至於氣魄和膽量，《卞昆岡》倒比較和意大利現代劇接近得多。」接下來，他又談到了此劇的整體風格和寫作的具體分工：「志摩根本上是個詩人，這也是在《卞昆岡》裏處處流露出來的。我們且看它字句的工整，看它音節的自然，看它想像的豐富，看它人物的選擇，看它——不，也得留一些讓讀者自己去看不是？他的內助在故事及對話上的貢獻，那是我個人知道的。志摩的北京話不能完全脫去硤石土腔，有時他自己也不否認；《卞昆岡》的對話之所以如此動人逼真，那不含糊的是小曼的貢獻，——尤其是劇中女人說的話。故事的大綱也是小曼的；如果在穿插呼應及其他在技術上有不妥當得地方，那得由志摩負責。因為我看見原稿，那是大部分志摩執筆的。」〔註3〕徐志摩也為此劇寫了跋。他在 1928 年 6 月 17 日寫給陸小曼的信中有特別的說明：「我方才隨筆寫了一篇卞昆岡的小跋，寄給你，看過交給上沅付印，你可以改動，你自己有話的時候不妨另寫一段或是附在後面都可以。只是得快些，因為正文早已印齊，再遲不行了！」由於陸小曼的拖沓，這篇小跋未能在初版《卞昆岡》中出現，後來也未有機會問世，這成了本書的一大遺憾。江小鶼為此書作了封面和插圖各一

〔註 3〕余上沅《〈卞昆岡〉序言》，徐志摩《卞昆岡》，上海新月書店 1928 年版。

張。這個封面以一個女性騎在一頭牛上爲內容，極似古埃及的人像石雕風格。插圖中以第一幕場景，以「棗樹下」爲主題，給人以清晰直觀的印象。

前文已提及該劇首次問世後，中國戲劇社欲把此劇搬上舞臺，徐志摩也很願意看到此劇上演。但是，儘管此劇有過排練，但是中國戲劇社最終未能正式上演《卞昆岡》。直到 1931 年徐志摩逝世後，爲了表達對徐志摩的懷念，提倡愛美戲劇的北平小劇院的熊佛西、余上沅等人再次排演了此劇，但最終還是未能正式演出。儘管兩次努力都未能將《卞昆岡》搬上戲劇舞臺，倒是在 30 年代上海龍馬影片公司卻成功地把《卞昆岡》搬上了銀幕，男女主角由王元龍、雪明珠飾演，導演也是王元龍。姜德明先生跟據影片公演的說明書對照劇本內容，認爲電影基本忠實於原著，是我國早期電影改編文學原著的一個實例。直到 2000 年 9 月（距最初問世已有 72 年之久），此劇才被搬上中國的話劇舞臺。該劇由上海話劇藝術中心和現代人劇社聯合排練，作爲重頭戲老戲新排，並於 10 月 21 日起在上海美琪大戲院上演。

讓陳銓享譽文壇的長篇小說《天問》

天問（長篇小說）　　陳銓著　不日出版分上下冊　每冊實價七角

上海新月書店 1928 年 9 月初版

我們為什麼近年來只看見人寫短篇小說？為什麼？

因為長篇小說，真不是個容易的嘗試。它需要時間，理智，觀察，選擇，感覺，記憶，尤其是作者藝術上充分的修養與精鍊動人的文筆；缺一樣這嘗試便是整個的失敗。

現在好了，這位一鳴驚人的作者給了我們一篇洋洋二十萬言的成功的供狀——《天問》。《天問》裏面，像整個的人生一樣，包含著一齣古今相同的悲劇：裏面不獨思想精純，結構嚴緊，描寫清切，分析細緻，理論透徹；還看得出天真與虛偽的衝突，情愛與罪惡的對壘和仁慈與殘暴的搏鬥。這些都是造成人生千變萬化的要素。所以一方面因為《天問》是人生真實的描寫，我們看了就知道什麼人生的究竟；一方面因為人生本身始終是個啞謎，我們想猜透它歸根還只有去「問天」。不過一個人憑空決不會感覺到如此的深切，除非讀了像《天問》這樣動人的作品才能夠。

廣告載《新月》第 1 卷第 5 號，1928 年 7 月 10 日

天問　陳銓著　實價一元四角　上海新月書店 1928 年 9 月初版

這是一部二十餘萬字的長篇小說，你不看則已，你若是看了一頁，你非要看完了全部不止，作者的筆墨有這樣的魔力！你看完了一遍，你一定要看第二遍，作者的文章有這樣的妙處！因為作者得到一個做小說的秘訣——結構謹嚴。這裡面有銷魂的韻事，有英武的擊鬥，有深刻的諷刺，曲曲折折的

有說不盡的穿插起伏，但是都經作者的一枝老練犀利的筆鋒給串起來了，眞可說是一氣呵成，天衣無縫。這樣的小說，據天津《大公報》文學周刊的編者批評說：「只得石頭記差可比擬」。愛讀小說的讀者，請你們自己鑒賞鑒賞看。

廣告載《新月》第 2 卷第 5 號，1929 年 7 月 10 日

天問　陳銓著　實價一元四角　上海新月書店 1928 年 9 月初版

顧仲彝先生說：「在許多新作品中，我認爲最滿意的長篇是《天問》。你看他自開卷雲章愛慧林起，曲曲折折，經過了許多悲歡離合，一步緊似一步，一幕深是一幕，直到雲章拔劍自刎，前後照應，線索分明，絕無支離不接的通病，我承認他爲文壇上一本極好的長篇創作。」

廣告載《新月》第 3 卷第 2 號，1930 年 4 月 10 日

在新文學三十餘年的歷史上，因政治原因，大量作家作品長期被排除在大陸的文學史之外。「文革」結束後，新文學研究逐漸擺脫了政治的羈絆，一些作家作品陸續浮出歷史的地表，而陳銓就是浮出歷史地表的作家之一。陳銓（1903～1969），名大銓，號選卿，四川富順人。幼年在父親的教誨下打下了深厚的古典文學基礎。1919 年考上四川省國立成都中學，與陽翰笙同班同學。1921 年以優異成績考上清華留美預備學校外文系。在清華學習的 7 年時間裏，得到了吳宓、王國維等老師的悉心指導並深受其影響，先後修習了英文、德文、希臘文，又結識了王造時、賀麟、張蔭麟、林同濟等同輩友人，與張蔭麟、錢鍾書、李長之四人稱爲「清華四才子」。他熱衷社會活動，參加多個文學和政治社團。曾主持編輯校園刊物《清華文藝》、擔任《弘毅》月刊總編輯。在學習及社會活動之餘，他在校內的《清華周刊》、《清華文藝》、《弘毅》以及校外的《學衡》、《新月》發表了許多短評、譯詩、譯文和論文。此外，他還開始創作長篇小說，1927 年完成第一部長篇小說《革命的前一幕》（1934 年由良友圖書出版公司出版），1928 年 7 月，就在他即將完成學業赴美留學前夕，他又完成了個人的第二部長篇小說《天問》，而這部小說的問世使陳銓迅速轟動文壇。

應該說，陳銓創作小說的動機不排除有賺錢之嫌。這可從陳銓的老師吳宓在 1928 年 2 月 1 日的日記中找到蛛絲馬迹：

5～6 陳銓來，爲售小說稿與《國聞周報》事。因談及中國近今

新派學者，不特獲盛名，且享巨金。如周樹人《吶喊》一書，稿費
得萬元以上。而張資平、郁達夫等，亦月致不貲。所作小說，每千
字二十餘元，而一則刻酷之譏諷，一則以情慾之墮落，為其特點。……
〔註1〕

可見，吳宓和陳銓是眼紅魯迅、郁達夫等靠小說掙了大錢，而陳銓欲出國留
學也需要一大筆費用，所以，他希望靠寫小說來掙得部分留學所需的費用。
儘管第一部未能順利售出，他還是繼續寫作第二部《天問》，並在畢業前順利
完成。儘管陳銓在大學期間已有大量的作品問世，但大多還是局限於清華大
學內的刊物，在國內影響大的刊物上發表的文章數量並不多。這樣一位聲名
不顯的大學生要出版一部二十萬字的長篇小說肯定是不容易的。所以，他寫
完之後，他多次去老師吳宓處，自然是希望依靠老師的關係讓小說得以出版。
在 1928 年 7 月的《吳宓日記》中有如下記載：7 月 2 日有「晚陳銓、張蔭麟
來」；7 月 8 日有「上午陳銓來談」；7 月 12 日有「上午張蔭麟、陳銓來」。儘
管日記中沒有記下所談何事，但應該與剛完成的小說《天問》有關。儘管吳
宓不是新月社成員，但是與新月社的徐志摩、梁實秋等都有較密切的關係，
吳宓的鼎立推薦使得陳銓的長篇小說《天問》順利被接受。而新月書店的出
版速度可謂神速，7 月書稿交書店，《新月》很快刊出了此書的預告，9 月問
世，分上下冊，上冊 233 頁，下冊 221 頁。為了促銷，書店在出版前後擬出
了三種不同內容廣告文字，連續刊登在《新月》等報刊上。而大多數情況是，
書店為所出圖撰寫一種廣告連續刊登，而該書竟有三種，可見書店為該書在
促銷上下了不少功夫。

《天問》以民國初年四川軍閥混戰為時代背景，以作者家鄉富順為故事發
生地。縣城裏「謙祥吉」藥店的學徒林雲章私自愛上了老闆的女兒張慧林，但
張慧林愛上自己的表兄陳鵬運。為了討好張慧林，林去找賭棍何三要回戒指，
但何三已把戒指賣給了王福興。何三為了要回戒指打傷了王福興，被警察抓去
供出是林雲章指使，林只得離開藥店到軍閥部隊當兵，由於個人的機智、幹練，
在短短幾年裏即被升為旅長，並帶兵回到富順駐防，此時的他已變成一個殘酷
無情、殺人不眨眼的魔王。當他得知張慧林嫁給了陳鵬運，妒火中燒。為了奪
回自己所愛的人，他利用自己的權勢，暗中買通了部下何三將陳鵬運殺害了，
為了殺人滅口，他又把何三處死。同時，他又對張慧林百般獻殷勤，並隆重地

〔註1〕吳宓《吳宓日記》（Ⅳ），第 17 頁，生活・讀書・新知三聯書店 1998 年版。

殯葬了陳鵬運，不知內情的張慧林對林感恩戴德，不久改嫁給躊躇滿志的林雲章。誰知好景不長，林雲章隨著他的上司的垮臺也失去了權勢，他的陰謀也將被無情地揭露。此時，張慧林身染寒熱症即將斷氣，林雲章十分悲痛，懷著懺悔的心情，他向陳慧林吐露了自己謀殺鵬運的經過，儘管張慧林在臨終前原諒了他的罪行，但林雲章在財勢和愛情的總崩潰下也舉劍自刎。作者以林、張、陳的三角戀愛爲主幹，用曲折複雜的感情糾葛支撐起整個小說的情節框架。以「天問」爲題意在探索人性，發掘真理，叩問人類生存的痛苦，以林雲章的窮途末路揭示了人類所面臨的永恒的困境。

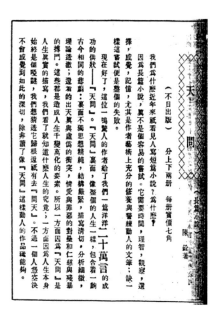

　　小說在人物塑造、思想觀念、藝術手法等方面與當時期的小說大異其趣。出版後很快引起了文壇的轟動，關於此書的書評迅速問世。吳宓在 1928 年 11 月 9 日的日記中有記載如下：「晚，燃燭讀陳銓所著小說《天問》，甚佳，另有文評之。陳君成績如此。」〔註2〕而在 11 月 19 日的《大公報》上，吳宓以餘生爲名發表了《評陳銓〈天問〉》，他對該小說全書的優點總結爲四點：一，結構之嚴密；二、人物之生動；三、環境之豐備；四、文筆之流利。〔註3〕顧仲彝也在稍後的《評四本長篇小說》中也對《天問》進行了評點（見上引廣告）但他也指出了作者在小說中所體現的悲世的人生觀：「他的思想語氣，處

〔註2〕吳宓《吳宓日記》（Ⅳ），第 159 頁，生活・讀書・新知三聯書店 1998 年版。
〔註3〕餘生《評陳銓〈天問〉》，《大公報》，1928 年 11 月 19 日。

處都露著哈代似的悲世的人生觀。他看世界上一切的眾生，都是受環境衝動支配，不能自主的可憐蟲。」〔註4〕毛一波指出小說裏面包含一齣古今相同的悲劇：「裏面不獨思想精純，結構嚴緊，描寫清切，分析細微，理論透徹；還看得出天眞與虛僞的衝突，情愛與罪惡的對壘和仁慈與殘暴的搏鬥。」但是他也指出了小說有舊小說的濫調，著者自己愛發議論，一些對話不自然，心理描寫也很差等。〔註5〕溜子認爲該小說「替中國新的小說殺出了一條新的血路」。「這新的血路是什麼？那就是所謂『結構的小說』。」「全篇沒有一段無用的情節，沒有一個閒人，沒有一章不重要的的描寫，幾乎全與主要的人物有緊密的關係。」〔註6〕常風在《陳銓：〈彷徨中的冷靜〉》中首先就對《天問》給予了好評，認爲《天問》學習了中國古代傳統小說的技巧和寫法，它的成功證實了「這些技巧與寫法是值得學習的；同時還給我們的新小說開闢了一條可以走的新途徑。」〔註7〕

可見，陳銓的《天問》初版問世之後（1936 年 6 月商務印書館又重印過一次），在文壇引起了相當的注意，這也使得 25 歲的陳銓迅速在文壇獲得盛名。在接下來的幾年時間裏，他又創作了長篇小說《戀愛之衝突》（上海良友出版公司 1934 年版）、《彷徨中的冷靜》（上海商務印書館 1935 年版）、《死灰》（天津大公報出版部 1935 年版）。因此，陳銓最早是以長篇小說家聞名於文壇的。在二十年代末至三十年代初，朱自清在清華大學教授「中國新文學研究」，他的講義《中國新文學研究綱要》中就把陳銓作爲一個長篇小說作家，專門設立「陳銓小說」一節，足見朱自清對陳銓長篇小說的高度重視。但是四十年代初，陳銓與林同濟、雷海宗等人創辦《戰國策》半月刊，鼓吹民族主義文學，他又創作了《野玫瑰》、《藍蝴蝶》等劇作，在四十年代的劇壇影響巨大，這樣劇作家的陳銓就遮蔽了小說家的陳銓。解放後，由於陳銓的「戰國策派」成員身份，使得他長期被排除在中國現代文學史中。直到新時期到來之後，陳銓其人其文才得到全面的研究和評價，而陳銓最先問世的長篇小說《天問》也再次得到了重印的機會，如 1985 年 12 月，江蘇文藝出版社以「中國現代中長篇小說選讀叢書」名義重印了《天問》，第一次印刷就發行了 20300 冊。

〔註4〕顧仲彝《評四本長篇小說》，《新月》第 1 卷 10 號，1928 年 12 月 10 日。

〔註5〕毛一波《天問》，《眞美善》第 4 卷 4 號，1929 年 8 月 16 日。

〔註6〕溜子《評陳銓〈天問〉》，《文藝雜誌》第 1 卷第 2 期，1931 年 7 月。

〔註7〕常風《陳銓：〈彷徨中的冷靜〉》，《棄餘集》，第 92 頁，北京新民印書館 1944 年版。

奠定朱自清散文名家的散文集
《背影》

朱自清散文集　背影　上海開明書店 1928 年 10 月初版發行

　　誰都認識朱先生是新詩壇中的一位健將，但他近年來卻很少做詩，因爲他對於自己的詩並不覺得滿足。他所最得意的還是散文，所以近來做的散文已特別多。這是他最近選輯的散文集，共含散文十五篇，敘情則悱惻纏綿，敘事則熨貼細膩，譏刺之深刻，眞似初寫黃庭，恰到好處。以詩人之筆做散文，使我們讀時處處感到詩的趣味。全書百五十餘頁，上等道林紙精印，實價大洋五角。上海望平街開明書店發行。

廣告載《文學周報》第 350 期，1928 年 12 月 30 日

　　朱自清最先是以詩人聞名於文壇的。受新文學革命的影響，其詩歌創作早在北大求學期間就開始了，其處女作《睡罷，小小的人》寫於 1919 年 2 月 29 日，後發表在同年 12 月 11 日的《時事新報・學燈》上。這給了他極大的鼓舞，決心「拿起詩歌這管號角，來抒唱自己對現實的感受，向人間吹奏自己的心曲」。[註1] 此後陸續寫出了《小鳥》、《光明》、《滿月之光》、《新年》、《煤》、《羊群》等。在浙江第一師範學校、揚州省立第八中學、上海中國公學中學部任教期間，也是以詩歌作爲自己的主要創作對象。1922 年 1 月 15 日，朱自清又與俞平伯、葉聖陶、劉延陵等人創辦我國新文學史上第一個詩歌刊物《詩》月刊。在《詩》創刊號上，朱自清發表了詩四首。此外，他與俞平

〔註1〕陳孝全《朱自清傳》，第 25 頁，北京十月文藝出版社 2001 年版。

伯通信，討論新詩的創作問題。1922 年 6 月，他與周作人、俞平伯、徐玉諾、劉延陵、葉聖陶、郭紹虞、鄭振鐸等八人合作出版了詩集《雪朝》，他的詩排在第一集。此外，他還爲俞平伯的詩集《冬夜》、汪靜之的詩集《蕙的風》作序。可見，其在新詩草創期的重要地位。此後，他的長詩《毀滅》於 1923 年 3 月在《小說月報》（第 12 卷 3 期上）上發表，迅速引起詩壇轟動，被譽爲「新詩空前的力作」。俞平伯認爲：「這詩的風格、意境、音調是能在中國古代傳統的一切詩詞曲之外，另標一幟的」。「它風格底婉轉纏綿，意境底沉鬱深厚，音調的柔美悽愴，只有屈子底《離騷》差可彷彿。」〔註 2〕1924 年 12 月詩歌和散文合集《蹤迹》（包括詩歌 31 首）由上海亞東圖書館出版，更是奠定了新詩界著名詩人的地位。

儘管朱自清是以寫新詩並聞名於文壇，但他的散文創作早在 1923 年就開始了。如 1923 年 10 月完成了《槳聲燈影裏的秦淮河》、1924 年 4 月寫出了《溫州的蹤迹》等作品。在 1924 年底出版的《蹤迹》中也收了《歌聲》等散文 7 篇。如果說《蹤迹》是朱自清詩歌創作的一次集中展示，那麼其中所收的散文則預示了朱從詩歌轉向散文的趨向。事實上也確實如此，自 1925 年開始，他的散文創作越來越多，而詩歌則急劇減少。如 1925 年完成了散文《女人》、《「海闊天空」與「古今中外」》、《白種人——上帝的驕傲》、《背影》、《揚州的夏日》等。此後，又寫出了《執政府大屠殺記》、《哀韋傑三君》、《海行雜記》、《白采》、《荷塘月色》等。可以說，朱自清詩人的身份逐漸隱去，而散文家的形象則逐漸清晰。特別是《背影》、《荷塘月色》等散文名篇的問世，更使他爲文壇所矚目。散文作品的大量問世，使得有結集出版的必要。由於朱自清與葉聖陶、夏丏尊等人的密切聯繫，出版散文集自然想到了開明書店，而開明書店也很樂意接受作爲新文學著名詩人、散文家的作品。1928 年 7 月，朱自清親自編選了自己的第一本散文集，因散文《背影》影響甚大，散文集於是以《背影》爲名。他還爲此書寫了《序》。1928 年 10 月，散文集《背影》初版問世，正式確立了朱自清散文名家的新身份。

《背影》分甲乙兩輯，共收散文 15 篇，是朱自清早期散文的代表作品。集中的作品均爲個人眞切的見聞和獨到的感受，並以平淡樸素而又清新秀麗的優美文筆獨樹一幟。具體來看，可分爲寫實議論和敘事抒情兩大類。前者如《女人》、《白種人——上帝的驕子》、《阿河》、《哀韋傑三君》，直接從現實

〔註 2〕俞平伯《讀〈毀滅〉》，《小說月報》第 14 卷第 8 期，1923 年 8 月 10 日。

生活取材，是以夾敘夾議手法抨擊黑暗社會、軍閥的暴行和帝國主義的罪惡，對被壓迫者、被損害者充滿了熱愛和同情，表現出他反帝反封建的民主主義思想、愛國主義的熱情、人道主義的精神和正直誠實的性格。後者如《背影》《荷塘月色》、《一封信》、《兒女》,《海行雜記》等則是敘述抒情巧妙結合，情景交融、充滿詩情畫意。正如上引廣告所說「敘情則悱惻纏綿，敘事則熨貼細膩，譏刺之深刻，真似初寫黃庭，恰到好處」。此書封面由豐子愷設計。正文中還有插頁兩張，一張是豐子愷給朱自清女兒阿萊畫的一幅畫，上有夏丏尊的題字。另一張是白采在露臺遠望的小影。作為朱自清的散文代表作,《背影》初版後不斷再版，1934 年 9 月印行第 5 版。1943 年 5 月，又在內地印行第一版。1946 年 4 月，印行到第 11 版，但此版是作為「開明文學新刊」之一問世。

　　朱自清在《序》中，首先略述了新文學第一個十年的散文發展情況，指出:「這三四年的發展，確是絢爛極了:有種種的樣式，種種的流派，表現著，批評著，解釋著人生的各面，遷流曼衍，日新月異:有中國名士風，有外國紳士風，有隱士，有叛徒，在思想上如此。或描寫，或諷刺，或委屈，或縝密，或勁健，或綺麗，或洗練，或流動，或含蓄，表現上是如此。」接著，

他對自己的創作歷程做了簡要介紹：「我是大時代中一名小卒，是個平凡不過的人。才力的單薄是不用說的，所以一向寫不出什麼好東西。我寫過詩，寫過小說，寫過散文。」他也坦白自己為什麼選擇寫散文的緣由：由於近幾年詩情枯竭，擱筆已久；又學不來小說的結構，不知如何處理材料，也只得放棄小說；而戲劇更是不敢染指。所以只好選擇散文。「既不能運用純文學的那些規律，而又不免有話要說，便只好隨便一點說著：憑你說『懶惰』也吧，『欲速』也罷，我是自然而然採用了這種體制。」〔註3〕儘管作者十分謙虛，自認為自己的散文創作有些隨意，但他的「意在表現自己」的主張無疑顯示了著者的散文創作主張，即從個性解放出發，自由地抒寫自己的心聲，抒發自己的心志。

儘管朱自清後來出版了《歐遊雜記》、《你我》、《倫敦雜記》等散文集，但《背影》以嫻熟高超的技巧和縝密細緻的風格，顯示了現代散文的藝術生命力，被公認為朱自清散文的代表作，在新文學散文史上具有較高的地位。問世之後，鍾敬文很快寫了書評《背影》給予了讚賞，他認為這本散文集大部分文字是抒情寫景的，「抒情是朱君這個集子的唯一的特色」，認為他的散文文字有種真摯清幽的神態。〔註4〕三十年代，郁達夫在《中國新文學大系·散文二集·導言》中，對朱自清的散文也給與了高度讚賞：「朱自清雖則是一個詩人，可是他的散文，仍能夠滿貯著那一種詩意，文學研究會的散文作家中，除冰心女士外，文字之美，要算他了。以江北人的堅忍的頭腦，能寫出江南風景似的秀麗的文筆來的，大約是因為他在浙江各地住久了的緣故。」〔註5〕四十年代末，楊振聲也高度評價了朱自清的散文，他認為朱自清的散文具有現代散文的特色，「他的散文，在新文學運動初期，便已在領導著文壇。」〔註6〕五十年代，李廣田在編選《朱自清選集》時，對其散文也給予了很高的評價：「在當時的作家中，有的從舊壘中來，往往有陳腐氣；有的從外國來，往往有太多的洋氣，尤其西歐世紀末的頹廢氣息。朱先生則不然，他的作品一開始就建立了一種純正樸實的新鮮作風。」〔註7〕

〔註3〕朱自清《序》，《背影》，上海開明書店 1928 年版。

〔註4〕鍾敬文《〈背影〉》，《一般》第 7 卷第 2 期，1929 年 2 月。

〔註5〕郁達夫《導論》，《中國新文學大系·散文二集》，上海良友圖書印刷公司 1935年出版。

〔註6〕楊振聲《朱自清先生與現代散文》，《文訊》第 9 卷第 3 期，1948 年 9 月 15 日。

〔註7〕李廣田《序》，《朱自清選集》，開明書店 1951 年版。

胡、沈、丁合作辦刊的嘗試

《紅黑》創作預告

在一種方便中，我們幾個相熟的朋友，在中央日報副刊上出了《紅與黑》。希望在趣味雖有不同而以誠實為歸的一種目標上努力下來，給這巧於立名的各式投機主義標榜時代下另外一點純文學的補養。我們不漠視別人，不誇捧自己，不以抄襲販賣新興思想驚嚇年青人，不假充志士或假裝熱情騙一部分人歡喜；在本刊的一個觀念上曾提過了，我們各人但努力創作或翻譯，不知不覺這小小刊物就出了四十九期。在這四十九期刊物上，各人的努力，以及遠方各處來信的同情與商討，證明我們希望已得了相當效果，使我們更增加向前奮鬥不能懈怠的理由。可是因另一原因，本刊將從此不再在中央日報上與世人見面了。事實使我們緘默，我們只能暫時把這工作停頓。

但是，我們想在一種持久的整個的進行中，把我們的對文學見解與讀者連合一種堅固的友誼，我們希望因了修養與訓練，可以用作品來作證據，將文學價值提高到時行的一般低級趣味以上，故籌備一種月刊，繼續紅與黑，所以便有了紅黑創作。

關於這個刊物，我們還要說說的，是──

第一，我們計畫十八年一月一號，第一期可以出版，以後每月出一期。性質為專登載創作，不限定自己幾個人，外來我們認為好的稿子，也選登。

第二，人與書，這裏是三個，丁玲，胡也頻，沈從文；人是並不多。但此外在我們力量以內，當無限制的印他人的書。我們慚愧的地方是自己不會怎樣自吹自捧，也不須要別人來吹捧。我們對當代批評家很疏于禮貌，但願意每一個讀者都能在我們作品中加以公正的批評。我們自己來印書，就是因

爲日下所謂出版家太刻剝了作者，批評家的廣告又太騙了讀者：在一般的勢利下，看書的人仿佛是用耳朵去聽，所以我們歡喜讀者來同我們，我們作直接的買賣。

第三，《紅黑創作》，在明年一月一號出版，凡在且對此類同情我們的朋友，我們將特別優待，將來第一次所出叢書十種，概可以憑定單號碼買書，七折作價。我們幾個全不在行的年青人，來辦這個獨立刊物，不能與市儈競爭也是自然的事，所以我們非常願意在讀者中找出若干同情我們的人，來預定我們的刊物，若有一千讀者能預定本刊全年，則我們刊物雖將來不免受權勢與其他壓迫，也不至半途中止了。

我們的暫時通信處，是上海法租界薩坡賽路一九六號，想預訂本刊的朋友，把信寄上列地點紅黑出版處，當可收到。

現在把我們預定出版的新書列下：

他走後（小說）	丁玲著	她的自傳（小說）	丁玲
也頻詩選	丁玲編	革命者（小說）	沈從文著
第一次的戀愛（小說）	甲辰著	男子須知（小說）	甲辰著
愛與饑餓（小說）	胡也頻著	F夫人的戰略（小說）	胡也頻著
玫侖女士（戲劇）	胡也頻著	從文的自序	胡也頻著

廣告載《中央日報》1928 年 10 月 26 日

《人間月刊》（沈從文先生 丁玲女士主編的）出版預告

發行一種刊物的理由，如果說得堂皇一點，有的是動人好聽的詞兒。但是我們發行這月刊，老實說，只是想使讀者多有一份愛讀的刊物，作者多一個說話的地方，出版的多一種練習工作的機會。多與讀者相見，省得去登那費錢多而收效少廣告。說到賺錢，外行也許不知道，凡是辦過月刊周刊的總該曉得辦定期刊物是賠錢的機會來得多些。從文先生與丁玲女士，想來用不著我們來介紹，他們的作品流行在愛好讀新文學的人們中間，是許多讀者很熟悉的。特約做稿子的人都是國內知名之士，如徐志摩，葉紹鈞，孫伏園，戴望舒，張友松，朱溪，杜衡諸先生。內容注重新的文藝創作，翻譯，批評，介紹以及學術，思想，婦女問題。現在規定十八年一月十日版，每期零售二角，訂全年十二冊，郵費在內。上海人間書店閘北西寶昌路。

廣告載《認識周報》第 1 卷第 1 期，1929 年 1 月 5 日

　　隨著政治、經濟等的優勢，上海在二十年代中期後逐漸成爲中國新興出版業的中心，吸引了大批北方文人以及文化機構輾轉上海。1928 年 1 月，在文壇嶄露頭角的沈從文爲了尋求自身事業的發展，並爲了遠離北方軍閥的迫害，經海路來到上海。﹝註 1﹞兩個多月後，丁玲和胡也頻也來到上海。由於三人在北京時已是好友，到上海後繼續保持密切的聯繫。對於胡也頻和丁玲來講，在上海定居下來後首先就面臨生存問題，時任《中央日報》總編輯的彭學沛邀請胡也頻擔任《中央日報》副刊的編輯，每月可得 200 元報酬，這對處於經濟困窘的他們來說自然求之不得。由於三人的密切關係，胡也頻作爲副刊的掛名編輯，丁玲、沈從文自然也參與了副刊編輯工作，他們三人商定副刊名爲《紅與黑》。1928 年 7 月 19 日，《中央日報》副刊《紅與黑》正式創刊，每周出版兩期，逢周三、四出版。從 8 月 15 日第 8 期起，副刊改爲每周四期，從星期二至星期五按日出版。

　　三人有了「自己」的刊物，但這樣的情況可謂「好景不長」。儘管副刊有其獨立性，但只是相對而言。作爲國民黨的黨務報刊，自然對副刊刊載的內容也有要求，這對胡也頻的編輯工作帶來了不便。加之《中央日報》在本年冬天又計劃遷至南京出版，看來他們需要另謀出路。正在這個時候，胡也頻的父親來到上海做生意，帶來了一筆鉅款。胡也頻徵得父親同意，決定借一部分資金來創辦一個出版社和一個刊物，以實現他們三人流浪北京時的夢想。在 1928 年 10 月 26 日的《中央日報》副刊《紅與黑》第 47 號上，胡也頻提前刊出了《〈紅黑〉創作預告》，這預告上表示他們三人除了創辦《紅黑》月刊外，還打算辦一個出版社和出版紅黑叢書。預告上也暗示了《紅與黑》即將停刊，「事實使我們緘默，我們只能暫時把這工作停頓。」此外，他們也再次重申了他們的編輯主張：「不漠視別人，不誇捧自己，不以抄襲販賣新興論思想驚嚇年輕人，不假充志士或假裝熱情騙一部分人喜歡。」﹝註 2﹞本月底，《紅與黑》編至第 49 號後宣佈停刊，胡也頻在本期刊出了《胡也頻啓事》，宣佈辭去編輯工作。

　　辭掉《紅與黑》的編輯工作後，三人有了集中精力創辦自己的事業的時

﹝註 1﹞吳世勇編《沈從文年譜》，第 51 頁，天津人民出版社 2006 年版。
﹝註 2﹞《〈紅黑〉創作預告》，《中央日報‧紅與黑》1928 年 10 月 26 日。

間。於是，他們在上海薩坡路 204 號合租了一棟三層樓一樓一底的房子，帶著橫豎也要搞下去，無論怎樣都得搞下去的決心，他們以湖南湘西的土話「紅黑」作爲出版處的名稱，開始編輯《紅黑月刊》和紅黑叢書。沈從文曾記載了他們三人爲辦刊物辛勤工作的情景：「爲了《紅黑》的事情，我們於是都顯得忙起來了。其中最忙的還是海軍學生（指胡也頻），從編輯到去印刷所跑路，差不多全是他理。他去送稿，去算賬，去購買紙張同接洽書店，直到刊物印出時，我才來同丁玲把刊物分派到各處，清理那些數目，或者付郵到外埠去，或者親自送到四馬路各書鋪去。」〔註3〕正在他們謀劃建立出版社和創辦《紅黑》時，上海人間書店又邀請他們編《人間》月刊，只負責編輯不負責發行。這樣三人就略有分工，胡也頻主要負責《紅黑》月刊，沈從文主要負責《人間》月刊，而丁玲主要協助胡也頻、沈從文作一些事務性工作，如郵寄稿件，聯繫印刷，分發刊物，聯繫書店等。兩份刊物原計劃出版時間爲 1929 年 1 月 10 日一齊推出（從上面的廣告可知），但只有《紅黑》按時問世，而《人間》延遲了十天，到 1929 年 1 月 20 日這天，《人間》創刊號匆匆問世。

　　《紅黑》月刊採用 16 開本，刊物封面由杭州美院教授劉阮漂設計，白色的底色，封面正中是紅黑兩色「紅黑」兩個大美術字，給人視角上以強烈的衝擊。在《紅黑》第 2 期上，編者在《附錄》中宣佈了刊物的定位：一、本刊是偏向於文藝方面的月刊，卻並不一定是國內唯一的，也不限定比別的會好。但同人所信仰的是各自的努力，將成績以供同好者的閱覽。二、本刊因同人的趣味和能力，除了翻譯和介紹之外，特別注重創作。三、本刊也選登來稿。〔註4〕主要撰稿人以丁玲、沈從文和胡也頻爲核心作家，黃丙、戴南冠、許次寶、江陰、謝冰季等文學新人也在刊物上發表過的作品。爲了促銷，《紅黑》頗爲重視宣傳，除了在《中央日報》提前刊出了預告外，在 1929 年 1 月 11 日《紅黑》創刊號出版後的第二天，《申報》上也刊登了《紅黑》的創刊號目錄以及「紅黑叢書」之一《也頻詩選》、沈從文著《男子須知》宣傳廣告，並且非常醒目地刊登了一則啓示（見上引）。由於刊物的純文藝立

〔註 3〕沈從文《記胡也頻》，《沈從文全集》第 13 卷，第 30 頁，北嶽文藝出版社 2002 年版。
〔註 4〕《附錄》，《紅黑》第 2 期，1929 年 2 月 10 日。

場以及大力宣傳，使得《紅黑》一炮打響，在市場上獲得了很好地反響。「第一期的刊物，本埠在一個禮拜內就將近賣去一千份，得到這個消息時我們歡喜興奮得臉上發紅。在各地的朋友，都來信說我們這個刊物很好，有內容，文章有分量。北京方面有爲我們幫忙的朋友，廈門方面也有爲我們幫忙的朋友，武昌同廣州，都有來信希望我們多寄一點。許多作者都以爲我們這刊物合乎一個理想的標準。我們心想，以後每期應當印五千，似乎才夠分配。」〔註5〕可見，三人合作辦刊問世的《紅黑》確給了他們極大的自信心。

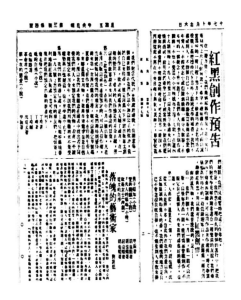

《人間》月刊也採用 16 開本，封面刊名爲「人間」，內封刊名爲「人間月刊」。爲了在文壇造成影響，書店也提前在報刊上刊登了創刊廣告（見上引）。在創刊號上，主編沈從文爲本刊寫了《卷首》，表明了他們要埋頭於創作，不受文壇糾葛、政治與商業的威逼利誘，強調走自己的路：

> 所謂一群，人數眞是怎樣稀少！三個吧。五個吧。比起目下什麼大將，高踞文壇，文武偏裨，背插旗幟，走狗小卒，搖旗吶喊，金錢萬千，同情遍天下者，又眞是如何渺渺小小之不足道！然而爲了一種空空的希望，爲了我們從這事業上可以得到生活的意義，幹了下來。

〔註5〕沈從文《記胡也頻》，《沈從文全集》第 13 卷，第 30 頁，北嶽文藝出版社 2002 年版。

此時的中國，要不要一些呆子來幹，許不許可各人找尋自己的方向，是很容易明白的。說教者充滿天下，指揮者比工作者多十倍千倍，適於專制制度下生存的民族，雖在政治表面上無從磕頭作揖，口稱奴僕，然性情所歸，將趣味供某種主張驅使，則仍為必然的一事，想像所謂首領輩，對於接見年青人時，年青人或曾用筆作揖，或用口作揖，連說「崇拜」，首領則掀髯大笑，口稱「准予入夥」情形，不禁嗒然若失。中國在文學上是已有正牌子首領了。同政治一樣。於政治，則人人都應有信仰，否則「反革命」殺。於文學禁律眼前雖尚不至於如此，然不表示投降，則多災多難，亦一定。我們是在寫文章以外還沒有學到「載筆稱臣」的本事，來日大難，可以預卜！

同《紅黑》一樣，《人間》也主要刊登創作，兼登翻譯作品以及批評。主要撰稿者有丁玲、胡也頻、沈從文、姚篷子、陳夢家等人。可以看出，《紅黑》和《人間》兩個刊物屬於姊妹刊物，但他們在堅持走自己的道路的同時，也面臨把自己與文壇隔離開來的危險。正如李輝所說：「他們強調獨立，強調走自己的路。固然是可貴的一種文學態度，而且刊物上發表了一些他們的重要作品。但在編輯刊物上，卻使他們無形之中將刊物形成一個狹窄的天地。除了自己的作品，他們沒有引人注目地擴大作者隊伍。」〔註6〕

在維持這兩個刊物的同時，他們還計劃出版「紅黑叢書」以及二百零肆號叢書。在《申報》1929 年 1 月 11 日的廣告中，已經列出「紅黑叢書預告」10 種，分別是：也頻詩選（丁玲編）、他走後（小說，丁玲著），她的自傳（小說，丁玲著），革命者（小說，沈從文），第一次的戀愛（小說，沈從文），男子須知（小說，沈從文著），愛與飢餓（小說，胡也頻著），R 夫人戰略（小說，胡也頻著），玫侖女士（戲劇，胡也頻著），從文自序（散文，也頻編）。但最後問世的只有《也頻詩選》（上海紅黑出版社 1929 年 12 月初版）和《男子須知》（上海紅黑出版社 1929 年 2 月初版）兩種。二百零肆號叢書原計劃由人間書店出版，但只出版了《不死日記》（沈從文著，上海人間書店 1928 年 12 月初版）一種，其餘的四種改在其他出版社推出：《阿麗思中國遊記》（第二卷，沈從文著，上海新月書店 1928 年 12 月初版）、《呆官日記》（沈從文著，上海遠東圖書公司 1929 年 1 月初版）、《牧場上》（胡也頻著，上海遠

〔註6〕李輝《沈從文與丁玲》，第 46 頁，湖北人民出版社 2005 年版。

東圖書公司 1929 年 3 月初版）、《消磨》（胡也頻著，上海尚志書屋 1929 年 1 月初版）。

　　胡、丁、沈在 1929 年初一邊編《紅黑》、《人間》，一邊策劃叢書的出版。特別是《紅黑》一炮打響，似乎他們的事業前景頗爲光明，但他們馬上就面臨了的困境。二十年代後期的上海出版界，書店林立，報紙、雜誌衆多，都在爭取有限的市場份額。這種激烈的競爭中，資金的雄厚至爲關鍵。對出版經營而言，創辦期的資金投入或許不大，由於上海出版界有「鋪帳」的潛規則，這就需要不斷加大投入以維持書店及期刊的運轉。儘管紅黑出版社在盡力爭取固定用戶，以避免過大的「鋪帳」，但是對於他們在出版界缺乏經驗和人脈，他們不得不將出版的雜誌、叢書批發給上海本埠外埠書店代銷，不能不忍受書商的殘酷剝削，由於後續資金缺乏，《紅黑》月刊雖然銷路好卻遲遲收不回資金。加之，爲人間書店編刊物只合作了三個月（《人間》月刊只出版了三期，第四期已編好目錄，但最終還是未能出版），《人間》的事業結束也意味著沒有穩定的資金來源。這樣，紅黑出版社及《紅黑》沒有持續的資金投入，《紅黑》堅持到第 8 期被迫停刊，出版社也只好宣佈倒閉，爲此每人還攤上一大筆債務。三人合作辦出版社以及刊物的努力就以失敗告終。作爲當事人的沈從文曾非常痛心這次失敗：「《人間月刊》出到四期就停頓了，《紅黑月刊》出到八期也不能不結束了，來了一惡搞意料中的失敗。……我們早知道在上海一切競買的情形下，這刊物不能賺什麼錢。我們知道外埠書業的積習，對於用一點點錢來辦一個刊物，是一種純粹冒險的舉動，我們原先只希望可以辦十二期，滿足到一年的數目，我們希望多一些定戶，同遠地的定戶直接交易，在一種毫無實利的情形下，維持這個刊物稍久一點。但一切希望都同事實不合，從各樣打算上都不能維持這個刊物下去。」〔註7〕

　　除了經濟上的困窘導致停辦外，思想上的分歧也導致了三人合作難以爲繼。50 年代初，丁玲就談到了他們三人的思想分歧：「胡也頻有一點基本上與沈從文和我是不同的。就是他不像我是一個愛幻想的人，他是一個喜歡實際行動的人；不像沈從文是一個常處於動搖的人，又反對統治者，又希望自己也能在上流社會有些地位，也頻卻是一個最堅定地人。」〔註8〕正是由於思想

〔註 7〕沈從文《記胡也頻》，《沈從文全集》第 13 卷，第 32 頁，北嶽文藝出版社 2002 年版。

〔註 8〕丁玲《一個眞實人的一生》，《人民文學》1950 年第 2 期。

性格的差別，他們從此開始確實有了「分道揚鑣」的迹象。特別是胡也頻、丁玲認識了馮雪峰之後，他們的思想便發生了質的變化，如在《紅黑》第 3 期上的《卷首題辭》就明確表達了編者向左走的決心：

地球上沒有黃金是鐵色的；所以要經歷一個暗淡人生，才充分地表達這人生的可悲事實。

文藝的產生是因為缺陷的，並且為這缺陷的人類而生存著。

要創作，必須深入地知道人間苦，從這苦味生活中訓練創作的力。

文藝的花是帶血的。

在《紅黑》第 7 期中，胡也頻又發表了中篇小說《到 M 城去》（即《到莫斯科去》）。可見，這時的胡也頻思想發生了明顯的左傾。刊物停辦之後，經新月派的朋友徐志摩、胡適的幫忙，沈從文到了中國公學任教，走上自由知識分子的道路。胡也頻到濟南一所中學教書，後丁玲也趕往濟南。幾個月後，因胡也頻在學生中間宣傳馬克思主義理論，遭到通緝後被迫和丁玲逃回上海，他們參加了「中國左翼作家聯盟」，成為投身於左翼政治運動的作家。

儘管他們三人首次的出版事業是失敗了，但也正是這一時期，由於他們自己創辦出版社和刊物，較少接受外稿，所以迫使他們三人不停地創作來填充版面，三人在文學創作方面卻有了大的收穫。沈從文就曾回顧這一時期的創作情況：「為了這個刊物同《人間月刊》，我們一面忙到雜事，也一面得很謹慎的寫許多文章，所以十八年這一年頭，算是我們最勤快的工作的年份，各人皆寫了許多作品。在也頻的所有作品中，以技術完美同內容統一而論，也是這一年成績最好。」〔註9〕筆者據《丁玲年譜》統計，1928 年 7 月至 1929 年 8 月期間，丁玲創作的小說、序引、散文等近 20 篇之多。可見，這一時期也可算是三人創作的爆發期。

〔註 9〕沈從文《記胡也頻》，《沈從文全集》第 13 卷，第 30 頁，北嶽文藝出版社 2002 年版。

張若谷編《女作家號》

眞美善女作家號現已出版　眞美善雜誌一週年紀念號外
女作家號目錄（略）
每冊實價八角　郵購另加寄費一角
上海河南路五二五號　眞美善書店發行
廣告載《申報》1929 年 1 月 5 日

眞美善週年紀念專號　女作家號　張若谷編　實價八角

本號都二十五萬言，包含女作家三十餘人。作家如冰心、綠漪、盧隱、學昭、白薇、昌英、雪林等作品。每篇冠以作家自己的相片，又用銅版精印女畫家及女雕刻家之作品及相片十餘幅。初版告罄，今再版亦將售完，購者從速。
廣告載《眞美善》第 6 卷 6 期，1930 年 10 月 16 日

本號都二十五萬言，包含女作家三十餘人。如冰心綠漪盧隱學昭白薇昌英雪林等知名之代表作，每篇冠以作家自己相片，又用銅版精印女畫家及女雕刻家之作品及相片十餘幅。出版以來，轟動文壇，今已三版，價值可見。
廣告載《生活周刊》第 6 卷第 22 號，1931 年 5 月 23 日

1927 年，曾孟樸在上海創辦眞美善書店，其子曾虛白從天津返回上海協助其父。爲了擴大書店的影響，他們決定創辦一個文藝雜誌，這樣既可讓自己的創作有發表的陣地，還可擴大書店聲譽。1927 年 11 月 1 日，曾孟樸、曾虛白父子主辦的文藝刊物《眞美善》問世，該刊以發表創作爲主，同時也很

重視翻譯介紹外國文學。在父子二人的努力下,《眞美善》很快在上海文壇站穩了腳跟。由於曾氏父子頗好結交文友,這樣以眞美善書店及雜誌《眞美善》爲平臺,通過「沙龍」或「咖啡座」等方式,逐漸形成了一個具有獨特藝術趣味的作家群。除了曾氏父子外,還有傅彥長、趙景深、朱應鵬、徐蔚南、邵洵美、張若谷、葉鼎洛、馬仲殊、王墳等。《眞美善》創刊一週年之際,曾氏父子決定搞個紀念活動。但確定編一本女作家專號來作爲刊物創辦一週年紀念的想法卻頗爲偶然。主編張若谷曾憶及這一策劃過程:「十七年七月七日我在曾孟樸先生家裏,同曾氏父子兩位談天,我恰巧譯完了法國婁梅德 Lemaitre 著的《法國的女詩人與散文家》一文,因此大家就談到這個女作家的問題上去。……我當時就不負責任隨便說了一句,提議出一個女作家專號。過了二個多月,虛白先生忽然寫信給我,要我負責替《眞美善》編一本週年紀念號外,《女作家號》因此就受孕預備誕生了。」〔註1〕可見,儘管張若谷在 7 月初就有了提議,但作爲書店老闆的曾氏父子先並不認可,這一提議自然「胎死腹中」。兩個月後,因要搞創刊一週年活動,才想起了張若谷的提議,《女作家號》才有了「起死回生」。

一旦確定編輯計劃,書店方和主編張若谷分頭展開了工作。曾虛白撰寫了眞美善女作家號徵文啓事,啓事中對出版女作家號的緣起和目的動機有如下交代:「中國荒涼紊亂的文壇上,幾年以內卻已有好多位天才的女作家向著我們發出異常可羨的光輝。這是我們簡短的新文學歷史上最可自傲的一點。然而,感覺不十分靈敏的群眾對於這種現象卻淡漠得很;這也是我們老大民族的老脾氣,沒有人大聲叫嚷,他們的耳朵永遠是聾的,眼睛永遠是瞎的!因此我們想趁著本店週年的機會發行一本《女作家號》給中國文藝界

的鮮花,讀書界的天使做一個搖旗吶喊的先鋒,讓聾盲的群眾認識他們(指女作家)整體整個的偉大。」〔註2〕張若谷積極聯繫女作家,展開約稿活動。

〔註 1〕張若谷《關於〈女作家號〉》,《眞美善》第 4 卷 1 期,1929 年 5 月 6 日。
〔註 2〕曾虛白《眞美善的女作家專號》,《申報》1928 年 9 月 27 日。

經過張若谷以及眞美善書店通力合作，從籌備徵稿到齊稿付印止，前後花了不到兩個月。1929 年 1 月 5 日，《女作家號》正式與讀者見面。〔註3〕

《女作家號》共計 634 頁，三十二開本，二十餘萬字，共 56 篇。除了包括二十餘位女作家（知名的女作家有冰心、盧隱、綠漪、陳學昭、袁昌英、白薇、呂碧城等）的詩歌、小品、小說、戲曲 40 餘篇外。還有 9 位男性作家寫的女作家傳記和評論 10 篇和 2 位女作家寫的評論，涉及到的女作家有萊加米兒夫人、莎茀、諾亞伊夫人、石評梅、虞山女作家等。此外，還有插圖 7 幅，這些作品都由聞名畫壇的女畫家所作，如關紫蘭、潘玉良、方君璧、方於等。總之，專號圍繞女性，既有女作家作品，也有女畫家的作品，還有對中外女作家的評論，內容可謂十分豐富。封面插畫由著名畫家朱應鵬繪製，以一現代女性手握雞毛筆，側身示人，頗具現代知識女性的神韻，封面與女作家的書名及內容相契合，傳達出本專號欲展示現代女性的風采。儘管書店出版這本《女作家號》是爲了紀念刊物辦刊一週年，但書店也把此專號的出版作爲一種商業活動。所以，在圖書問世前後，書店也大肆進行了宣傳。首先，書店在專號還未推出前就進行了預約銷售。如在《申報》1928 年 12 月 15 日刊出了《眞美善女作家號發售預約》的廣告，以「中

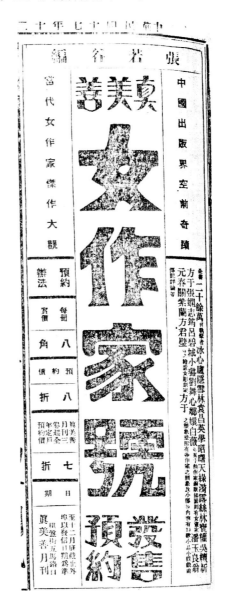

〔註 3〕《民國圖書總目》、《中國現代文學期刊目錄彙編》等圖書中認爲此專號的出版時間爲 1929 年 2 月，實際出版時間爲 1929 年 1 月 5 日。筆者據《申報》上的廣告以及評論《眞美善女作家號》以及《關於眞美善女作家號的幾句話》得出此結論。

國出版界空前奇迹當代女作家傑作大觀」相號召，八折預約，截止 12 月底。
並有一段介紹專號的文字：全書二十餘萬言，執筆者冰心廬隱雪林袁昌英學
昭曙天綠漪露絲林寶權吳續新方於張嫻志筠呂碧城小璐劉舞心娜嬛白薇等五
十餘作家。銅版插圖則有女畫家潘玉良翁元春關紫蘭方君璧等之繪畫，女雕
刻家方於之塑像。並附有各作家之照相及小傳。內容有詩歌小品小說戲曲傳
記評論等。專號問世的當天和第二天，也在《申報》連續兩次上刊登了《眞
美善女作家號現已出版》的廣告。《眞美善》雜誌作爲書店出版信息的發佈平
臺，也多次刊登了女作家專號的出版預約廣告、出版廣告，再版廣告。在書
店的多方面宣傳下，《女作家號》問世後極爲暢銷，初版 3000 冊不到二個月
就售罄，三月底再版印行 7000 冊，銷路也很可觀，1930 年底又印行了三版
3000 冊。

　　能快速地編印出《女作家號》，主編張若谷費了不少功夫。特別是邀請一
些作家寫稿時往往遭到拒絕。如他約請女作家冰心、丁玲寫稿就碰了釘子。
冰心以課務繁忙委婉拒絕了寫稿：「執筆是絕對無望，就是提起筆來，文思也
是非常艱窘，做得有氣沒力的不如不做！……此外還有別的等等地方，我都
未能應命，心中的歉、恨只有我自己知道。」〔註4〕約不到冰心的稿件，張若
谷把冰心給他的拒絕寫稿的回信以《冰心女士來信兩通》收入。而他向丁玲
約稿更是遭到當面的拒絕。丁玲晚年曾憶及自己拒絕約稿的過程：

　　　　有幾個穿著非常講究的西裝、革履、油頭粉面的人走到我的坐
　　前向我招呼，自我介紹。呵！原來是《眞美善》雜誌的編輯先生
　　們。……他們告訴我，出一期「女作家」專號，約請了一些有名氣
　　的女作家寫稿。希望我也給他們一篇，……我當時婉言拒絕了，因
　　爲我不懂得在文學創作中還要分什麼性別，先生們不理解我爲什麼
　　拒絕，還笑吟吟地解釋，哇啦不已。我有些煩了，就直率地答道：「我
　　賣稿子，不賣『女』字。」〔註5〕

　　祝秀俠曾想像張若谷向女作家們約稿的情形，說他「走得滿臉是漢，面
懇函求，幾乎連兩個膝蓋都要屈下去，才編成了一本所謂『女作家號』」。可
見，在短短的時間裏，能聯繫到 30 餘位作家並說動她們（他們）爲此專號寫
稿本就不是容易的事。

〔註 4〕《冰心全集》第 8 集，第 1 頁，海峽文藝出版社 2012 年版。
〔註 5〕丁玲《寫給女青年作者》，《青春》1980 年第 11 期。

　　作為主編，張若谷為專號寫了三篇文章，分別是《卷頭語》、《中國現代的女作家》、《編者講話》。《卷頭語》引用李汝珍《鏡花緣》中一段武則天開女試詔的文字，表明要「群推翹秀古今歷重名媛，慎選賢能閨閣宜章曠典……陰教咸仰敷文，才藻益徵競美。」在《中國現代的女作家》中，作者首先就列出了近代一般人對女子文學的問題，逐一分析了「女子不宜於文學著作」、「女子最宜於文學著作」和「女子亦宜於文學著作」三種觀點。他觀點鮮明地認同第三種觀點，並認為「女子有女子的文學，男子有男子的文學，兩者各有自己特殊的範圍領域，彼此不得侵佔干犯。」文章的第三部分中，作者檢閱了新文學運動以來至今在文壇頗有聞名的女作家，包括冰心、盧隱、CF女士、馮沅君、陳學昭、林淑華、白薇、吳曙天、陳衡哲、沈性仁、張嫻、林蘭、高君箴、陸小曼、魏蘭、將逸霄、呂沄沁、丁玲、露絲、陳鴻璧、文娜、輝群、蘇雪林等共 23 人，這些納入張若谷視野的女作家並未局限於選入本專號的女作家，還把未列入專號的的丁玲、陳衡哲、馮沅君等都有涉及，使得本專號涉及到的女作家數量大大增加了，可謂把二十年代的女作家一網打盡，而文中對這些女作家文學實績的介紹與簡評也頗為中肯，真可謂新文學第一個十年的女性文學小史。在《編者講話》的跋文中，作者對本專號的編選情況交代了三個方面的情況。一是撰稿者除了女作家的鼎力支持外，朱應鵬、傅彥長、徐蔚南、邵洵美為本專號寫了評論文章，此外，趙景深、葉鼎洛、鄭振鐸等為專號出謀劃策。二是對本號的卷頭插圖、每篇文字前的裝飾畫、以及五位女畫家的繪畫等情況也作了較詳細的交代。三是交代了本專號是在抽去了十多萬字篇幅的前提下順利編成的，這些抽取的稿件將在《真美善》雜誌上陸續發表，以彌補未能面世的遺憾。

　　應該說，真美善書店以及張若谷策劃編《女作家號》本是展示二十年代女性作家創作、鼓勵女性積極從事文學創作的一次大膽舉措，但在二十年代的時代語境中，這種商業行為包裝下的女作家專號一經披露就遭到了婦女界以及文壇「一種冷意的批評」，〔註6〕以致成為 1929 年上半年文壇的一個「事件」。圍繞《女作家號》的爭論文章，據筆者粗略統計有三十餘篇之多，列表如下：

〔註 6〕編者《對〈文學周報〉的聲明》，《申報》1929 年 2 月 24 日。

序號	題名	期刊（報紙）	時間	作者
1	女作家專號	《大江》第 3 期	1928.12	沈端先
2	冰心廬隱與張若谷	《獅吼》第 11 期	1928.12.1	編者
3	對不住張若谷	《獅吼》第 12 期	1928.12.16	編者
4	女作家號	《文學周報》第 8 卷第 1 期	1929.1.1	靜因
5	復活的獅吼	《文學周報》第 8 卷第 1 期	1929.1.1	束生
6	告《申報》的璋君	《文學周報》第 8 卷第 5 期	1929.1.27	靜因
7	梅××專號	《文學周報》第 8 卷第 5 期	1929.1.27	靜因
8	對於申報本埠增刊的聲明	《文學周報》第 8 卷第 8 期	1929.2.17	編者
9	文藝界之花	《新女性》第 4 卷第 1 期	1929.1.1	介子
10	發泄變態性欲的女作家號	《新女性》第 4 卷第 1 期	1929.1.1	不謙
11	再談《女作家專號》	《新女性》第 4 卷第 2 期	1929.2	不謙
12	對於張若谷先生的不敬	《新女性》第 4 卷第 2 期	1929.2	沈翔九
13	讀女作家號筆記	《今代婦女》第 7 期		梁得所
14	女作家用不著人家捧場	《婦女共鳴》第 8 期	1929.4	自我
15	眞美善女作家號	《申報》	1929.1.9	乙斐
16	關於女作家號的幾句話	《申報》	1929.1.16	華
17	鄭振鐸魯迅與張若谷開玩笑	《申報》	1929.1.16	璋
18	女作家	《時事新報》	1929.1.9	超群
19	眞美善的女作家	《生活》第 4 卷第 11 期	1929.1.27	編者
20	文人的醜態	《民國日報》	1929.1.25	競文
21	女作家傳染	《民國日報》	1929.1.27	鴻儀
22	讀過《女作家號》以後	《海風周報》第 5 期	1929.1.27	祝秀俠
23	女作家號	《一般》第 7 卷第 2 期	1929.2.5	春嫵
24	告智慧的男女們	《上海漫畫》第 40 期	1929.1.27	少飛
25	所謂藍襪子者	《新月》第 1 卷第 11 期	1929.1.10	梁實秋
26	張若谷開女試詔	《青海》第 7 期		沙生

27	女作家號隨筆	《文友》		四末
28	關於女作家號	《晶報》	1929.2.18	雪因
29	荊非女性辯	《晶報》	1929.2.21	丹翁
30	讀女作家號	《雅典》第 2 期	1929.2.15	雷雅雨
31	女作家	《認識周報》第 1 卷第 14 期	1929.4	畢樹棠
32	關於《女作家號》	《眞美善》第 4 卷第 1 期	1929.5.16	張若谷

以上所列的文章中，批評的意見主要集中在三個方面：一是指責編者用「女性」作爲噱頭，這種以「女作家」或者「閨秀文人」的名目除了誘惑讀者，獲得財源廣進外，沒有什麼意義。反而是讓這些「女作家」麻醉了自己，而忘記了自己屬性的切身任務。如沈端先的《女作家專號》、靜因的《女作家專號》、不謙的《發泄變態性欲的女作家專號》等。二是指責主編張若谷編女作家號的態度。不謙的《再談〈女作家專號〉》認爲張若谷仿武則天開女試詔；沈翔九《對於張若谷先生不敬》認爲張對女作家文學創作批評不妥當。等等。三是對專號的內容頗爲不滿。認爲有男作家的文字收錄其中，而收錄女作家的作品並不是頗具代表性佳作。如祝秀俠的《讀過〈女作家號〉以後》、沙生的《張若谷的開女試詔》。除了批評文章外，對專號給予中肯的評價（讚美）的文章也爲數不少，如乙斐《眞美善女作家號》、《生活周刊》編者的《眞美善的女作家》、梁得所的《讀女作家號筆記》、四末的《女作家號隨筆》等等，對專號所收的作品有中肯的評論。對於婦女界、讀書界對專號的批評，主編張若谷寫了《關於〈女作家號〉》，在這長達萬言的文章中，作者對婦女界、讀書界關於專號的批評、指責以及對自己的挖苦、嘲諷等一一進行了回應。最後，他總結了這次文壇的論爭：「總之，女作家號的出版，能夠引起讀書界方面的注意是一件很難得的事了，雖則一般的批評並不是同情或好意的，但是，我們對於鼓吹女子文學運動的吶喊的這一個小小的使命在可能範圍之內總可以算是已經略盡過一點責任了。自然我們也知道，爲要引起女性對於文學的要好，爲要提倡女子文學新運動，決不是單出一本《女作家號》所能濟事的。要希望女子文學的抬頭，要希望中國女子新文學運動的成功，還是全賴中國現代的女作家們自己去繼續努力。」〔註7〕1930 年底，譚正璧爲《中國女性的文學生活》寫自序時，還曾爲張若谷編《女作家號》所遭受的批評鳴

〔註 7〕張若谷《關於〈女作家號〉》，《眞美善》第 4 卷 1 期，1929 年 5 月 6 日。

不平：「夫女性而成爲問題，女性之不幸也；爲男女性者，當本『同爲人類、悲樂與共』之旨而扶掖之，贊勉之。今乃不此之務，反從而非嗤之；若昔張若谷氏編雜誌《女作家》，或譏其何不另編《男作家》而只取悅女性。」〔註8〕

　　在我看來，儘管《女作家號》問世前後遭到了許多批評，但《女作家號》的暢銷無疑給出版界指明了一條出版方向，儘管在許多人看來，以凸顯女性性別相號召的出版物，都帶有販賣「女性」的意味，但只要有利可圖，書局自然樂意。就在當年 9 月，張若谷爲了繼續提倡女子新文學運動，他創辦了《女作家雜誌》，金屋書店出版並發行。30 年代初，復旦大學教授姚名達和夫人黃心勉專門創辦了女子書店，專門以出版女子著作，爲女性提供讀物。該書店還於 1933 年 3 月 8 日創刊了《女子月刊》，編選《女子文庫》，計劃每兩年出版一集，每一集又分 10 種叢書，共 100 冊。此外，出版界還陸續推出了《女作家小叢書》、《女作家小品選》、《女作家隨筆集》、《女作家散文選》、《女作家日記選》、《女作家書信選》等，這些書局、期刊以及圖書的問世大大推動了女性從事創作的熱情。所以，《女作家號》的編選出版客觀上卻促進了中國現代女性從事文學創作的風氣。張若谷不但鼓勵培養了一大批現代女性作家，客觀上也推動了中國新文學的繁榮。但是，由於張若谷與魯迅有過恩怨，加之抗戰後受不了嚴刑拷打，變節成了落水文人，這種被打入歷史另冊的作家自然不會受到解放後的文學研究界關注，他編選《女作家號》以及倡導中國女子文學運動的歷史功績也早已堙沒。

〔註 8〕譚正璧《〈中國女性的文學生活〉自序》，《中國女性的文學生活》，上海光明書局 1931 年版。

讓謝冰瑩一舉成名的《從軍日記》

行軍日記　冰瑩女士著　豐子愷題卷面及插畫

（預計一八年一月出版）實價每冊四角　　上海春潮書店 1929 年 3 月初版

「革命文學」的名詞我們聽到很久了。但是革命文壇裏面到底是怎樣一回事，卻常叫人發生「只聽樓板響不見下樓來」似的感覺。革命文學的名詞如果可以成立，似乎應該是除了革命以外看不出人生意義的純潔心靈在革命程途上發生出來眞摯的聲音。

這幾則《行軍日記》是兩年前革命怒潮澎湃的時候激盪出來的幾朵燦爛的浪花。是一個革命疆場上的女兵在戎馬倉皇中關不住的幾聲歡暢。這算不算得史革命文學呢？只有作者和讀者知道。讀者請聽聽作者今日的憶戀吧：

「不堪回首的兩年前的今天啊，那正是一百五十個健兒健女高唱著歌在湘鄂道上前奔著前奔著。去追求人生之意義，努力人生之工作。創造人生之世界。那時也有這般狂風，這般淫雨，但我們不知道是苦，只覺得明天就是暖和的晴日。血紅似的太陽，前面是光明的大道。美麗的花園。」

如今是：「朋友們，愛我的朋友們，我正過著厭倦了的生活。我正想遊戲人間，糟蹋一生。」

讀者們，看了這幾句話以後你們的感想怎樣？

廣告載《春潮月刊》第 1 卷第 2 期，1929 年 1 月 15 日

從軍日記（增訂再版）　謝冰瑩著

上海春潮書店 1929 年 9 月再版

這是革命怒濤澎湃的時候一個疆場上的女兵的日記，內容是抒寫革命青年的熱情和女性革命戰士的生活。她告訴我們，從事革命工作的時候，不記

得有家族，不記得有個人，只曉得要將自己的熱血——被壓迫民眾的熱血，灑到帝國主義者和軍閥的身上去。這的確是真純的革命熱情的結晶。出版以來，讀者的批評發表在各雜誌上的，前後不下十餘篇，可見本書給予大家的印象之深了。現經再版，作者又添上三篇珍貴的舊作。內容大增，售價仍舊。

廣告載《春潮月刊》第 1 卷第 9 期，1929 年 9 月 15 日

1927 年 5 中旬，楊森和夏斗寅部通電反對武漢國民政府。武漢國民政府一面組織中央獨立師西征，一面加強宣傳工作。而武漢國民政府中央宣傳部直轄的報刊《中央日報》自然要承擔此項宣傳任務。時年 21 歲的女兵謝冰瑩也隨中央獨立師西征，在擔任宣傳救護工作之餘，寫下了一些戰地通信。由於此前在同學的介紹下，謝冰瑩見到了《中央日報》的副刊主編孫伏園，並得到孫口頭約稿的邀請。出於對孫的信任，謝冰瑩把寫的這些戰地通信寄給他。因著這樣的政治形勢，謝冰瑩所寫的戰地通信對宣傳中央獨立師無疑是絕好的材料。所以，孫伏園很快就把她寄來的通信陸續發表在《中央副刊》上，具體的發表篇目及時間如下：《行軍日記》（1927 年 5 月 24 日）、《一個可喜而又好笑的故事》（1927 年 5 月 25 日）、《行軍日記三節》（1927 年 6 月 1 日）、《寄自嘉魚》（1927 年 6 月 6 日）、《說不盡的話留待下次再寫》（1927 年 6 月 21 日）、《從峰口到新堤》（1927 年 6 月 22 日）。這些通信一經發表，在武漢乃至全國等地引起了很大反響，《中央副刊》和謝冰瑩本人都受到強烈的關注。同時，林語堂還把其中的一篇《寄自嘉魚》翻譯成英文，登載在英文版中央日報上，不久居然有美國某報的主筆函請《中央日報》多登這種文字。林語堂後來在為《從軍日記》所寫的序中也憶及了謝冰瑩所寫通信在報紙上發表後的反響：「大概在漢口辦事而看那時《中央日報》副刊的讀者，都曾賞識過冰瑩這幾封通信，都曾討論過『冰瑩是誰』的問題。

說也奇怪，連某主席也要向副刊記者詢問到冰瑩的真性別。這大概是在革命戰爭時期，『硬衝前去』的同志對於這種戰地的實寫文字，特別注意而歡迎。」〔註 1〕

　　日記發表後頗受讀者歡迎，但卻讓作者頗為惶恐，「以一個未滿二十的女孩，而又是從鄉下出來的十足土包子，中學還沒畢業，一點文學修養沒有，寫出來的文字，一定是不堪入目的」。〔註 2〕在謝冰瑩看來，發表已經使自己汗顏了，出版更沒有勇氣。北伐結束後，作者幾經輾轉來到上海，此時的她沒有想到要結集出版這發表過的日記。但林語堂卻告訴她：「你不要太菲薄自己了，你的《從軍日記》，儘管沒有起承轉合的技巧；但這是北伐時期最珍貴的史料，它有時代意義和社會意義，不出版，太可惜了。我要為你作一篇序，你趕快補寫幾篇吧，原來的文章太少了！」孫伏園也鼓勵謝冰瑩把發表的日記結集出版，指明「這是中央軍事政治學校女生隊留下的一點痕跡，所以有保存的必要」。〔註 3〕正是在林語堂和孫伏園兩人的鼓勵下，謝冰瑩決心把發表過的日記收集起來，附上林語堂的序和自己寫的《寫在後面》，交給了上海春潮書店出版。但正文六篇的字數還是太少，應編者的要求，作者又臨時添湊了《給 KL》。編者又在書前寫了《編印者的話》。以《從軍日記》為書名。〔註 4〕謝冰瑩還特地請豐子愷為此書設計封面，豐子愷運用兒童畫的稚拙趣味裝飾書衣，ADA 題字，豐子愷的二女兒阿仙作畫，整個封面給人一種童趣。難得的是，豐子愷還為此書畫了扉畫，扉畫呈豎長條形，一個持旗的士兵在馬上慢行，旗幟是卷起來的，馬蹄沒有飛奔，騎者彎著腰，不是進軍的雄姿，倒像掩旗收兵的敗相。〔註 5〕作者還特別在書前寫了《幾句關於封面的話》，認為小友阿仙的畫給她帶來狂喜，是美的笑，愛的笑。此書於 1929 年 3 月初版發行，首印 1500 冊。

　　《從軍日記》以日記、書信的形式，以一個女兵的視角，向讀者展現了中國大革命時期那如火如荼的戰爭生活和民眾的革命熱情，如廣告所說「抒寫革命青年的熱情和女性革命戰士的生活」。由於作者還處於學習寫作的階段，筆調自然而粗糙，但具有率真樸野的戰場氣息。在《編印者的話》中，

〔註 1〕林語堂《冰瑩從軍日記序》，《從軍日記》，上海春潮書店 1929 年版。
〔註 2〕謝冰瑩《記林語堂先生》，《謝冰瑩文集》（中），第 261 頁。
〔註 3〕轉引自謝冰瑩《最後的話》，《從軍日記》，第 57 頁，上海春潮書店 1929 年版。
〔註 4〕從該書的預告看，原名為「行軍日記」，但正式出版時卻更名為「從軍日記」。
〔註 5〕姜德明《書攤尋夢》，第 43 頁，北京燕山出版社 1996 年版。

編者把《從軍日記》和當時的「革命文學」聯繫起來:「革命文學的理論,曾經有時鼓樂喧闐,有時零零落落傳到我們耳邊來;革命文學催召的符咒,我們也常時聽到。然而革命文學到底是怎般的風味,卻始終叫人感到隔著一層障翳似的,不能體會得分明。文學如果是以情感爲神髓的,而革命文學又是革命者情感的宣露,那這一部《從軍日記》的內涵庶幾當的住革命文學的稱號。」﹝註6﹞在林語堂的序中,不但解釋了結集出版的理由,也給我們描繪了一位女兵形象:「我們讀這些文章,只看見一位年青女子,身穿軍裝,足著草鞋,在晨光希微的沙場上,拿一根自來水筆靠著膝上振筆直書,不暇改竄,戎馬倥傯,束裝待發的情景。或是聽見在洞庭湖上,一位蓬頭垢面的女子軍,手不停筆,鋒發韻流的寫敍他的感觸。」作者在寫於 1928 年 11 月 14 日的《寫在後面》中,先交代了孫伏園、林語堂先生勸其成書的過程,以及讀者讀後的批評意見,接著又回憶了自己從軍生涯以及現在的生活狀態等。

　　《從軍日記》單行本問世後,立即在文壇引起了強烈反響,關於此書的批評文字也迅速問世。荔荔的評論應該是單行本問世之後最早的一篇。他(她)認爲:「……冰瑩全部的文字,完全可說充滿著眞實,充滿著活力……的確,在作者的文字裏,沒有一處是矯揉造作咬文嚼字的,沒有一處是吮著筆濡墨慘淡經營的。它給我們整個的影像,是『活』的,不是『死』的,是『生動』的,不是『固滯』的。」﹝註7﹞稍後,毛一波也發表了自己的讀後感:「冰瑩這部實生活的記錄,實在能夠表現那時代的青年(不論男女)的努力。她所述的革

<hr>

﹝註 6﹞編者《編印者的話》,《從軍日記》,上海春潮書店 1929 年版。
﹝註 7﹞荔荔《讀了〈從軍日記〉後的閒話》,《青海》第 2 卷第 1 期,1929 年 4 月 20 日。

命青年的勇敢，熱烈而富於感情；並且，又充滿了崇高的理想和遠大的希望。
這都是事實，是可以代表那整個時代底青年之心理的。」〔註8〕章衣萍讀了這
部書後也寫出了書評，認為：「雖然《從軍日記》不是一部小說，然而我愛她
新鮮而活潑而且勇敢的文格，這不是一些專講技巧結構的文人所能寫得出來
的」。同時，他也認為「如果『革命文學』這個名詞可以成立，《從軍日記》
也可算是道地的革命文學了。」〔註9〕與章衣萍的書評發表在同期上還有李白
英的文章，他也對《從軍日記》有較高的評價：「在中國的創作中，新時代典
型的女性的作品還從未有過，……《從軍日記》……實是作者與時代與生活
相應在一條水準的成功的作品」，「全部地反映著一九二七年的革命的情景，
反映著當時的農民意識，知識分子的態度，不消說，是那個時代最好的代表
紀念品之一」。〔註10〕一月後，在《春潮》第8期上又刊出了見深的文章，他
認為：「在作品（《從軍日記》）裏，她只無修飾的，無技巧地抒發所見，所聞，
所思。然而這分明不是筆和墨所寫成的，這裡有的是熱血，悲淚和彌滿的精
力所渲染成功的一副圖畫，使每一個曾經在最近兩年動亂的場合中生活過來
的人，喚起了極強烈，極痛切的哀感。」〔註11〕此外，還有《中央大學校刊》、
《長安朝報》副刊等報刊上也刊出了關於此書的書評文字，據上引的廣告文
字介紹，近半年內就有十餘篇以上的評論見諸報端。

　　初版半年不到，《從軍日記》就再版發行，作者利用再版的機會，又增加
了《再版的幾句話》、《出發前給三哥的信》、《給女同學》和《革命化的戀愛》
四篇文章，這次再版印行 2000 冊。由於春潮書店創辦人間的矛盾，春潮書店
於 1930 年倒閉，《從軍日記》的再版只得另找出版社。1931 年 9 月，上海光
明書局推出了新版《從軍日記》，〔註12〕與春潮版相比，變豎排為橫排，內文
的標題《行軍日記》改為《從軍日記》、《行軍日記三節》也改為《從軍日記
三節》。刪去《幾句關於封面的話》。由於作者自己對此書並不滿意，所以作

〔註8〕毛一波《從〈春潮〉讀到〈從軍日記〉》，《春潮月刊》第1卷第6期，1929年
　　　5月15日。
〔註9〕章衣萍《論冰瑩和她的〈從軍日記〉》，《春潮月刊》第1卷第7期，1929年6
　　　月15日。
〔註10〕李白英《借著春潮給〈從軍日記〉著者》，《春潮月刊》第1卷第7期，1929
　　　年6月15日。
〔註11〕見深《讀冰瑩女士〈從軍日記〉》，《春潮月刊》第1卷第8期，1929年8月
　　　15日。
〔註12〕光明版《從軍日記》以後不斷重印，至至1942年，共印行到12版。

者趁出第三版時寫了《從軍日記的自我批判》置於書末。這篇文章從六個方面對作品進行了批評。在她看來，這部日記完全是些烏七八糟的零碎的斷片，日記太少而雜文太多，沒有系統，也沒有一貫的精神。由於作者寫作時想到那裡便寫到那裡，全文沒有組織，沒有結構。在技巧上看，這部日記是談不上什麼技巧的，只是寫出了當時的一段生活留作作者生命史上的痕迹。忽略了戰爭和民眾反抗統治階級及他們被壓迫的描寫而只記些輕描淡寫的使人看了發笑像故事類的東西。在寫作態度上，只有奔放的熱情，而無堅強的理智。針對有人認爲此書是革命文學，她更是認爲該書絕對說不上革命文學。

林語堂自翻譯過謝冰瑩《寄自嘉魚》後，陸續又翻譯了其他幾篇。1928年，這些英文曾收入其文集由上海商務印書館出版。而《從軍日記》的法譯本也在 1930 年完成，譯者爲留法學生汪德耀。他把《從軍日記》及《給 KL》譯爲法文後，寄給羅曼·羅蘭尋求出版。羅曼·羅蘭不但細緻地閱讀了全文，還用鉛筆和鋼筆在原稿上作了修改，並計算多少字、多少頁，後又推薦給傾向進步的瓦羅瓦書局出版。〔註13〕1930 年 8 月，巴黎的報紙《小巴黎人》還在顯要位置發表了題爲《參加中國革命的一個女孩子》的評論文章。除了《從軍日記》被譯成英、法文之外，德、日、俄、朝鮮等國的文字也迅速問世，「謝冰瑩」這個名字不但在國內迅速聞名，就是在歐美、日等國都有了影響。

正如林語堂在 1929 年所寫的序中說冰瑩現在沉寂下去了。北伐後的謝冰瑩，回到了家鄉，爲了逃避家裏訂的婚約，她又離開家庭，走向長沙、上海，此後又經歷坐牢、戀愛、讀書、教書等。儘管她因《從軍日記》而聞名，但書的暢銷並沒有帶給她生活上的改善。她過著賣文爲生的窮困生活。1937 年 7 月 7 日，盧溝橋事變發生。全國掀起了抗日救國的熱潮，謝冰瑩辭別了家鄉，親人，奔向了抗戰第一線，參加了湖南婦女戰地服務團、赴前線參加戰地服務。在此期間，她一邊參加抗戰工作，又一邊拿起筆來，寫下了大量的通訊報導。後於 1938 年 7 月結集成《新從軍日記》〔註14〕由漢口天馬書店出版。書店爲此書提前在《新華日報》（1938 年 4 月 14 日）刊出了預告文字：

> 冰瑩女士的《從軍日記》記北伐參戰經過，曾得到廣大讀者的
> 稱譽，八一三以來，冰瑩女士重行參加抗日前線，將其戰場生活，

〔註13〕彭一萬《友誼地久天長》，第 54 頁，江西人民出版社 1998 年版。
〔註14〕1941 年 8 月由中社出版社出版了《重上征途》，此書系由天馬書店版《新從軍日記》改名而來，收 86 篇通訊報導，書前有著者自序和維特寫的《寫在前面》。

　　寫成《新從軍日記》一冊,都十萬餘言,並附戰地照片多幅,在本
　書中可以見到中國新女性活躍的姿態,可以見到前方將士在槍林彈
　雨中與敵人肉搏的情形,書已付印,不日出版。
《新從軍日記》初版收《重上征途》、《在車箱裏》、《舊地重臨》、《南京一瞥》、
《恐怖的九一八》、《戰地中秋》等86篇。1942年9月再版時少數幾篇在文字
上稍加刪改,還刪掉了《嘉定城巡禮》一篇及書前著者自序。

葉聖陶的唯一長篇《倪煥之》

倪煥之　葉紹鈞著　實價一元二角　開明書店 1929 年 8 月初版
三十二開本　四百數十餘頁　硬面布脊金繪　錢君匋裝幀

　　這是一部直接描寫時代的東西，茅盾先生謂是「扛鼎」的工作。可作五四前後至最近革命十餘年來的思想史讀。其中有教育者，有革命者，有土豪劣紳，有各色男女，有教育的墾荒，有革命的剪影，有純潔的戀愛，有幻滅的哀愁，一切都以寫實的手腕出之，無論在技巧上，在內容上，都夠得上劃一時代。

廣告載《新女性》第 4 卷 10 期，1929 年 10 月

　　1927 年下半年，辦刊多年的《教育雜誌》準備醞釀改革，在該刊第 19 卷第 8 期（1927 年 8 月 20 日）上刊出了《本志特別啟事》，預告了本刊準備進行改革：「本志不自揣量，⋯⋯不僅盡量刊載教育學之基本科學，如生物心裏生理等學之文字，即舉凡討究哲學宗教藝術論理倫理歷史統計人類學⋯⋯等等與教育學有關係之篇章，易擇優披露。倘國內鴻博之士贊同斯議而惠賜撰著，實所深幸。」〔註 1〕雜誌既然要在下一年改革，原有的《教育文藝》欄目勢必也應該有所改觀，作為主編的李石岑決定在該欄目連載一種與教育有關的小說。他找到了同在商務印書館任職的葉聖陶，希望這位集文學創作和教育於一身的他能為該刊寫一小說。而曾在江、浙、上海等地小學、中學任教多年的葉聖陶確對教育界的事情比較熟，此前他也寫了不少取材教育的中短篇小說。而「五卅」之後的政治形勢又讓他落進了漆黑的無底深淵，政治上

〔註 1〕《本志特別啟事》，《教育雜誌》第 19 卷第 8 期。

的苦悶使他想通過創作來發洩。所以他很爽快接受了爲《教育雜誌》寫一篇關於教育的連載小說的邀請。由於改革是從 1928 年開始，所以連載小說也將從《教育雜誌》第 20 卷第 1 期開始連載。

從《教育雜誌》第 20 卷 1 期開始，葉聖陶的連載小說《倪煥之》開始在雜誌上陸續刊出，一共連載到第 12 期結束，正好一年時間。由於是連載，所以小說的創作以邊寫邊刊的形式陸續寫成的。作者在《作者自記》中交代了小說的寫作過程：「這篇小說，去年一月動手，十一月五日作畢。中間分十二回，每回執筆接連七八天，寫成一部分便投送《教育雜誌》社。下筆不能輕快，成績雖依然平常，而斟酌字句的癖習越來越深。所以每回的七八天，所有工餘的暇閒差不多都給寫作占去了。」〔註2〕連載完成之後，葉聖陶並沒有想到馬上就出單行本。由於葉聖陶是商務印書館的編輯，還是文學研究會成員，他這本小說是可以納入《文學研究會叢書》在商務印書館出版的。但其好友時任開明書店總編輯的夏丏尊卻很想把這部書拉到自己的書店出版，他勸說葉聖陶把此小說送開明出版。葉在《作者自記》中也詳細交代這本書的出版過程：「《教育雜誌》把這登完以後，我沒決定出單行本。是丏尊先生的意識，說送去付排吧。我仍不決定，請他看了再說，他看過後，爲指示應行修改的處所，結末說不妨出版。我於是依他的意思修改，再送往開明書店發排。」〔註3〕全書排成之後，又經徐調孚先生精細校閱一遍。1929 年 8 月，《倪煥之》初版正式問世，全書 18 萬字，30 章。書前有夏丏尊的《關於〈倪煥之〉》，書後有茅盾的《讀〈倪煥之〉》和作者的《作者自記》。全書三十二開本，書店還專請錢君匋爲此書作裝幀設計，封面簡潔淡雅，硬面精裝，背脊字燙金。

小說以辛亥革命到第一次國內革命戰爭時期爲背景，描寫知識分子倪煥之在十餘年時間裏經歷了理想教育與理想家庭以及投身社會的三重幻滅的過

〔註 2〕葉紹鈞《作者自記》，《倪煥之》，上海開明書店 1929 年版。
〔註 3〕葉紹鈞《作者自記》，《倪煥之》，上海開明書店 1929 年版。

程。清朝末年中學畢業時，正值辛亥革命爆發，倪煥之一陣興奮之後便是失望。為了糊口，他不得不去當小學教員，但校長如同老闆，同事似癆病鬼。在又一次失望時，經介紹找到一家公立高等小學任教，校長蔣冰如是個志在革新教育的開明士紳，倪煥之配合校長推行新的教育革新，但卻遭到一些思想保守的教員和社會上惡勢力與愚民的反對、攻擊、誣陷。校長成為眾矢之的，只得妥協，倪煥之再次陷入失望之中。這時，倪煥之與舍佩璋熱戀，兩人志趣相投，滿懷對改革教育的憧憬。新婚不久，舍的妊娠使她的幻景一下子消失了，生活瑣碎無聊很快取代了浪漫詩情與事業的追求。倪煥之發覺他現在有了一個妻子，但失去了一個戀人，一個同志，他再次陷入失望中。後來在革命者王樂山的影響下，投身「五・卅」和大革命運動，開始認識工人階級的力量，拋棄過去那種改良主義的教育救國論。「四、一二」反革命政變後，革命形勢急轉直下，王樂山犧牲，使他陷入極度的悲憤之中，最後患病死去，但在彌留之際，仍渴望光明。小說從倪煥之的一生道路中寫出了中國知識分子心理變遷史，顯示了一個正直、愛國的知識分子走向革命的曲折性與艱巨性。小說把主人公的命運與 10 年來變化的時代相聯結，表現從鄉鎮到城市的廣闊社會生活。作品主線突出，結構完整，刻畫人物心裏細膩，表現了嚴謹的現實主義創作特色。

　　小說在連載期間就引起了文壇的注意。阿英在 1928 年 9 月中旬寫的《葉紹鈞的創作的考察》中就談及到此小說：「現在他還在因著他的豐富的教育經驗，在寫著十二萬字的長篇小說《倪煥之》。他的教育小說，在他的創作中是最好的。」〔註4〕連載完成後，茅盾率先對《倪煥之》發表了看法，在 1929 年 5 月 4 日寫就的《讀〈倪煥之〉》一文中，他認為：「把一篇小說的時代安放在近十年的歷史過程中，不能不說這是第一部；而有意地要表示一個人———一個富於革命性的小資產階級知識分子，怎樣地受十年來時代的壯潮所

〔註 4〕阿英《葉紹鈞的創作的考察》，《現代中國文學作家》，上海亞東圖書館 1932 年版。

激盪，怎樣地從鄉村到都市，從埋頭教育到群眾運動，從自由主義到集團主義，這《倪煥之》也不能不說是第一部。」並且認為「這樣有目的，有計劃的小說在現今這混沌的文壇上出現，無論如何，不能不說是有意義的事。這樣『扛鼎』似的工作，如果有意識地繼續做下去，將來我們大概可以說一聲『五卅』以後的文壇倒不至於像『五四』時代那樣沒有代表時代的作品了。」〔註5〕稍後，夏丏尊在《關於〈倪煥之〉》中開首就對該小說給予了很高的評價，認為小說在目前充斥千篇一律的戀愛談和宣傳式的純概念的革命論的作品中使人眼光為之一新，「不但在作者的文藝生活上是劃一時代的東西，在國內的文壇上也可說是可以劃一時代的東西。」接著論者指出了小說在人物塑造、題材的選擇、描寫的細膩等方面的成功，最後他也還指出了小說數處流於空泛的疏說：「最甚的是第二十章。這章述『五四』後思想界的大勢，幾乎全體是抽象的疏說，覺得於全體身不調和。」〔註6〕在剛果倫（錢杏邨）的《一九二九年中國文壇的回顧》中以《倪煥之》為例再次肯定葉聖陶寫教育小說是最有成就的，「以一個教育家的態度在分析教育界的情勢」，但「一牽涉到政治方面，他就不免立刻的顯示出他的隔膜以及它的局促來了，……只能做浮面的描繪了」。最後論者認為「他的《倪煥之》的前部是和他的教育短篇獲得了同樣的成功，但他的後部是完全的失敗了。」〔註7〕正因為小說後部的失敗，所以他不同意茅盾認為的《倪煥之》是十年來的扛鼎之作的看法。蘇雪林在三十年代寫的講義《新文學研究》中則對小說前後部分評價都很高，「前半部分記述倪煥之小學教師的生活和學校的一切情形，更富有『教育小說』的氣氛，……書中『五四』運動和『五卅』運動更寫得酣暢淋漓，有聲有色，非葉氏如椽之筆，不足表現這兩個偉大時代。」〔註8〕總之，《倪煥之》發表後，儘管有阿英對小說的批評意見，但是茅盾、夏丏尊的評價還是佔了上風。

筆者認為，《倪煥之》作為葉聖陶處於苦悶期的第一部也是唯一一部長篇小說，儘管它的問世有些偶然，但它「是葉聖陶創作的頂峰，是成就最高、最有代表性的一部作品」。〔註9〕小說中塑造的倪煥之這個典型的知識分子，

〔註5〕矛盾《讀〈倪煥之〉》，《文學周報》第8卷第20號，1929年5月12日。

〔註6〕夏丏尊《關於〈倪煥之〉》，《倪煥之》，上海開明書店1929年版。

〔註7〕剛果倫《一九二九年中國文壇的回顧》，《現代小說》第3卷第3期，1929年12月。

〔註8〕蘇雪林《新文學研究》，第162頁，國立武漢大學1934年印字第15號。

〔註9〕樂齊《〈倪煥之〉與葉聖陶的文學創作》，《中國現代文學研究叢刊》1992年第

作為「五四」青年一代的他，是在遭受教育理想、生活理想、社會理想的三重失敗而終於死去的悲劇形象。由於著者本身在教育界多年，親身經歷了五卅，又曾經參加了北伐戰爭後接管學校的工作，他選取了自己最熟悉的題材，倪煥之的身上也有作者的影子，他借倪煥之把自己十餘年的的思想感情如實地表達了出來。所以，《倪煥之》的出現是二十年代中國政治形勢下的產物。作為新文學史上第一部以教育界知識分子為主人公的的長篇小說，它的出現為後來的以知識分子為對象的長篇小說開闊了視閾。

與批評界的好評相符的是，《倪煥之》初版之後一直很受讀者的歡迎。1930年4月再版，截止1949年3月，開明版《倪煥之》共印行至第13版，小說的不斷再版足見其作品所具有的藝術魅力，在小說20餘年的再版過程中，除了從初刊本到初版本有過不少修改外，著作沒有進行文字上的修改。但解放後，《倪煥之》卻經歷多次修改。1953年9月，人民文學出版社重印《倪煥之》，刪去了八章，剩下二十二章，夏丏尊、茅盾和作者寫的三篇附錄文章也未能保留。這次的修改經著者允可，主要由出版社的編輯操刀。這個版本共印了3次，1956年的俄譯本也是依據此版本翻譯的。1958年人民文學出版社出《葉聖陶文集》第三卷時，恢復了原來的30章，但是作者親自對小說的詞語和句子進行了大量的修改。三篇附錄文章仍未能恢復。文集本應該是作者頗為滿意的版本，後來的重印本都依據這個版本。有研究者這樣評價《倪煥之》的版本變遷：「從初刊本到初版本的修改主要是小說藝術完善方面的考慮；從初版本到刪節本的變遷是為了與新的文學規範接軌；從初版本到文集本的改動基本上是一個語言上加工變換（主要是規範化）的問題。」〔註10〕文革結束之後，人民文學出版社於1978年12月重印《倪煥之》（依據文集本），書後有作者新寫的《重印〈倪煥之〉後記》。1987年6月，江蘇教育出版社出版《葉聖陶集》第3卷，所收入《倪煥之》仍然是依據文集本，但在文末附錄了五篇文章，分別是《讀〈倪煥之〉》、《關於〈倪煥之〉》、《作者自記》、《翻譯本序》和《重印後記》。

3期。

〔註10〕金宏宇《中國現代長篇小說名著版本校評》，第46頁，人民文學出版社2004年版。

詩人王獨清的歷史劇《貂蟬》

貂蟬（預告）　王獨清著　上海江南書店 1929 年 10 月初版

　　這部歷史劇，自從在本刊第一卷零星地發表過一場以後，作者因忙於他種事物，未能早日完成，致外間讀者來函催促，日必數起，可知讀者對此作品期待之深了。現作者爲應一般讀者的需求，於百忙中抽暇草成，不日即可出版。內容極其豐富，可以說自首至尾，均是精彩動人。尤其結局一段，更外來得堂皇富麗，讀之令人不忍釋手。這些，都是因爲作者積多年對於社會的經驗，在立場上，完全與眾不同：第一，立意與《楊貴妃之死》同一爲提高女性；第二，除對於歷史的翻案，專制人物之反抗之外，還把當時民眾的苦況暴露了出來，這樣複雜的情形，已覺難能可貴了，而且在技巧方面，又加入許多詩歌，穿插許多情節，全書數萬言，一氣呵成，直如天衣無縫，洵爲近代劇作中之傑構！

廣告載《創造月刊》第 2 卷 6 期，1929 年 1 月 10 日

　　王獨清，陝西蒲城人，1898 年生，1920 年赴法國留學，並研究和考察歐洲古典建築藝術。1922 年底回國，1926 年去廣州，經鄭伯奇介紹加入創造社，曾主編《創造月刊》。1929 年 9 月任上海藝術大學教務長，1930 年主編《開展月刊》。1937 年回到故鄉，1940 年病逝。作爲創造社重要成員的王獨清在新文學史上是以詩人的身份爲大家所知。如《中國現代文學三十年》中就是把王獨清視爲早期象徵派詩人之一加以介紹。事實上，王獨清在二三十年代也確實出版了《聖母像前》、《死前》、《埃及人》、《威尼斯》、《鍛鍊》、《獨清詩選》等多種詩集，是後期創造社的重要詩人之一。但是，除了詩歌之外，

王獨清還在戲劇領域也頗有成就。儘管他只創作了《楊貴妃之死》、《貂蟬》和《國慶前一日》三部，但是在當時文壇卻引起過轟動和好評。如區夢覺就認為他是個寫劇的能手，「他的劇作的重要性並不下於他的詩作」。〔註1〕他還把王獨清和郭沫若的歷史劇進行了比較，認為：「在中國現代寫歷史劇的還有一個郭沫若，但是依我看來，講技巧，講舞臺效果，講結構宏大，那都不能和王獨清同列」。〔註2〕儘管這是三十年代的看法（郭沫若歷史劇創作在四十年代才走向成熟），但由此也可見出王獨清歷史劇的獨出之處。

　　《楊貴妃之死》是作者的第一個歷史劇，六幕，曾在《創造月刊》第1卷4期發表，後編入創造社叢書第十五種於1927年9月初版。劇本對馬嵬兵變致使楊貴妃被縊身亡這一事件進行了改寫。寫楊貴妃真心喜歡安祿山，卻對唐明皇毫無真情，馬嵬兵變歸結為安祿山和楊貴妃的愛情。兵變後，士兵要求殺死楊貴妃，楊貴妃決定服從民眾的意志。她一邊呼喚著「長安啊，我始終愛你，我始終愛我們中華民族，我只要你健在，只要我們中華民族健在，我個人的一切是盡可以取消，盡可以滅亡」和「安祿山，安祿山，我的力，我的光明，我的生命的生命」，一邊撫摸著難民的頭，在佛殿自盡。作者把她塑造成一個甘為民族甘為自由犧牲的女性英雄形象。劇本問世之後，引起了社會許多評論，許多讀者寫信來與作者進行探討，甚至「日本的朋友也給了許多的批評，有的還從事於日文的翻譯。」〔註3〕這讓作者得到了鼓勵，所以在《楊貴妃之死》初版不久就著手創作《貂蟬》。

　　《貂蟬》是王獨清第二個歷史劇本，共六幕18場。約在1927年10月左右開始動筆，曾在《創造月刊》第1卷8期（1928年1月1日）刊出了一部分。後因忙於其他事物，未能繼續刊出。直到1928年年底，作者在百忙中抽暇完成。在送去創造社出版部出版期間，因出版部於1928年2月遭到國民黨政府的封閉。書稿拿回後，作者經過整理再次送去出版部（以江南書店名義）出版。作者再《後記》中特別說明出版此劇本的意義：

　　　　那總算是一個有意義的紀念。我這部書在內容上講，或者真沒
　　有一定要印出來的必要，可是一經過這事故，我卻情不自禁地偏要

〔註1〕區夢覺《王獨清的劇作及其他》，《王獨清論》，第33頁，上海光華書局1933年版。
〔註2〕區夢覺《王獨清的劇作及其他》，《王獨清論》，第34頁，上海光華書局1933年版。
〔註3〕王獨清《作者附言》，《楊貴妃之死》，山海樂華書局1932年版。

想把它印出來。謝謝那個事故罷，竟使我這部書添加一個實際爲自
由鬥爭的背景！

這個劇本於 1929 年 6 月 30 日付排，10 月 10 日出版，初版 2000 冊（1932 年
6 月曾再版一次，印 1500 冊）。書前有一首無標點的獻詩：

我用我熱誠的忱惘把我這個劇本獻給我面前的時代和這時代中
爲自由的人們。

此外，書前有作者寫於 1929 年 3 月 1 日的《序》，書末有作者寫的《後記》。

貂　蟬

王　獨　清　著

這部歷史劇，自從在本刊第一卷零星地發
表過一場以後，作者因忙於他種事務，未能早日
完成，致外間讀者來函催促，日必數起，可知讀
者對此作品期待之深了．現作者爲應一般讀者
的需求，於百忙中抽暇草成，不日即可出版．內
容極其豐富，可以說自首至尾，均是精彩動人．
尤其是結局一段，更外來得堂皇富麗，讀之令人
不忍釋手．這些，都是因爲作者積多年對於社會
的經驗，在立場上，完全與衆不同；第一，立意與
‘楊貴妃之死’同一爲提高女性；第二，除對於歷
史的翻案，專制人物之反抗之外，還把當時民衆
的苦況暴露出來，這樣複雜的情形，已覺難能可
貴了，而且在技巧方面，又加入許多詩歌，穿插
許多情節，全書數萬言，一氣呵成，直如天衣無
縫，尚近代劇作中之傑構！

《貂蟬》是對東漢末年一個著名女性的改寫。貂蟬是一個身份低微的女
子，被王允獻給董卓，成爲了董卓義子呂布的義妹。她感受到的並不是自己
失去自由的悲哀，而是看到了和她同樣命運的姐妹們失去自由的痛苦。她認
定董卓是造成她們同樣命運的的罪魁禍首，而自己的責任就是誅殺董卓。她
深知自己一個人無法完成使命，因此利用呂布刺殺董卓。在刺殺成功之後，
貂蟬從王允的手中奪過毒酒飲下自殺身亡。作者曾在《楊貴妃之死》的《作
者附言》聲明他創作劇本的目的在宣傳，而他也是用創作《楊貴妃之死》的
目標來創作這個《貂蟬》的。

在《貂蟬》的《序》中，作者說：「我只是把歷史當成一塊火山傾陷了的
名勝的土地，我要在它上面用我的情熱從新地建築一所有生氣的建築物出

來；我所採取的石頭不妨是太古的化石，可是我不把它們僅僅作爲陳列的死
物去看待，我一樣用我底情熱把生命的火力吹進它們的身中，使它們成爲我
底新的建築物底新的原料；——我的歷史的藝術觀便是這樣。」無論是楊貴
妃還是貂蟬，作者借用歷史故事，對歷史細節、人物都加以變更，而重新設
置的情節、人物就是爲了突出劇作者的藝術目的。應該說，在二十年代末的
現代戲劇界，王獨清的歷史劇創作確實具有特別的歷史意義。正如上文廣告
所說，他的歷史劇主要有兩點表現得尤爲突出。第一，立意與《楊貴妃之死》
同一爲提高女性，第二，除對於歷史的翻案，專制人物之反抗之外，還把當
時民眾的苦況暴露了出來，這樣複雜的情形，已覺難能可貴了。

　　作者在兩部歷史劇中都選取女性作爲理想人物的模型，對於兩位女性明
顯賦予了現代女性的現代意識。將她們塑造成中國女性爲了民族、爲了正義
而獻身的形象。但這兩個形象的差別也非常明顯，作者曾比較過：

　　　　楊貴妃雖然是在民眾面前作了犧牲，但是她的犧牲，幾乎是爲
　　了她一己的情愛；貂蟬則恰恰是個反對，她把一己的情愛放在一旁，
　　甚至還借一己的情愛去實現她爲民眾利益的希望，她便在這種公與
　　私的交錯之中作了她的犧牲，再其次，楊貴妃處處都露著一種病的
　　傾向，她的轉變，她的犧牲，都是由掙扎與絕望中得來；貂蟬則又
　　不然，她自始至終是一個健全的人物，她處處都在求生，她愈到臨
　　死的時候，愈是沒有傷感了。

從楊貴妃到貂蟬，可以見出作者對女性思想的轉變。在他看來，中國女性大
半不免有自私根性和奴隸的根性，在《楊貴妃之死》中借楊貴妃是想表達希
望女性把這種自私、奴隸的根性去掉。而在《貂蟬》中把貂蟬塑造成一個自
由鬥爭的勇士，一個爲自由而犧牲的聖者。作者希望女性要有鬥爭精神，要
主動投身於自身的解放中去。

　　以詩人身份著名的王獨清，「他的劇本，他的小說，甚至他的論文講演
都不能脫掉詩意，尤其是他的戲劇，簡直也可以說是滲透了抒情的發揮的」
〔註 4〕。所以，他的戲劇具有明顯的個性色彩，語言華美，感情激烈。如在
第六幕第三場，作者借助貂蟬在劇中的表演，運用排比歌詞，展現了貂蟬激
勵呂布刺殺董卓的行動，歌詞感情激烈，具有一瀉千里之勢。

〔註 4〕區夢覺《王獨清的劇作及其他》，《王獨清論》，第 33 頁，上海光華書局 1933
　　　年版。

> 我愛你是爲了你情意底溫柔密濃，
> 我愛你是更爲了你底過人的英勇，
> 你已經成了我唯一的希望的替身，
> 我熱待著你去成就那偉壯的事功。
> 我是個女兒庸弱得好像弱不禁風，
> 我是個女兒庸弱得不能步出宮門，
> 可是我這像火燒著的赤誠的心上，
> 卻和你一樣的憤恨著禍國的敵人，
> 我愛你是爲了你對我的情深意長，
> 我愛你是更爲了你能夠誅除強梁，
> 那公眾的仇讐已經來在和你對面，
> 那正是你亮你那光榮劍鋒的時光，
> 我是個女兒庸弱得被人折磨不堪，
> 我是個女兒庸弱得身世太過可憐，
> 若是你允許我的希望眞成了空空，
> 那我便只有立刻來死在你的樽前。

另外如劇中第五幕第三場呂布對貂蟬的詢問，也是具有詩一樣的激情：

> 呂布（發狂地擁抱她。）：什麼？我底貂蟬，你說什麼？我沒有聽清楚呢……你再說一遍罷……不過，你這句話說得我心裏好過到這個樣子！你再說一遍，再說一遍……你爲什麼閉了眼睛呢？……我，你也愛我？那你回答我一聲，是不是第一次見我的時候便愛我呢？回答我一聲罷：是不是呢？

除了語言的抒情性外，劇中還利用他詩歌中常用的「月光」這一意象，隨著劇情的發展，月光具有不同的內涵。月亮象徵光明、自由與希望。在月光的照耀之下，表達了貂蟬的內心訴求。總之，王獨清的劇作，是以詩人的筆墨寫劇，具有詩劇的色彩。

王獨清的歷史劇，完全走的是郭沫若同樣的路子。都是借古人的口來說自己的話，借古事的影子來表現自己的想像力。作爲後起者，王獨清的歷史劇還受著郭沫若的影響。早在 1920 年，郭沫若就開始了歷史劇的創作，陸續有《棠之花》（1920 年 9 月）、《湘累》（1920 年 12 月）、《女神之再生》（1921 年 1 月）、《廣寒宮》（1922 年 4 月）、《孤獨君之二子》（1922 年 11 月）等。

這些受著歌德《浮士德》詩劇的影響，詩意大於劇情。所以，作者不把它們作為戲劇來看待，而歸為詩集之中。而後出的《卓文君》、《王昭君》和《聶嫈》則視為歷史戲劇加以單獨出版。郭沫若通過這三個女性有意識地塑造三個「三不從」形象，作為婦女反封建的旗幟，而王獨清的歷史劇也是改寫古代的著名女性來表達自己的現代女性觀。由於詩人的個性，他對歷史的任意改動，使得歷史上的事件在他手中得到了任意地篡改，這肯定違背了歷史的本來面目，讀者也難以接受。此外，戲劇中浪漫色彩過於濃重，使得他力圖要表現的民族的力量、人民的力量並沒有得到充分的表現。但他在追求作品政治思想性的同時，還追求戲劇的藝術，在戲劇的語言、結構以及舞臺效果等方面，在劇中得到了較完美的體現。應該說，他的歷史劇實踐也給四十年代郭沫若等人掀起的歷史劇創作高潮提供了一些有益的經驗和教訓。

劃過新文學文壇的流星：《小小十年》

小小十年 葉永蓁 上海春潮書店 1929 年 9 月初版，生活書店 1933 年 8 月再版

魯迅先生在序裏說：「這是一個青年的作者，以一個現代的活的青年為主角，描寫他十年中的行動和思想的書。舊的傳統和新的思潮，紛紜於他的一身，愛和憎的糾纏，感情和理智的衝突，纏綿和絕撇的迭代，歡迎和絕望的起伏都逐著這《小小十年》而開展。以形成這一部感傷的書，但是時代是時代，所以從家庭所希望的上進而渡到革命，從交通大方便的小縣而渡到革命策源地的廣州，從本身的婚姻不自由而渡到偉大的社會改革，逐漸寫來，並無遮瞞，也不裝點，直抒他們的誠心和勇氣。技術是未曾矯揉造作，所以文章也傾瀉而下，這都是本書優長之處，我極幸能紹介這真實的作品於中國……」

廣告載《《文學》第 1 卷 3 號，1933 年 9 月 1 日

新文學革命之後，文學創作的門檻降低，從事文學創作的階層下移，加之新文學出版業的興盛，使得新文學作者群越來越壯大。在新文學歷史上，有太多「玩票式」的作者，他們曾在一個時期從事文學創作並留下一些作品，後來因為種種緣故而轉移到其他領域，留下的作品也埋沒在歷史的塵埃中，成為新文學的「棄兒」。儘管這是新文學披沙揀金的必然，但也可見新文學的開放性、包容性。葉會西的經歷或許就是一個典型的例子。

葉會西（1908～1976），字西蓁。筆名葉蓁、葉永蓁。浙江樂清人，出身於一農戶家庭。十二歲時父親亡故，在祖父的支持下，得以繼續求學，1926年中學畢業。中學期間，與一個叫鄭茵茵的女同學發生戀情，「為了表示愛情

的永恒，茵茵把自己的名字改爲永茵；永蓁也把自己的原名葉蓁改爲永蓁。」
[註1] 但由於兩家地位相差懸殊，他們曾試圖以各種方式求得婚姻的自由，均
未成功。葉家人又爲葉永臻定了一門親事，他所愛的又不能成功，家裏定的
又非他所愛，使得他內心十分苦悶，爲了逃避婚姻，便遠赴廣州。原想報考
免費的中山大學，後爲北伐革命的浪潮打動，便投考了黃埔軍校，成爲第五
期學員。畢業後入炮兵團，隨軍參加北伐戰爭。北伐勝利之際，蔣介石和汪
精衛先後發動反革命政變後。葉感到受了「革命領袖」的欺騙，故而脫離隊
伍來到上海，在亞士培路濱海中學任教。在教學之餘，在朋友錢君匋、趙超
構、胡秋原、謝冰瑩等人的影響下，開始學習寫作、投稿。

初次寫作者，多以自己熟悉的事物爲寫作對象。由於自己的家庭出生，
以及有過的戀愛、革命的親身經歷，這使得葉會西想到了以自己的經歷寫一
部小說。小說的《後記》中交代了小說的寫作動機：「這動機是去年九月，當
我得不到茵茵的瞭解而去墮落，此後又得瞭解茵茵而行懺悔的時候開始寫起
來的。因爲那時我很想振作但又沒有什麼給我好振作，所以只好寫寫這些東
西，算是自己振作了。」[註2] 作者原計劃寫四十小篇，每篇兩三千字。但在
開始之後，由於仍舊陷入與茵茵的戀愛中，寫作進度十分緩慢，直到受了謝
冰瑩的批評之後，終於下定決心寫出。儘管文中有些章節還有些遺憾，但終
於完成了一部近 20 萬字的初稿。原擬定的題目爲《楓葉》，還在初稿的卷首
加上了幾句詩：

> 從今後——
> 我願作一片血紅的楓葉
> 脫離了枝頭
> 隨著世界革命的潮流
> 「流到那裡，
> 紅到那裡。」

葉永蓁在寫完初稿之後，自然想把它拿去出版！但一個默默無聞的文學
青年的書稿要想得到書局出版，談何容易？如能得到名家推薦自然是個捷
徑。他想到了魯迅，希望得到魯迅的幫助。他的室友符號則親眼見證了魯迅

〔註 1〕張福丹《葉永蓁和他的〈小小十年〉》，《蕭臺清音——樂清人文集羽》，線裝
　　　　書局 2001 年版。
〔註 2〕葉永蓁《後記》，《小小十年》，上海春潮書店 1929 年版。

幫助修改書稿、推薦出版社並寫序推介的全過程：「他終於拿去了，魯迅不獨看了，而且仔細地看了。向他提出意見，叫他要側重寫時代，不要側重寫戀愛。他很興奮地把初稿拿回來，大刀闊斧地砍削，再把改稿送給魯迅先生看。魯迅先生又很快地替他看完，並且動筆在原稿有些段落寫了意見。葉拿回來又將接吻擁抱清洗了一番，這才突出投軍與時代，魯迅先生給他最後刪定，寫了序言，負責介紹到春潮書店出版。」〔註3〕魯迅的日記裏對此有多處記載，從 1929 年 5 月 3 日有「覆葉永蓁信」的記載開始，在六月份裏，關於此書的通訊、晤面多達十多次。應該說，葉永蓁是幸運的，當然也可見魯迅先生對青年朋友無私的幫助。正是魯迅的全力提攜下，葉永蓁的這部小說以《小小十年》於 1929 年 9 月由上海春潮書局初版。

　　小說以時間爲序，共 32 章，每章都有單獨的標題。以《父親的死》開始，最後以《重上征途》結尾。以青年知識分子葉餘的個人生活經歷爲主線。他從小就愛上了他的女同學茵茵，但是他的家人，卻給他訂下了一個名義上的

────────

〔註3〕符號《魯迅先生對文學青年的掖進》，《魯迅研究資料》（8），天津人民出版社1981 年版。

「妻子」；同時，茵茵也由她的家庭許給了葉的同學泌。葉對於茵的愛，還是熱烈，但是茵終以「環境太壞」的緣故，拒絕了主人公的愛情。主人公戀愛不成，爲逃避婚姻，便到廣州去投考黃埔軍校。此後，經過了入伍，出發，戰爭，革命失敗，而仍舊流浪到上海。期間，他還是繼續地和茵茵通信。他在回家的路上，他去了茵茵的故鄉，在那裡，茵茵方才接受了他的愛情。但是，回到家後，他的「妻子」已經住在他的家裏。經過了不少的周折，他終於掙扎出來，陶醉在茵茵的懷裏。但是，茵的未婚夫泌，還是堅執地跟在茵的後面。處於兩難的茵最終決定與他斷交。於是，主人公完全絕望。發出了Hysterical 的慘笑，放出了「我疑問，我疑問一切！」的悲聲。全書最末，加上一章《重上征途》，表示出主人公重新生活的決心。小說表現了從「五四」到大革命前後這一歷史時期裏部分青年知識分子的的思想和生活的軌迹，具有很強的典型性。同時還以廣闊的藝術視野，展示二十年代轟轟烈烈的革命浪潮，反映了時代社會的發展進程。

　　魯迅在 1929 年 7 月 28 日爲小說寫了序言。在序中，魯迅對此書給予了十分中肯的評價。首先就指出：「從舊家庭所希望的上進而渡到革命，從交通不大方便的小縣而渡到革命策源地的廣州，從本身的婚姻不自由而渡到偉大的社會改革——但我沒有發現其間的橋梁。」進而指出「在這裡，是屹然站著一個個人主義者，遙望著集團主義的大纛，但在重上征途之前，我沒有發現其間的橋梁。」顯然，魯迅在這裡指出了這部小說的缺點。但是又肯定了小說的價值：「然而這書的生命，卻正在這裡。他描出了背著傳統，又爲世界思潮所激蕩的一部分青年的心，逐漸寫來，並無遮瞞，也不裝點，雖然間或有若干辯解，而這些辯解，卻又正是脫去了自己的衣裳。至少，將爲現在作一面明鏡，爲將來留一種記錄，是無疑的罷。」最後，魯迅還指出了小說的敘述風格及語言上的優點：「技術，是未曾矯揉造作的。因爲事情是按年敘述的，所以文章也傾瀉而下，……還有好像缺點而其實是優長之處，是語彙的不豐，新文學興起以來，未忘積習而常用成語如我的和故意作怪而亂用誰也不懂的生語如創造社一流的文字，都使文藝和大眾隔離，這部書卻加以掃蕩了，使讀者可以易於瞭解」。

　　初版本小說分上下卷兩本，上卷 249 頁，下卷則續至 479 頁。三十二開本。書前有扉頁引言：「謹以此獻給——過去的先烈，未來的夥伴。」由於作者喜歡繪畫，書的封面和插圖都是他自己所繪。作者在《後記》中有一段文

字可助於理解圖書的封面以及本書的主題：

> 我覺得我這小小十年之間，好像都是標點符號一樣可笑。有些
> 事，我在這十年之間，已經像結點一樣的作了終結。有些事，我是
> 好像敘點一樣的才開始工作。有些事，我是好像逗點一樣的必須繼
> 續下去做。有些事，我作過好幾回了，重複得像雙引號一般；有些
> 事，卻還剛剛開手，又像了單引號。奔波了好幾省，所以我也畫上
> 了一條省界的線，奔波了幾十縣，把縣界的線畫得比省界的線長。
> 革命是僅僅記到幾個所謂「革命領袖」的人名，所以畫上一條人名
> 旁邊所直的符號；以後覺得自己是還需要智識的。因此也畫了書的
> 符號。總之，在這小小的封面圖內，我覺得真可以表現我小小的十
> 年。

書中的插圖以男女主人公為主要對象，多以素描繪出，不但可助於理解整個
小說，也可見出著者對戀人的真摯感情。

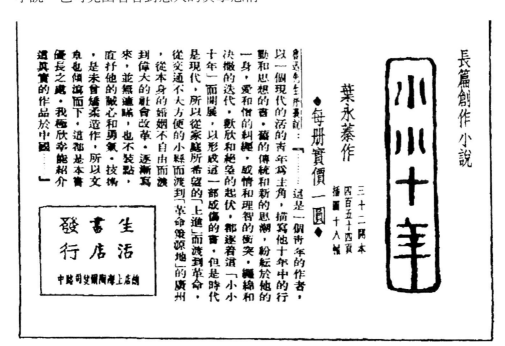

　　小說問世之後，很快就有了關於該書的批評文章見諸報刊。1929 年 11 月
19 日《申報‧本埠增刊》刊出了偶然的文章，他認為：「全書無所謂結構，亦
無所謂描寫，只有直率平鋪的敘述……只是把一些事情照了時間的先後，記

過下來，無所謂情節，故事不能算是一個，是一串的故事。」，最後，對於小說的技巧，他也認為本書並不突出，風格雖然平直，卻也並不怎樣高妙。但是，對於作者的自剖的態度和心裏描寫，他卻很為讚賞：「所可貴的，作者的坦白自剖的態度，和深刻懇切的心裏抒寫，因為有此二者，所以本書畢竟是一部反映時代的著作。」〔註4〕沈端先（夏衍）也很快寫出了該書的書評，相比偶然溫和的批評而言，他則對該書及作者提出了嚴厲的批評。認為「這是一部以革命為穿插的言情小說」，「革命的描寫，完全淹沒在戀愛的大海裏面」。結構上，作品缺乏有機性的統一。內容上，把男女主人公都寫成了意志薄弱的人物。書中關於戀愛的內容過多，而涉及革命的內容成為了戀愛的附屬。所以，他認為該小說如果「濾去游離性的革命的 Impurity，在濾紙上剩下來的只是些『情書一束』的 Amovphism。」〔註5〕天津的《大公報‧文學副刊》也刊出了浦江清對該書的批評文章，他認為：「此書寫家庭、寫戀愛、寫革命，題材多而不能打成一片。結構已無可言，而人物之穿插尤欠妥當。……凡此皆使此書但能成一散文之自記，未合長篇小說之做法，蓋作者未能刪汰人生無謂之重複及繁碎散漫之部分也。」「書之重要人物，皆無顯著之個性。邵泌極神秘莫測，而茵茵之心理變化，全不能作有力之描寫；以致一場轟轟烈烈的戀愛，僅以一封平淡之書信了之，大出讀者之意外」。〔註6〕應該說，浦的文章也是批評多於表揚。

　　1933 年 8 月，生活書店重印了該書，生活書店還刊出了該書的廣告（見上引，不過廣告詞就是摘錄自魯迅的《小引》），利用該書重印的機會，著者換了封面，全部改換了插圖，數量已由 12 幅變為 17 幅，文字內容沒有大的修改！為了回應批評者的批評，著者在《後記》後又附了《後記之後》，火氣很大地回答了沈端先等人的嚴厲批評。「誠然沈先生說得不錯，但其批評的『天才』於此即可見非常驚人。然而我記得我自己當寫這部書的時候，並沒有說自己是一個十足的無產階級，也沒有告訴人說這乃是一部無產階級文學的書，而魯迅先生在這書的《小引》裏也說過『這是一部個人的書感傷的書。』所所以我得說沈端先先生對於這發現恐怕也是『徒勞無功』的吧！」〔註7〕接

〔註4〕偶然《小小十年》，《申報‧本埠增刊》1929 年 11 月 19 日。
〔註5〕沈端先《小小十年》，《拓荒者》第 1 期，1930 年 1 月 10 日。
〔註6〕浦江清《小小十年》，《大公報‧文學副刊》，1930 年 3 月 10 日。
〔註7〕葉永蓁《後記之後》，《小小十年》，上海生活書店 1933 年版。

著，他又對於王榮在《新月》第三卷第 1 期《閒話》中借魯迅爲此書作序就把魯迅和葉永蓁的關係污之爲主子和奴才也給與了憤怒的回擊。最後，他還列舉了中國無產階級文學的弊病。此書在 1934 年 2 月又再版一次。解放後，1955 年作家出版社曾重印過一次，初版就印行了 37000 冊，在書前的《出版說明》中，有如下文字：

> 這部長篇小說，圍繞著作者十年間的經歷，展開了大革命前後的中國社會生活的描寫。這裡著重反映了大革命時代人民反帝反封建的激昂情緒和對革命的高度熱愛；同時，也通過作者愛情的悲劇，對封建制度下的罪惡婚姻，提出了無比沉痛的控訴。

1985 年，上海書店把該書列入「魯迅作序跋的著作選輯」按原版影印過一次。1998 年 5 月，人民文學出版社又把該書收入「新文學碑林」叢書出版，發行10000 冊。《小小十年》在初版後的 70 餘年裏，仍舊在不斷再版、重印，可見仍有其價值和意義。

至於《小小十年》之後的葉會西，在方韶毅的《〈小小十年〉之後的葉永蓁》〔註8〕中對其後來的創作、棄文從武經歷、老年的歸宿等都有詳細的介紹，本文就不再畫蛇添足矣！

〔註 8〕方韶毅《〈小小十年〉之後的葉小蓁》，《讀書》2009 年第 12 期。

雷馬克及其《西線無戰事》

水沫書店新書

一部震動全世界人人必讀的著名小說　西部前線平靜無事

德國 E.M Remarque 著　林疑今譯　林語堂序　全書約四百頁　實價一元一角

　　原作今春在德國出版，不到四個月，各國具有譯本，其價值可知。據今年七月中國的調查，德美英法四國銷數如後：德國，70 萬冊；英國，十五萬冊；美國，十七萬冊；法國，十八萬五千冊。此外荷蘭瑞典丹麥挪威匈牙利西班牙捷克波蘭意大利等國俱有譯文，備受歡迎。

　　摘錄各國對於本書之批評：

　　德國 B.Stohr 說是「從來最偉大的戰爭小說」。E.Toller 說是「關於戰爭最動人的書」。

　　美國 H.L.Mercken 說「無疑地是世界戰爭中最好的一部小說」。

　　英國 M.Guardien 說「不用說是所有關於戰爭的書中最偉大的一部」。

　　法國 L`Action Francais 說「此書的慘痛的事實遠勝於其他一切的戰爭小說」。

　　瑞典 A.Enstron 說「這是一次偉大的傑作，一種藝術上有力的作品。所有其他關於戰事的書相形之下都變成渺小而且無價值了」。

　　中國本店出版《新文藝》月刊中說「全世界戰爭的小說本來不多，然而有了這部是足夠光耀時代了」。

廣告載《申報》1929 年 10 月 20 日

西線無戰事　洪深　馬彥祥合譯　現代書局出版

　　本書是轟動全世界的第一部非戰小說，在一九二九年出版時，頃刻間銷行了數萬冊。全世界每一個讀者的心都被本書抓住了。六架印書機和十架裝訂機整日整夜地為本書忙綠。到了現在，更被譯成數十國文字，攝成了電影，為全世界的厭戰群眾所熱烈歡迎著。當此第二次世界大戰危機日迫，一般人淡然著第一次世界大戰之痛苦，本書實是最有利害的當頭棒喝。譯者根據德文原本譯出，流暢曲達，為近來翻譯界罕見之作。書前有馬彥祥氏的長序，末附洪深氏二萬餘言後序，暢論戰爭文學，尤為本書特色。

廣告載《現代》第 1 卷 2 期，1932 年 6 月

　　1927 年下半年，雷馬克開始寫作他大戰結束以來一直醞釀、構思的小說《西線無戰事》。他僅用了六個星期就把小說寫成了，但手稿卻在抽屜裏擱置了半年。最先在《福斯報》上連載，隨後做了一些修改，於 1929 年 1 月 31 日由柱廊出版社印成單行本出版。連載期間，《福斯報》的銷數一下子增加了三倍。初版五萬冊，一下子售馨。五月七日該書售出第五十萬冊，這樣暢銷的圖書迅速引起了德國以及世界其他許多國家的轟動。如上廣告所說，據今

年七月中國的調查，德美英法四國銷數如後：德國，70 萬冊；英國，十五萬冊；美國，十七萬冊；法國，十八萬五千冊。此外荷蘭瑞典丹麥挪威匈牙利西班牙捷克波蘭意大利等國俱有譯文。一年內，此書總發行量當在 500 萬冊以上。這種意外的成功，使雷馬克從一個無名小卒的記者一舉成名。這部作品也奠定了他在德國乃至世界文學史上的重要地位。

小說以第一次世界大戰為背景，講述在德國後方的某個小城市裏，一批青年學生保爾、凱姆利希、穆勒、貝姆等人在老年教師康托萊克的沙文主義煽動下，在政府宣傳所謂「英勇奮戰」、「保衛祖國」的口號下，報名參軍的故事。他們一入伍就投入了緊張的軍事訓練，幾經折磨，教官史托斯把他們訓練成服服帖帖的德國士兵。不久，他們派往西線參戰，在隆隆的炮聲下，他們都嚇破了膽，有的哭了，有的尿濕了褲子。幸虧他們遇到了一個好班長卡欽斯基，他對這些「娃娃兵」十分照顧，安慰他們並教給他們在戰場上生存的技巧。於是保爾和同學們開始衝上戰場，殺死別人的愛子，奪走別人的生命。在高度的緊張與恐懼中，貝姆發瘋了。一次戰鬥中，凱姆利希的腿被炸斷，失去了年輕的生命，穆勒被化學毒氣毒死。不僅如此，士兵們還要忍受陣地上的飢餓、潮濕、疾病和糟糕的天氣。保爾沉痛地哀思著：「為什麼要打仗呢？」後來，保爾在一次戰鬥中也負傷了，康復後被批准回家探望母親。重返前線後，保爾發現連隊中來了一批像他們當年一樣天真、幼稚的「娃娃兵」，而老戰友卻所剩無幾了。保爾跑出連隊，好不容易才找到了老班長。恰在這時，一架轟炸機飛來，投下炸彈，彈片飛向老班長，把他炸傷了。保爾拼盡全力把卡欽斯基背到醫療站，但他已經死了。一天，雙方停戰了，西線異常平靜。守候在戰壕裏的保爾發現了一隻美麗的蝴蝶，可當他爬出戰壕捕捉蝴蝶時，突然一聲槍響，保爾被流彈擊中，他倒下了。但這天德軍前線司令部的戰報上，卻清楚地寫著「西線無戰事」。

小說通過保爾的視野，深刻反映出戰爭無論是生理還是心理，都是對人的一種毀滅，揭露了戰爭給人們帶來的深重災難和心靈創傷，戳穿了統治者編造的關於「英雄」的神話，明顯地表達了反對戰爭，追求和平的主題思想，成為一戰時期被毀滅的德國青年一代的控訴書。由於作者曾親身參加過一戰，對戰爭有深刻的體會，他對戰爭中戰士的描寫確實入木三分，給讀者以極大的震撼。小說文筆簡練，比喻貼切，諷刺辛辣，抒情動人，同時人物對話還富含哲理。結構上貌似鬆散，實際環環緊扣，串串相連，頗有場景感。所以，小說問

世之後，很快在世界各國引起轟動，翻譯、批評、研究等源源不斷。而中國對該小說的翻譯的介紹也不甘人後，在 1929 年底之前就搶先出版了兩種譯本。

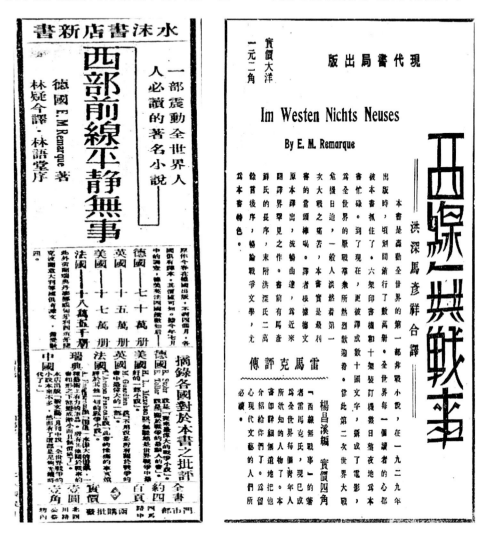

最先問世的中譯本應該是林疑今的譯本《西部前線平靜無事》，這是從英譯本轉譯過來的。譯者曾回憶此書的翻譯過程：「有一天，從《申報》上看到有關雷馬克《西部前線平靜無事》的評論介紹，設法買到一部英譯本來看，一下子就給緊張故事吸引住了，就大膽嘗試翻譯。……憑著一股衝勁，日夜趕譯，深夜人疲倦時，就用冷水洗臉沖頭提精神，工作其實非常粗糙。」〔註1〕據查，

〔註 1〕林疑今《林疑今自傳》，《當代文學翻譯百家談》，第 555 頁，北京大學出版社 1989 年版。

《申報》在 1929 年 6 月 1 日刊出了署名曼如的《西部前線平靜無事》文章，對該小說給予了很高的評價。在譯者買到英譯本後，利用暑假的兩個月時間，譯者完成了此書。九月間，送給水沫書店尋求出版。曾主持書店編輯事物的施蟄存對此書的出版過程也有較詳細的回憶：「我們把林疑今的譯稿接受了下來，做好付排的加工手續，……我們的書在十一月上旬出版，在《申報》上登了一個大廣告（見上）。……以後，在五個月內，再版了四次，大約賣了一萬二千冊，在一九三〇年的出版界，外國文學的譯本，能在五個月內銷售一萬多冊，已經是了不起得事了。」〔註 2〕由於拼命搶時間，林譯本未免粗糙，1930 年 9 月，在出第五版時，譯者對譯文又加以訂正，修改了一些錯誤，後又連續再版多次。在此書初版前，爲了營業上緣故，施蟄存還特讓譯者請其五叔林語堂爲該書作序，林語堂在序中主要探討了戰爭文學三種看法，一是歌頌武功，追述英雄；一種是戰爭的哲學家；而第三種則是丘八自身對於戰爭的看法。而《西部前線平靜無事》顯然是第三種，Remarque 給我們看的不是英雄，只是與你我相同的丘八，恐怖，恐怖，永遠在恐怖及神經錯亂如醉如狂的狀態中自衛與殺人，而且殺人是所以自衛，自衛不得不殺人。」〔註 3〕在書前還有原著者的扉頁題辭，林譯本的漢譯內容如下：

> 這本書，不是一種控訴，也不是一種供認，尤其不是一種奇俠故事，因爲死並不是一件奇俠故事，在於生命危在旦夕的人。這本書不過要簡單的講關於雖然或者尚未中彈，卻已受戰爭戕賊毀傷的一代人的故事。

應該說，最先著手翻譯雷馬克這部小說的不是林疑今，而應該是馬彥祥和洪深。他們也是以英譯本爲底本進行翻譯的。但由於他們對翻譯的嚴格要求，「以兩個人三個月的時間才將這本書譯完。……後經洪先生就德文原本校對了一遍，又幾乎費了一個月。」從馬彥祥寫的序言的時間（10，28，離滬之前記）看，他們的翻譯工做到了 1929 年 10 月底才完成。後迅速納入出版，由上海平等書店（據馬彥祥的兒子介紹，該書店係洪深個人出資印刷，出版此書時所掛書店名，實際上並無此書店。）初版 3000 冊，書名確定爲《西線無戰事》，定價爲一元五角。爲了與林譯本搶時間，在該譯本的版權頁上也印

〔註 2〕施蟄存《我們所經營過的三個書店》，《沙上的腳迹》，第 17～18 頁，遼寧教育出版社 1995 年版。

〔註 3〕林語堂《序》，《西部前線平靜無事》，上海水沫書店 1929 年版。

著 1929 年 10 月發行。實際上，馬、洪的譯本出版時，林譯本已經再版了。儘管在時間上確實比林譯本晚出了一二個月。但該書在翻譯上的精益求精，使得譯本質量頗高，此外，書前還有馬彥祥的一篇近八千字的序言和洪深的近二萬字的後序，特別是洪深後序中對於戰爭文學論述得十分詳盡，也爲該書增色不少。後該書的版權轉讓給現代書局（見上印廣告），到 1930 年 3 月爲止，小說印行到第六版，並編入「現代世界文藝叢書」。此外，除了這兩個譯本外，上海啓明書局在 1936 年 5 月又問世了錢公俠的譯本《西線無戰事》，此書也不斷再版〔註4〕。

　　時任同濟大學教授的周伯涵結合德文原本先後對林譯本和馬、洪譯本進行了批評。在《讀林譯〈西部前線平靜無事〉以後》中，周認爲要翻譯一本書，「對於原文固然是不消說至少要有十分的瞭解，一方面是還須二十四分的細心。原文尚不能十分明瞭，又不肯下仔細功夫，那就萬萬不能動筆了。」而他看過過林先生所譯的書後，覺得譯者對於以上兩層都沒有作得盡善盡美。在文中，他列舉了譯本中十八處待商榷之處，有些譯文屬於翻譯不準確，有的屬於誤解，而有的可謂荒謬至極。總體上，作者認爲林譯本質量不高，他建議譯者把譯本平心靜氣，詳詳細細大加修改一番，然後再繼續出版，「若是永遠照現在的本子印下去，不但對不起德國的雷馬克，更加對不住國內一班花一元一角現大洋去買這本書的人」。〔註5〕稍後，他又對馬、洪的譯本進行了批評。相比較林譯本而言，他認爲此譯本還是不錯的，但他還希望它更進一層，在文中他也列舉了八處待商榷之處的譯文，但這些都是小缺點。〔註6〕

　　在該書的譯本爭先問世的同時，中國文學界的也掀起了關注《西線無戰事》及作者的報導和批評。據筆者不完全統計，在 1929 至 1931 年的三年時

〔註4〕除了以上三個譯本外，1934 年開華書局出版了過立先編譯的「通俗本世界名著叢刊」的《西線無戰事》；1934 年 6 月上海神州國光社出版了徐翔、鄺光沫據該小說改編的同名六幕話劇；1936 年經緯書局出版了凌霄、吳璚玲合譯的《西線無戰事》；臺北正文書局於 1969 年又出版了傅士明翻譯的《西線無戰事》。1981 年臺北遠景出版公司出版了黃文範的譯本《西線無戰事》；1983 年外國文學出版社又出版了朱雯翻譯的《西線無戰事》；2001 年譯林出版社出版了李清華的譯本《西線無戰事》；2003 年中國致公出版社又出版了郭智藍的譯本《西線無戰事》等等。
〔註5〕周伯涵《讀林譯〈西部前線平靜無事〉以後》，《語絲》第 5 卷 37 期，1929 年 11 月 25 日。
〔註6〕周伯涵《西線無戰事》，《現代文學》第 1 卷 2 期，1930 年 8 月 16 日。

間中，中國的各類報刊雜誌發表關於《西線無戰事》以及雷馬克的文章有 40 餘篇（還不包括其著作出版的廣告），掀起了一股「雷馬克熱」，這不能不說是其他域外文學巨匠從未享受到了如此盛譽。具體篇目（共41篇）如下：

西部前線平靜無事（曼如）	《申報・藝術界》，1929 年 6 月 1 日
德國最近出版的兩部歐戰小說（張威廉）	《小説月報》第 20 卷 10 期，1929 年 10 月 10 日
德國作家雷馬克小說在支加哥被禁止（楊昌溪）	《青春月刊》第 1 期，1929 年 10 月
德國戰爭小說的高潮	《申報・藝術界》，1929 年 11 月 11 日
與雷馬克談話	《申報・藝術界》，1929 年 11 月 13 日
一部轟動全世界的小說：西部前線平靜無事	《新文藝》第 1 期，1929 年 9 月 15 日
《西部前線平靜無事》中譯本即將出版	《新文藝》第 2 期，1929 年 10 月 15 日
現代文壇：關於《西線無戰事》	《現代小説》第 3 卷 1 期，1929 年 10 月
新書一瞥：西部前線平靜無事	《現代小説》第 3 卷 2 期，1929 年 11 月 15 日
讀林譯〈西部前線平靜無事〉以後（周伯涵）	《語絲》第 5 卷 37 期，1929 年 11 月 25 日
西方前線平靜無事（趙景深）	《語絲》第 5 卷 34 期，1929 年 11 月 4 日
西線無戰事（梁實秋）	《新月》第 2 卷 6、7 號合刊，1929 年 9 月 10 日
雷麥克《西部前線平靜無事》的法國批評（病夫）	《眞美善》第 5 卷 4 期，1930 年 2 月 16 日
關於《西部前線平靜無事》	《出版月刊》第 2～3 期合刊，1930 年 3 月
《西線無戰事》引起法律問題	《出版月刊》第 5 期，1930 年 5 月
《西線無戰事》（程天厚）	《民國日報・覺悟》，1930 年 10 月 1 日
《西線無戰事》與戰爭文學之復興（巴必塞）	《紅葉周刊》（合訂本第二冊）1931 年 2 月
《西線無戰事》被禁及其他	《現代文學》第 1 卷 1 期，1930 年 7 月 16 日
雷馬克的續著及其生活（楊昌溪）	《現代文學》第 1 卷 1 期，1930 年 7 月 16 日
西線無戰事（周伯涵）	《現代文學》第 1 卷第 2 期，1930 年 8

	月 16 日
雷馬克的新著（楊昌溪）	《現代文學》第 1 卷 6 期，1930 年 12 月 16 日
介紹《西線無戰事》（歷厰樵）	《新聲》第 1 期，1930 年 1 月 1 日
藝術劇社第二次公演《西線無戰事》（ZEN）	《大眾文藝》第 2 卷 3 期。1930 年 3 月 1 日
劇本《西線無戰事》（李無文）	《大眾文藝》第 2 卷 3 期，1930 年 3 月 1 日
雷馬克與《西線無戰事》（凌梅）	《讀書月刊》第 1 卷 1 期，1930 年 11 月 1 日
雷馬克的《退路》將由開華出版	《中國新書月報》第 1 卷 3 期， 1931 年 3 月
雷馬克與戰爭文學（楊昌溪）	《現代文學評論》第 1 卷 1 期，1931 年 4 月 10 日
雷馬克眼中的法蘭西（楊昌溪）	《現代文學評論》第 1 卷 1 期，1931 年 4 月 10 日
西線歸來之創造（易康）	《現代文學評論》第 1 卷 2 期，1931 年 5 月 10 日
《西線無戰事》引起戰事	《現代文學評論》第 2 卷 2 期，1931 年 5 月 10 日
雷馬克與克雷馬（楊昌溪）	《現代文學評論》第 2 卷 1、2 期合刊，1931 年 8 月 10 日
《西線無戰事》（張文實）	《現代文學評論》第 2 卷 1、2 期合刊，1931 年 8 月 10 日
雷馬克晤談記	《現代文學評論》第 2 卷 1、2 期合刊，1931 年 8 月 10 日
《西線無戰事》與《戰歸》（楊昌溪）	《青年界》第 1 卷 2 期，1931 年 4 月 10 日
雷馬克的第三部創作（楊昌溪）	《青年界》第 1 卷 4 期，1931 年 6 月 10 日
雷馬克的新作獲得佳評（楊昌溪）	《青年界》第 1 卷 5 期，1931 年 7 月 10 日
關於雷馬克	《書報評論》第 1 卷 2、3 期合刊，1931 年 3 月 1 日
西線有戰事	《文藝新聞》第 1 號，1931 年 3 月 16 日
雷馬克的《西線》何日《歸來》	《文藝新聞》第 3 號，1931 年 3 月 30 日

雷馬克失了自由	《文藝新聞》第 4 號，1931 年 4 月 6 日
《西線歸來》的大戰	《文藝新聞》第 5 號，1931 年 4 月 13 日
雷馬克說：死者的遺言是不再有戰爭？	《文藝新聞》第 9 號，1931 年 5 月 11 日
雷馬克，一個輕薄的和平論者	《文藝新聞》第 31 號，1931 年 10 月 12 日

　　緊隨小說《西線無戰事》的出版之後，小說迅速被改編成戲劇和電影。最先把小說改編成戲劇的是日本。據《出版月刊》的「文壇消息」介紹：「由新樂地劇團連續於十一月末在帝國劇場及本鄉座表演，兩星期內吸引了二萬的看客。最近又在新橋演舞場重演，依然是天天滿座。此劇的舞臺監督爲高田保氏，舞臺裝飾者爲高田保氏，俱爲日本戲劇界聞人。」〔註7〕中國劇壇也很快出現了《西線無戰事》。1930 年 3 月，夏衍領導的上海藝術劇社就曾演出日本進步作家村山知義的劇本（3 幕 11 場，陶晶蓀翻譯）。沈西苓任導演，許幸之搞舞臺裝置，主要演員有劉保羅，石淩鶴、王瑩等。1930 年 3 月，美國環球影片就把小說改編成電影搬上了熒幕。電影編劇本爲馬克思威爾‧安德森，導演爲路易斯‧密而斯頓。1930 年 10 月，上海就放映了電影《西線無戰事》，淩梅寫的《雷馬克與〈西線無戰事〉》就曾記錄當時的上映情況：「最近在上海的南京大戲院公演著它的影片了，每天賣座極盛，連演了四天，還是擁擠不上。」〔註8〕

〔註7〕《關於〈西部前線平靜無事〉》，《出版月刊》第 2～3 期合刊，1930 年 3 月。
〔註8〕淩梅《雷馬克與〈西線無戰事〉》，《讀書月刊》第 1 卷 1 期，1930 年 11 月 1 日。